불혹과
유혹
사이

KI신서 5674

불혹과 유혹 사이

1판 1쇄 발행 2013년 1월 17일
1판 9쇄 발행 2013년 3월 25일
개정판 2쇄 발행 2014년 10월 2일

지은이 신정근
펴낸이 김영곤 **펴낸곳** (주)북이십일 21세기북스
부사장 임병주 **이사** 이유남
출판사업본부장 주명석 **인문기획팀장** 정지은
책임편집 양으녕 **디자인** 정란
영업본부장 안형태 **영업** 권장규 정병철
마케팅 민안기 강서영 이영인
출판등록 2000년 5월 6일 제10-1965호
주소 (우 413-120) 경기도 파주시 회동길 201(문발동)
대표전화 031-955-2100 **팩스** 031-955-2151 **이메일** book21@book21.co.kr
홈페이지 www.book21.com **트위터** @21cbook
블로그 b.book21.com **페이스북** facebook.com/21cbooks

*이 책은 2013년 1월 출간된 『불혹, 세상에 혹하지 아니하리라』의 개정판입니다.

신정근 교수의 인문고전 에세이

불혹과
유혹
사이

—
마흔, 흔들려도 좋지 아니한가

신정근 지음

21세기북스

일러두기

1. 이 책은 사십 대 고개를 지나면서 한 번쯤 돌아보게 되는 열네 가지의 이슈를 다룬다. 이 외에도 다른 주제가 있겠지만 가장 중요하다고 생각하는 것을 중심으로 선별했다. 한 주제마다 세 가지 입장을 소개했다.

2. 세 가지 입장을 동양고전의 특정 텍스트와 연결시키면서 그 내용을 주로 사자성어로 표시했다. 이때 사자성어는 기존의 것도 있고 이 책의 집필 과정에서 새롭게 조어한 것도 있다.

3. 사자성어를 표시할 때는 해당 구절이 나오는 문장을 간단히 소개하여 성어가 어떤 맥락에서 쓰이는지 알 수 있도록 했다.

4. 구성은 크게 1) 주제의 의미를 살피는 부분, 2) 세 입장을 소개하는 부분, 3) 7080의 노래로 정리하는 '노래에 실린 인생, 인생을 실은 노래' 부분으로 이루어져 있다. 즉, 이 세 단계는 해당 주제에 대한 서론, 본론, 결론인 셈이다.

5. 소개된 노래에는 발표된 첫해의 연도를 함께 표기함으로써, 그 노래가 오랜 시간 동안 얼마나 사랑을 받아 왔는지 알 수 있게 했다.

6. 글 쓰는 과정에서 참조한 책은 말미에 참고 문헌으로 일괄 제시했다.

7. 본문에서 인용한 동양고전의 경우, 뒷 부분에 한자 독음을 표시해 놓았다.

8. 같은 구절도 원문을 번역할 때와 표제어로 뽑을 때 달리 풀이했다.

열정과 지혜의 사잇길을 찾아서

•　　　요즘 60, 70세가 된 분들은 "젊어 보이십니다"라는 말을 자주 듣습니다. 듣는 사람도 그저 인사치레로 생각하고 대수롭게 생각하지 않습니다. 하지만 그런 말을 자꾸 듣다 보면 "아직도 내가 한창 때처럼 보이나?" 하는 생각이 들기도 합니다. 옛날에는 70세 라고 하면 생활 일선에서 물러나는 게 다반사였지만 요즘에는 70세가 된 분이 일선으로 돌아오는 경우가 많습니다.

40대와 50대도 60, 70대와 사정이 별반 다르지 않습니다. 어디를 가도 말석을 벗어나 상석에 앉을 나이가 되었지만 요즘 40, 50대들은 외모면 외모, 건강이면 건강 등 하나같이 젊은 사람에게 뒤지지 않습니다. 그래서 외부 일정을 다니다 보면 상대방이 착각하는 경우도 종종 있습니다. 40~50대의 임원을 임원으로 알아보지 못해 머쓱해지면 "나이와 달리 참 젊어 보이십니다"라는 덕담으로 상황을 마무리하려고 합니다.

사정이 이렇다 보니 실제 나이보다 나이가 더 들어 보이는 사람은 성형을 해서 실제 나이를 되찾으려고 합니다. 이런 사회현상 때문인지 요즘은

"자신의 나이에 0.7을 곱한 것이 실제 나이다"라는 말이 나오고 있습니다. 예컨대 70세이면 옛날의 49세이고, 60세이면 옛날의 42세이고, 50세이면 옛날의 35세이고, 40세이면 옛날의 28세에 해당되는 셈입니다.

물론 우리 주위에는 빠르면 40세, 늦으면 50세에 은퇴나 명퇴 등 실직을 하는 사람도 많습니다. 이렇게 보면 요즘은 옛날처럼 같은 나이대의 사람이 서로 엇비슷하게 닮은 꼴의 삶을 사는 것이 아니라 서로 꽤 다른 꼴의 삶을 살게 된 것입니다. 옛날에는 직급이나 외모만으로도 "저 사람이 몇 살일 거야!"라고 추측하여 알아맞혔습니다만 지금은 어렵게 된 셈입니다. 특히 요즘은 '100세 시대'니 '120세 시대'니 하는 말을 자주 듣습니다. 옛날 소설에나 나올 법한 이야기이지만 이제는 이런 소리가 꽤나 현실성 있게 들려옵니다.

이처럼 우리는 이전과 완전히 다른 시대를 살고 있습니다. 하지만 우리는 어떻습니까? 40대에 접어들면 벌써부터 늙은 사람 행세나 하고 있지는 않습니까? 60, 70대가 되면 인생을 다 산 도사처럼 "세상이 원래 그런 거야!"라며 뜻 모를 덕담을 건네고 있진 않나요?

시대가 변함에 따라 나이의 인식이 바뀌는 만큼 자신의 나이를 바라보는 관점도 바뀔 때가 되었습니다. 40대는 종착지를 향해 달려가는 숨 가쁜 시절이 아닙니다. 지금 하고 있는 일을 계속할 수도 있지만 다른 일을 할 수 있는 준비를 해야 합니다. 따라서 40대는 28세 청년의 마음과 열정을 품어야 할 시기입니다. 100세나 120세까지 살려면 20대 시절에 배우고 익혔던 것만으로는 부족하기 때문입니다. 20대 때 공부하며 익힌 지식들과 사회생활을 하면서 체득한 지혜를 결합하고 그 위에 시대와 상황의 변화로 인해 바뀐 내용을 새롭게 배워서 자신을 한 단계 끌어올리지 않을 수가 없습니다.

이렇게 자신을 끌어올리는 것은 단순히 자기계발에 한정되지 않습니다. 그것은 자신에게 숨겨진 능력을 끌어내는 것이 아니기 때문입니다. 그것은 새로운 자아를 만나는 자기혁명에 가깝다고 할 수 있습니다. 40대는 10대를 지나 스무 살이 되었을 때 성인식을 하는 것처럼 새롭게 성인식을 하는 시기입니다. 그래서 20대를 제1의 성인식이라고 한다면 40대는 제2의 성인식이라고 할 수 있습니다.

둘은 똑같이 성인식이지만 같은 점과 다른 점이 있습니다. 20대에는 미래에 대한 불안으로 불면의 밤을 보냈습니다. 40대에도 미래는 여전히 어둡게 느껴질 수 있습니다만 20대처럼 막연하지는 않습니다. 20여 년을 살면서 삶의 지혜를 터득했기 때문입니다. 20대에는 불안을 이기기 위해 온갖 열정을 다 불태웠습니다. 때로는 열정이 넘쳐서 사고를 치기도 했습니다. 하지만 40대에는 열정을 조절하며 앞으로 나아갈 수가 있습니다. 20여 년 동안 열정이 빚어낸 인생만사를 보면서 호흡을 고를 줄 알게 되었기 때문입니다.

그렇다면 제2의 성인식 시기를 어떻게 보내야 할까요? 출발은 분명합니다. 먼저 20대에 쌓아 온 공부와 열정에다가 20여 년 생활의 현장에서 길어 올린 지혜를 결합해야 합니다. 이어서 그 사이에 달라진 시대와 상황의 변화를 예리하게 분석하고 간명하게 정리해야 합니다. 이렇게 하려면 유혹과 불혹의 사잇길을 걸어야 합니다.

불혹은 이성에 의지하고 유혹은 감성에 의지합니다. 이성에 치우치면 자신에게 새롭게 다가오는 감동과 변화를 시큰둥하게 넘겨버릴 수 있습니다. 그 안에 나를 일으켜 세울 힘을 놓치는 것입니다. 한편 감성에 치우치면 상황에 끌리고 사람에 끌려서 자기중심을 지키지 못하게 됩니다. 이렇게 묵직함을 잃으면 스스로 힘겨움을 느끼게 되는 것입니다. 묵직함을 잃지 않으면서 새로움을 재치 있게 낚아채려면 이성의 불혹과 감성의 유혹이 안내하는 사잇길을 걷지 않을 수가 없습니다. 그 길은 처음에는 좁아서 없는 것처럼 보이지만 20여 년을 살아오면서 얻은 혜안으로 길을 비춰 보면 그 뒤에 넓은 터를 감추고 있습니다. 동굴은 입구가 좁지만 그 뒤에 넓은 터가 나오는 것과 비슷합니다.

우리가 혜안의 빛으로 넓은 터를 찾아낸다면, 제2의 성인식은 여유가 있는 떨림이 되고 나아가 행복의 파이를 키우는 여정이 될 것입니다.

여여^{如如} 신정근 씁니다

불혹과 유혹 사이에서

•　　　공자는 『논어』에서 인생의 단계를 쭉 열거하며 사십을 '불혹
不惑'이라 불렀습니다. 그 뒤로 동아시아 문화에서 불혹은 마흔의 대명사
로 쓰이게 되었지요. 불혹은 글자 그대로 흔들리지 않는다, 유혹당하지
않는다는 뜻입니다. 달리 말해서 심리적으로나 사회적으로나 안정되었
다는 맥락입니다. 인생 마흔이 사춘기思春期도 아니고 사회에서 나름대로
자리를 잡은 시기라 어찌 보면 당연한 말인 것 같습니다.

　조금만 생각해 봅시다. 인생에 과연 흔들리지 않는 때가 있으며, 마흔
이라 해서 예외일 수가 있을까요? 아니, 사십이면 인생의 초짜가 아니라
나름 세상살이의 다양한 이력을 가진 만큼 더 흔들리는 시기가 아닐까
요? 그래서 마흔을 제2의 사춘기 또는 사추기思秋期라고 합니다. 마흔이면
다른 나이보다 더 흔들릴 수 있는 시기이기에 공자가 불혹이라고 말하지
않았을까 하는 생각이 들기도 합니다.

　요즘 들어 사십 대는 참으로 불안합니다.

한편으로는 '100세 시대'라며 수명이 늘어났다고 말하지만 다른 한편으로는 '사오정'이라면서 실직의 위기에 내몰리고 있습니다. '학학'거리고 '헉헉'대며 살아오다 한두 번 '혹'하다 보니 어느새 '훅'하고 가 버리는 신세인 듯합니다. 그와 반대로 '불不'학학하고 '불' 헉헉대며 '불' 혹하고 '불' 훅하고 싶은데 말이지요.

'인생 100세' 시대에 나이만 놓고 보면 아직 마흔이라는 사실은 이전에 비해 축복일 수 있지만 사오정과 함께 생각하면 더욱더 갑갑해집니다. 현실이 사람을 심하게 흔들어 대는데 마흔이라고 해서 흔들리지 않고 버틸 재간이 있을까요? 버티려면 어떻게 해야 할까요? 무얼 믿고 버텨야 할까요? 저도 오십의 지천명知天命을 앞두고 사십의 불혹 늘그막을 살면서 스스로에게 물어봅니다. 이 글은 독자와 생각을 나누는 측면도 있지만 저 스스로 묻고 대답하는 측면도 있습니다. 두 가지가 모두 들어 있으니 글이 가볍지만은 않습니다.

『논어』의 '불혹'은 문법을 어기지 않고서도 얼마든지 다양한 해석이 가능합니다. 보통은 '유혹되지 않는다'는 수동으로 풀이하지만, '유혹하지 않는다'는 능동으로도 풀이할 수 있습니다.

이렇게 보면 나도 누구를 유혹하려고 하지 않고 누구도 나를 유혹하려고 하지 않습니다. '내'가 유혹할 자신감과 에너지도 없고, 또 유혹의 대상이 될 만한 어떠한 특징이 없다는 뜻으로 해석할 수도 있습니다. 이쯤

되면 '불혹'은 유쾌하고 경쾌하고 쾌활한 게 아니라 쓸쓸하고 섭섭하고 답답해져서, 차라리 수동으로 읽고 싶은 느낌이 강하게 듭니다. 첩보영화의 한 장면처럼 누군가 '나'에게 다가와서 말을 건네지만 나는 결코 넘어가지 않습니다. 수동으로 읽으면 '나'는 뭔가를 가진 느낌이 듭니다. 남도 나도 아직 나를 무시하지 못하는 것이지요.

공자도 이런 기분을 느꼈을 것입니다. 『논어』를 읽다 보면 저는 새삼 공자가 언어에 탁월한 솜씨가 있다는 것을 느끼곤 합니다. 불혹도 그러한 천재성을 유감없이 발휘해 낸 조어라고 할 수 있습니다.

고대 한문에서는 영어의 must, can, will과 같은 보조 동사가 덜 발달했기 때문에 다양한 어감으로 '불혹'을 읽을 수 있습니다. "흔들리지 않고 싶다!", "흔들리지 않아야지!", "흔들리지 좀 마!", "흔들려서는 안 된다!" 등이 모두 가능합니다. 이처럼 한문은 참으로 기이한 언어입니다. 그래서 한문은 인생을 담은 언어라고 할 수 있습니다. 인생이 딱 정해진 수학 공식으로 풀리지 않듯이 한문도 문맥에 따라 참으로 여러 가지 해석이 가능하기 때문입니다.

왜 사람은 혹惑하게 되는 것일까요?

'혹'은 사람의 마음이 한 갈래가 아니라 두 갈래 이상으로 나뉘었다는 뜻입니다. 갈래들은 각각 무언가를 하고 싶다는 욕망이 되어 마음에 단단한 응어리로 자리 잡습니다. 그리고 그 응어리들은 마구 소리를 질러 댑니다.

예컨대 퇴근하고서 집에 곧장 간다면 이는 혹이 없는 경우라 할 수 있습니다. 하지만 보통은 '집에 바로 들어갈까?' 와 '한잔하고 들어갈까?' 사이에서 망설이게 됩니다. 이때 '술 한잔할까?' 하는 생각이 잠깐 들었다 말았다면 혹한 것이 아닙니다. 그런데 잠깐이 아니라 그 사이에서 계속 갈팡질팡하고 있다면 두 가지의 생각이 머릿속에 자리를 잡고 똬리를 틀게 됩니다. 즉, 생각 하나가 마음의 영토를 갖게 되는 것입니다.

두 생각 사이에서 선뜻 결론을 내리지 못하고 이랬다저랬다 하게 되는 것, 이것이 바로 혹입니다. 그러니 혹하지 않는 사람은 없습니다. 다만 혹해서 혹 가 버리는 사람, 혹해도 금방 돌아오는 사람, 여간해서 혹하지 않는 사람 등등의 차이가 있을 뿐입니다.

불혹이 당연하고 쉽다면 생각할 것이 없습니다. 그렇지 않기에 생각을 모을 필요가 있습니다. 사람은 끊임없이 혹과 불혹의 사이에 있을 것입니다. 그래도 불혹의 길을 묻습니다.

"어떻게 불혹할 것인가?"

저는 이 책에서 '혹'을 줄여야 한다는 측면에서 일곱 가지 주제를 다루고, '혹'을 늘려야 한다는 측면에서 또 다른 일곱 가지 주제를 다루고자 합니다.

주제를 정리하면서 말미에 '노래에 실린 인생, 인생을 실은 노래'라는 코너를 마련했습니다. 이 부분에서는 글을 쓰면서 즐겨 들었던 우리나라 대중음악 두 곡씩을 소개하고자 합니다. 음악을 곁들이며 혹과 불혹의 주제를 이야기한다면 그 의미가 더 깊고 더 가깝게 느껴지기 때문입니다.

혹과 불혹의 사이는 때로는 아슬아슬하게 좁아 보이고, 때로는 여유 있게 넓어 보이는 듯합니다. 하지만 이 글을 읽은 독자들은 그 사이를 넓게 보면서 슬기롭게 지나가기를 바랍니다.

•차례•

1부

불혹不惑,
혹하지 아니하리라

·

1장

나이 듦 혹은, 늙어 감에 대하여

·

● 　　　그리스 신화에서 조각가 피그말리온은 자신이 만든 조각상 갈라테이아에게 사랑의 감정을 느낀다. 그는 자신의 이룰 수 없는 사랑에 신음하다가 결국 아프로디테의 도움으로 인간이 된 갈라테이아와 결혼하게 되었다. 하지만 조각상이었던 갈라테이아는 인간이 되자 점점 영원한 아름다움을 잃고 언젠가 시들어 버릴 아름다움, 즉 '노화'를 피할 수 없게 되었다.

　때 아닌 동안童顔 열풍이 분다. 나이 든 사람이 한 살이라도 덜 먹어 보이려고 한다. 주름을 펴는 보톡스 시술은 맹장수술처럼 이야깃거리도 되지 못하고 박피수술이니 남성화장이니 하며 젊어 보이려는 시도가 참으로 눈물겹다. '안티 에이징'은 화장품만이 아니라 여러 곳에서 사업 아이템으로 자리 잡은 지 오래이다. 아주 오래 전에, 아니 옛날이야기에서 들었던 회춘回春 열망을 보는 듯하다. 물론 여러 가지 이유가 있을 것이다. 경쟁이 심해지는 만큼 살아남으려면 젊어 보여야 하리라. 나이와 비례해 활기가 떨어지는 만큼 아직 늙지 않은 척하는 것은 건강에 도움이 될 수 있다.

　중년이 되면 "몸이 옛날 같지 않아! 몸이 하루마다 달라져!"라는 말을 입에 달고 산다. 몸 대신 건강, 운동감각 등으로 바꿔 말할 수도 있다. 이러한 변화를 알지 못하고 오랜만에 체육회에 참여했다가 자칫 무리라도 하면 온몸이 쑤셔서 며칠을 두고 끙끙 앓아야 한다. 이는 전형적인 '노화' 현상이다. 한자로 老化라 쓰고 영어로 aging(또는 growing old)이라고 한다. 결국 늙어 간다는 뜻이다.

　사람은 세월이 가면 자신이 늙는다는 것을 안다. 나이가 든다는 것과 늙어 간다는 것은 어감이 하늘과 땅 차이이다. 나이 드는 것은 연륜이 쌓이며 사정이 좋아진다는 느낌이라면, 늙어 간다는 것은 다시 돌아올 수 없는 길을 걷는 느낌을 준다. 오죽했으면 '노인'을 늙은이라 하지 않고 어르신으로 일컫자고 하겠는가. 이 때문에 우리는 늙어 감을 자연스럽게 받아들이고 준비하기보다는 자신에게 다가오지 못하게 뒤로 물리려고 한다.

장만위와 량차오웨이가 참으로 슬프게 연기했던 영화 〈화양연화花樣年華〉(2000)만큼 늙어 감을 잘 그린 것은 없다[참, 박해일이 열연했던 〈은교〉(2012)도 노화와 욕망의 문제를 그리고 있다]. 둘이 결혼하기 전에 만났더라면 정말 뜨겁고 즐겁게 사랑했으리라. 그러나 둘은 결혼하고 또 나이가 들어 만난 터라 사랑이 깊어지는 만큼 슬픔도 짙어져 상처를 받지 않기 위해 결국 헤어진다. '화양연화'라는 제목은 꽃 같은 나이, 인생의 한창 때를 가리키는 표현이다[어찌 보면 화양연화는 '청춘! 이는 듣기만 하여도 가슴이 설레는 말이다.'(민태원, 「청춘예찬」)에 나오는 '청춘'과 같은 말이다]. 영화에서 화양연화는 꿈꿀 수는 있지만 돌아갈 수 없는 부재不在의 아련함을 나타낸다. 설사 "왜 못해?"라며 땅을 박차고 나서더라도, 이내 몸을 되돌리고 만다. 늙어 감은 더 이상 자신을 확신할 수 없는 아픔으로 다가오기 때문이다.

사람은 자신에게 찾아오는 노화에 대해 보통 세 가지 반응 양상을 보인다. 첫째로 저항이다. 나이 드는 것이 당연함에도 사람은 자신이 하기에 따라 노화의 속도를 늦출 수 있다고 여기고, 괜히 마흔부터 늙은이 노릇하면 처량해진다고 생각한다. 평소에는 무관심했던 옷차림에도 신경을 쓰고 젊은 사람들이 뭘 하는지 관심을 가지며, 자신은 아직 젊은 세대와 소통할 수 있다고 자랑한다.

둘째로 순응이다. 나이가 들면 늙는 것이 당연하다. 그래서 기계에 즐겨 비유하며 다음처럼 말하곤 한다. "기계를 몇십 년 쓰다 보면 여기저기고장이 나지 않던가? 몸도 기계와 같아서 오래 쓰면 탈이 나기 마련이다." 더 나아가서 애늙은이마냥 말끝마다 '나이'를 들먹이고 "이 나이에 무엇을 또 하랴?"라며 넋두리까지 한다.

셋째로 자유이다. 이 유형의 사람들은 나이가 숫자에 불과하다고 본다. 젊게 보인다고 해서 젊어지는 것도 아니므로 겉모습에 신경 쓰느니 차라리 자신이 하는 일에 더 집중하는 게 낫다고 생각한다. 주위 사람들이 노후와 건강에 신경을 쓸 때라고 은근히 걱정해도 노화를 대수롭지 않은 일로 넘겨 버린다.

늙어 감을 어떻게 바라봐야 할까? 영화 〈은교〉에서 이적요 시인(박해일 분)이 "너희의 젊음이 노력해서 얻은 상이 아니듯, 나의 늙음도 나의 잘못으로 받은 벌이 아니다"라고 말했듯이, 젊음과 늙음은 그 자체로 상도 아니고 벌도 아니다. 노화는 다시, 아니 또 시작하는restart 것이다. 노화는 그때(이전에) 할 수 있었고 해야 했던 것을 내려놓고, 지금 할 수 있고 해야 하는 것에 집중하는 시기이다. 노화는 모든 것으로부터 이별하는 것이 아니라 어떤 것에 대한 이별과 또 다른 어떤 것에 대한 만남을 동시에 하는 것이다. 마흔의 노화는 10대의 사춘기, 20대의 청춘기처럼 다시 한 번 자신의 나이에 일어나는 변화를 받아들이면서 새로운 시작을 하는 때이다. 괜히 늘어나는 흰머리와 침침한 노안을 증거로 삼아서 땅이 꺼져라 한숨 쉬고 신세 한탄할 것이 아니다. 이제 피할 수 없는 노화(늙어 감)를 맞이해서 저항, 순응, 자유 중 우리가 어느 길로 나아가야 할지 알아보기로 하자.

저항, 하늘과 땅처럼 영원히

⋮

진시황의 천지구장天地久長

부상과 질환이 아니면 사람들은 보통 신체의 변화를 잘 느끼지 못한다. 마흔 즈음이 되면 근력이 떨어지고 흰머리가 늘어나며, 머리카락이 뭉텅이로 빠지고 오줌이 시원하게 나오지 않거나 뱃살이 늘어나는 등 몸의 노화 현상이 눈에 띄게 늘어난다. 한두 번이면 감기인 양 '다음에는 이렇지 않겠지!'라고 생각하겠지만 되풀이해서 느끼다 보니 웬만큼 둔한 사람도 '뭔가 변화가 일어나는구나'라고 자각하게 된다.

의사로부터 암에 걸렸다는 말을 들으면 환자는 처음에 대부분 '왜 걸려야 하는가?'라는 생각과 함께 강한 반발을 보이며 병 자체를 부정하는 반응을 보인다. 오진의 가능성도 있지만 암이 많이 진행되면 될수록 병원 한 곳에 만족하지 못하고 두세 곳을 다닌 뒤에야 발병 사실을 인정한다. 누구나 생각하지도 못했던 이야기를 들으면 믿기지 않는다는 반응을 보이기 마련이다. 마찬가지로 노화에 대해서도 처음에는 일시적인 현상으로 여길 뿐, 돌이킬 수 없는 현상으로 보지는 않는다. 노화에 저항을 하는 것이다.

노화에 저항하는 것은 전근대 제왕들의 경우도 예외가 아니었다. 그들은 보통 사람들에 비해서 훨씬 더 노화, 나아가 죽음 자체에까지 저항하고자 했다. 진시황을 대표적인 사례로 들 수 있다. 그는 전국시대에 경쟁하던 여섯 나라를 하나씩 멸망시키고 통일 군주가 되었다. 통일을 이룩한 뒤에 그는 천자, 제왕 등 절대자를 가리키는 기존의 명칭에 만족할 수 없었다. 자신이 일군 업적이 전설상의 성왕들보다 더 뛰어나다고 생각했기 때문이다. 여러 차례 회의를 한 끝에 호칭을 황제皇帝로 정할 정도로 그는 자신의 위상에 엄청난 자부심을 가졌다. 아울러 전국의 명산대천名山大川을 돌아다니면서 자신이 통일 군주가 되었다는 사실을 하늘과 대지의 신에게 알리는 봉선 의식을 거행했다.

이처럼 진시황은 통일 제국을 달성한 뒤 한동안 자신의 위업에 도취돼서 행복한 나날을 보냈다. 하지만 전쟁이 없는 행복한 시간이 이어지던 중 한동안 잊고 있었던 막연한 한 가지 불안, 즉 피할 수 없는 죽음의 그림자를 느끼기 시작했다. 여섯 나라를 손에 넣은 그였기에 처음에는 자신이 정복할 수 있는 것은 모두 정복했다고 생각했지만, 아무리 최상의 권력을 가졌다고 하더라도 자신은 늙어서 죽을 수밖에 없는 인간이라는 사실을 자각하게 된 것이다. 그 뒤에 그는 노화와 죽음마저 정복하겠다고 마음먹었다.

『사기』「진시황본기」에 따르면 진시황의 관심사가 분열의 통일에서 노화의 정복, 즉 안티 에이징의 실현으로 바뀌자 그의 주변에는 불사不死의 비밀을 탐구해 온 방사方士가 들끓기 시작했다. 그중의 노생盧生은 방해만 없다면 영지靈芝, 선약仙藥, 신선神仙을 찾아서 진시황의 욕망을 실현시킬 수 있다고 주장했다. 그는 이러한 영약을 구하려면 진시황이 방해 요인을 조심해야 한다고 말했다. 즉, 악귀는 진시황이 영약을 갖는 것을 훼방 놓으려고 하므로 필요할 때 미행微行해야 악귀를 물리칠 수 있고, 신하도 진시황이 머무르는 곳을 알지 못하도록 해야 한다는 것이었다.

이러한 조건을 충족시키면 진인眞人이 모습을 나타내고 진시황도 진인이 될 수 있다는 것이 노생의 말이었다. "진인은 물에 들어가도 젖지 않고 불에 들어가도 타지 않고 구름 기운을 타고 다니며 천지와 함께 변함없이 살 것이다."(眞人者, 入水不濡, 入火不熱, 陵雲氣, 與天地久長.) 진시황도 노생의 말에 솔깃해서 호칭마저 바꾸기로 했다. "내가 평소 진인을 그리워해 왔으므로 이제 스스로 '진인'이라 부르지 '짐'으로는 부르지 않겠다."(吾慕眞人, 自謂眞人, 不稱朕.)

물론 진시황의 안티 에이징과 불사 프로젝트는 실패로 끝났다. 하지만 그 뒤에도 연단술이며 신선술 등은 사라지지 않은 채 사람들로 하여금 불로장생을 꿈꾸게 만들었다. '천지구장'은 진시황이 노화를 부정하면서 매달렸던 목표였다. 이 말은 원래 『노자』 7장에 나오는 것이다. "하늘은 길고 땅은 오래간다. 하늘과 땅이 길고 오래갈 수 있는 까닭은 스스로 아득바득 살려고 하지 않는 데 있다. 그 때문에 길고 오래갈 수 있다."(天長地久, 天地所以能長且久, 以其不自生, 故能長久.) 사람이 강한 욕망을 가지면 사실을 사실로 보지 못하고 보고 싶은 대로 본다. 진시황의 '천지구장'은 『노자』의 '천장지구'를 완전히 비틀어서 받아들인 것이다. 『노자』는 천지가 노화에 저항하는 목적의식이 없기 때문에 영생한다는 점을 말하고 있지만 「진시황본기」의 천지는 인간의 욕망을 투사시켜서 실현하게 하는 기호일 뿐이다.

사실 노화는 성장이 멈추는 때부터 시작된다. 그러므로 마흔 즈음이 아니라 이미 20대부터 시작되는 것이고, 마흔은 20대부터 진행되어 온 노화가 축적되어 더 이상 감추려고 해도 감출 수 없이 그대로 드러나는 시기이다. 오늘날에도 진시황이 실패했던 노화 방지, 즉 안티 에이징의 꿈을 꾸는 사람들을 달콤하게 유혹하는 목소리가 드높아지고 있다. 우리 주위에 그만큼 진시황이 늘어나고 있는 것이다. 우리가 저항해야 할 것이 과연 노화 자체일까? 노화를 늦추고서 무엇을 할 것인지 정해 놓았을까? 무엇을 할지 정해 놓고 노화 방지에 신경 써도 늦지 않다.

순응, 때를 편안히 하고 흐르는 물처럼

:

장자의 안시처순安時處順

실력의 차이가 현저하게 나서 도저히 싸움이 되지 않는 경우를 다윗과 골리앗의 싸움에 즐겨 비유한다. 『구약성경』을 읽지 않은 사람이어도 다윗과 골리앗 이야기는 들어서 잘 알고 있기 때문이다. 예상과 달리 질 것 같았던 다윗이 골리앗을 이긴다는 것이 이 이야기의 결말이다. 즉, 블레셋의 거인 장군 골리앗이 자신의 힘만 믿고 이스라엘을 조롱하자 목동 다윗은 무릿매 돌로 골리앗의 이마를 정통으로 맞혀서 그를 죽인 것이다.

강대국과 약소국의 전쟁, 1위 팀과 꼴찌 팀의 시합, 대기업과 소기업의 대결에서 뜻밖으로 약자가 강자를 이기는 경우가 간혹 있다. 하지만 보통 사람은 다윗과 달리 현격한 실력 차이 앞에 서면 두 손 두 발을 내려놓는다. 아니, 손과 발이 얼어붙어서 뭘 하려고 해도 움직일 수가 없다. 특히 노화처럼 가시적인 대상이 아니라 보이지 않는 시간과의 싸움이라면 사람이 덤벼서 어찌 해볼 수 있는 방법은 많지 않다. 『성경』에서는 다윗(약자)이 골리앗(강자)을 이겼지만, 현실에서 사람(다윗)이 시간(골리앗)과의 싸움에서 완전한 승리를 거둔 적은 아직까지 없다. 그래서 자신에게 성큼 다가오는 노화에 순응(포기)하게 되는 것이다.

현대인은 과학의 도움으로 자연 현상을 신격화시켜 두려움을 해소하지는 않는다. 대신 '묻지마 살인', '식품 범죄', '왕따', '인종 청소' 등 인간이 만들어내는 끔찍한 사건과 사고에서 두려움을 느낀다. 고대인들은 자연 현상의 합리적인 인과 관계를 풀지 못하였기에 초자연적인 존재를 끌어들여서 두려움을 줄이고자 했다. 동아시아 사회는 기능신, 자연신, 조상신 등 다양한 신을 모셨지만 우주를 창조하고 세계를 심판하며 인간의 운명을 뒤흔드는 절대신(유일신)을 숭배하지는 않았다.

유일신을 믿지 않았던 동아시아 사람들은 젊음의 절정에서 내려오는 노화와, 끝을 향해 나아가는 죽음과 같은 시간의 공포를 어떻게 이겨냈을까? 유일신의 구원이나 불교에서의 해탈은 시간의 지배를 받는 사람을 시간의 사슬로부터 벗어나게 해 주는 것과 같다. 유일신이 없으면 구원이 일어날 수 없고, 다른 것은 깨뜨리지만 자신은 깨지 않는 금강과 같은 반야지般若知가 없으면 해탈할 수가 없다.

제자백가 중에서 장자는 유일신을 전제하지 않고 절대자를 예찬하지도 않는다. 장자는 무엇에 의지해서 지금으로부터 2,500여 년 전에 늙어 감이 가져오는 허무와 공포를 이겨낼 수 있었을까? 그의 핵심은 순응이라고 할 수 있다. 장자는 노화에서 죽음에 이르는 과정에 순응하는 길을 두 가지 이야기를 통해 말한다.

「양생주」에 보면 노담老耼이 죽자 친구 진일秦佚이 문상을 갔지만 세 차례 곡을 하는 둥 마는 둥 하고 빈소를 나와 버렸다. 평소 두 사람의 친분을 잘 아는 제자들이 진일의 행동을 이해하지 못하고 그 까닭을 물었다. 진

일은 빈소에 들어서자 늙은이와 젊은이가 하나같이 자식과 부모를 잃은 양 슬프게 곡하는 장면을 보았던 것이다. 과도하게 슬퍼하는 것은 노담이 죽기 전 사람들에게 자신이 죽으면 문상 오는 것까지는 권하지 아니더라도 그것을 넌지시 내비쳤기 때문이리라. "어쩌다 태어나니 그(노담)가 때에 맞았고 어쩌다 떠나니 그가 명에 따른 것이다. 때를 편안히 여기고 변화에 순응하면 슬픔과 즐거움이 그 속에 끼어들 수 없다. 옛날에 이를 일러 천제(운명)의 매달림으로부터 풀려남이라고 했다."(適來, 夫子時也. 適去, 夫子順也. 安時而處順, 哀樂不能入也, 古者謂是帝之懸解.)

삶과 죽음은 어떠한 목적이나 선택과 연결되지 않고 순전히 우연히 때(조건)가 맞아서 일어나는 사건이다. 결혼하지 않은 이들에게 "언제 결혼해요?"라고 물으면 보통은 "때가 되면 가겠죠"라고 대답한다. 내가 결혼하려 해도 상대가 있어야 하고, 나와 상대가 있어도 상황이 갖추어져야 하기 때문이다. 이처럼 때가 되면 태어나고 때가 되면 죽으므로 삶과 죽음은 특별히 기뻐하거나 슬퍼해야 할 대상이 되지 못한다. 노담의 장례에 곡소리가 흘러넘쳤다면 생사의 변화를 깨우치지 못한 것이다.

『장자』「지락」을 보면 장자의 아내가 죽자 친구 혜자가 장자에게 문상을 온 이야기가 나온다. 혜자가 문상을 하러 왔을 때 장자는 술동이를 북처럼 두드리며 노래를 부르고 있었다.(莊子妻死, 惠子弔之. 莊子則方箕踞 鼓盆而歌.) 혜자는 장자에게 "반평생을 함께한 아내가 떠났는데 노래를 부르다니 좀 심하지 않은가?"라고 항의했다. 그러자 장자는 자신도 처음에는 슬펐지만 삶과 죽음의 유래를 따져 보니 슬픔을 멈추게 되었다고 대답했다. "어슴푸레하고 흐릿한 속에 뒤섞여 있다가 한 차례 변하여 기(氣)가 생기고, 기가 다시 변해서 형체가 나타나고 형체가 다시 변해서 생명이 생겨났다가, 지금 또 변해서 죽은 것이다. 이는 마치 봄·여름·가을·겨울 네 계절이 번갈아 운행하는 것과 같다."(雜乎芒芴之間, 變而有氣, 氣變而有形, 形變而有生, 今又變而之死, 是相與爲春秋冬夏四時行也.)

태양과 지구의 위치에 따라 계절이 바뀌는 것처럼 생사도 기의 조건에 따라 바뀌는 양태의 차이이다. 죽음이란 것은 변화의 매듭이 아니라 한 고리일 뿐이다. 장자가 아내를 떠나보내고도 술동이를 두드리며 노래를 불렀다고 했지만 그것은 어디까지나 혜자가 판단하는 형식이다. 장자는 즐거워서 술 마시고 노래 부른 것이 아니라 삶과 죽음에 대해 기뻐할 것도 슬퍼할 것도 없는 상황에서 그럴 수밖에 없었던 것이었다. 이렇듯 장자는 안시처순安時處順, 고분이가鼓盆而歌 이야기를 통해 노화를 삶과 죽음의 피할 수 없는 과정이니, 사람들로 하여금 그것에 대해 감상적 태도를 갖지 말라고 말한다.

사실 노화는 늦출 수는 있어도 피할 수는 없는 필연적인 현상이다. 이는 분명한 사실이다. 하지만 피할 수 없다 하더라도 늦추고 싶은 것 역시 사람이 애쓰지 않아도 쏠려 가는 마음의 움직임이다. 누가 '젊어 보이고 싶은' 욕망을 잘못이라고 할 수 있겠는가! 하지만 시간이 자신의 몸에 들어서는 타이밍을 늦춘다고 해서 과연 얼마나 늦출 수 있을까? 이를 허영이라며 시간을 담담하게 받아들이라고 하지만 그 담담함 또한 허영이지 않은가? 죽음이 확정되기 전까지 과연 누가 죽음에 이르는 노화를 그저 흘러가는 물처럼 지나칠 수 있을까? 담담함이 유일한 답이라면 현재 생명공학의 무수한 기도는 어리석은 짓이나 부질없는 욕망이 되리라.

자유, 분이 돋으면 밥을 잊고

⋮

공자의 발분망식發憤忘食

현대인의 삶을 묘사하는 말 중에 공사다망公私多忙만큼 정확한 것도 없다. 공적인 일과 사적인 일 모두 정신없이 바쁘다는 뜻이다. 바쁘게 움직이더라도 소득이 있으면 그것으로 위안을 삼을 만하다. 하지만 바빠서 힘들기만 할 뿐 뭔가 뚜렷하게 생기는 것은 없는 경우가 허다하다. 그래서 '공사다망'을 사전적인 풀이와 달리 '공적인 일과 사적인 일 모두 다 망했다'는 우스갯소리로 풀이하기도 한다.

고대인의 삶은 철저하게 자연의 주기, 즉 절기에 커다란 영향을 받았던 반면, 현대인의 삶은 스스로 짠 시간의 그물, 즉 스케줄에 따라 관리를 받는다. 그래서 현대인은 젊어서는 시간을 자원으로 쓰면서 압박을 느끼고, 늙어서는 거스를 수 없는 운명으로 다가오는 시간으로부터 탈출하고 싶은 유혹을 느끼게 된다. 이처럼 노화는 현대인으로 하여금 시간이 몸속에 들어와 변화를 일으키는 흔적을 느끼게 만든다. 이때 업무의 압박으로부터 벗어나서 휴가를 즐기듯이 시간의 사슬을 벗어나 자유를 누리고 싶은 욕망을 갖게 된다. 시간의 꽁무니를 쫓아가며 겨우 겨우 그것에 맞추어

사는 것이 아니라, 시간의 흐름에서 벗어나 그것을 의식하지 않고 싶은 것이다. 이처럼 사람은 타의로 짜인 시간표가 아닌 내가 짠 시간표에 따라 살거나 아예 시간표 없이 살기를 꿈꾼다.

공자가 조국 노나라에서 뜻을 이루지 못해 전국을 돌아다닐 때였다. 초나라의 섭공이 공자의 숙소로 찾아왔다. 그는 먼저 자로를 만나 공자가 어떤 사람인지 물었다. 자로는 자신의 대답이 스승에 대한 경솔한 평가가 될까 봐 아무런 대답을 하지 못했다. 이 이야기를 전해 들은 공자는 이렇게 말했다. "자네는 왜 이렇게 이야기하지 않았는가. '그 사람의 됨됨이는 말입니다. 한 가지 주제에 깊이 열중하다 보면 밥 먹는 것도 잊어버리고, 나아가는 길에 즐거워하며 삶의 시름마저 잊어버려서 앞으로 황혼이 찾아오는 것조차 의식하지 못한 채 늘 실마리를 찾고 있습니다.'"(女奚不日. 其爲人也, 發憤忘食, 樂以忘憂, 不知老之將至云爾. 『논어』「술이」)

쫓기는 사람일수록 시계를 더 자주 들여다본다. 쫓기는 때일수록 상황에 따라 시간이 아주 빨리 또는 아주 느리게 가는 듯하다. 시간은 객관적인 간격으로 흘러가지만 사람은 자신이 처한 상태에 따라 시간의 속도를 달리 느낀다. 공자는 나이의 제약이 있는 데다 기회의 문도 닫히는 상황에서 어떻게 그토록 느긋할 수 있었을까? 그는 시간의 사슬에서 놓여난 자신의 심경을 '發憤忘食, 樂以忘憂, 不知老之將至云爾(발분망식 낙이망우 부지로지장지운이).'라는 열여섯 글자로 무덤덤하게 말했다.

공자에게는 두 개의 시간이 있다. 하나는 뭔가를 알고자 하는 배움의 시간이고 다른 하나는 자연이 다가오는 시간이다. 공자는 알고자 하지만 모를 때 자신에게 분노를 느끼며 스스로 채찍질하게 되는데, 이때 시간은 공자의 몸에서 흐르지 않는다. 그래서 밥 먹는 것도 잊고 몸으로 인한 근심도 잊어서 노화의 도래마저 눈치채지 못한다. 즉, 공자는 사람으로서 자연의 시간을 살면서도 그것의 제약에 눌리지 않고 늘 발분의 시간으로 빠져들 수 있었던 것이다.

휴가철에 인사말로 "휴가 어디 가세요?"라고 물으면 간혹 "어디를 가기는요? 바로 여기가 휴가지인걸요!"라는 대답이 들려온다. 그 사람에게 휴가는 공간과 시간을 달리하는 다른 곳으로 가는 것이 아니라, 휴식과 노동의 모순이 일어나지 않는 지금 이곳에서 보내는 시간이 곧 휴가와 다를 바 없는 것이다. 공자 역시 자신의 시간을 요구와 의무에 겨우 맞추어가며 간당간당 살아가지 않는다. 그는 시간을 자신이 바라는 방향으로 돌려서 흥겹게 나아가고 있는 것이다. 이것이 노화로부터 자유로운 삶이고 영원한 젊음을 유지하는 길이다.

공자는 『논어』 「리인」에서 "아침에 제 갈 길을 알아차렸다면 저녁에 죽게 되더라도 괜찮다"(朝聞道, 夕死可矣.)라고 말했다. 이 말을 공자가 자살을 권유하는 것으로 받아들일 필요는 없다. 오히려 그와 반대로 공자는 자신에게 주어진 시간, 특히 그 시간이 아주 짧다 할지라도 자신은 진정으로 나아가고자 하는 길과 밀착해서 살아가겠다는 열망을 드러내고 있다.

이와 비슷한 사례를 「자찬묘지명自撰墓誌銘」을 썼던 정약용의 삶에서도 찾아볼 수 있다. 묘지명은 원래 남이 쓰는 것이다. 하지만 그것을 자찬, 즉 스스로 쓴다는 것은 자신이 걸어 왔던 여정을 오롯이 자신의 눈으로 들여다보겠다는 것이므로 오늘날의 자서전과 비슷하다고 할 수 있다. 정약용은 남이 자신을 들여다보게 하지 않고 스스로 자신을 드러내고자 했다. 이는 자칫 미화와 허영, 왜곡과 오만의 결기일 수도 있지만 고백과 용기, 자기반성 없이는 불가능한 일이다. 자신이 자신을 심판하는 자세는 결국 후회, 아쉬움, 절망, 흥분, 도취 등으로부터 자신을 넘어서는 것이고, 그 속에서는 시간이 흐르지 않는다. 얼마 뒤면 시간 속으로 사라질 운명이었음에도 그는 '자찬묘지명'을 통해 역설적으로 시간의 흐름을 벗어난 것이다.

시간의 사슬로부터 놓여나는 것이 쉽지는 않다. 그만큼 처절한 고독을 벗하며 스스로 말미암지 않은 것을 선뜻 제쳐 놓을 수 있을 때 가능하기 때문이다. 자유로운 영혼은 누구를 벗으로 삼을까?

노래에 실린 인생, 인생을 실은 노래

문화심리학자 김정운이 언젠가 TV 프로그램에 출연해서 "탈모가 시작된 뒤에 파마를 하고 나니 자신감을 가지게 되었다"라며 자신의 인생은 파마하기 전과 후로 나뉜다고 말한 적이 있다. 노화는 사람의 자신감을 떨어뜨린다. 젊음에 대항할 수 없는 약점을 그대로 드러내기 때문이다. 우리는 사실로 다가오는 노화를 모른 척하고 넘어갈 수 없다. 몸 곳곳에 남는 노화의 흔적을 지운다고 완전히 없앨 수는 없기 때문이다.

나는 노화를 어떻게 맞이할까 생각하면서 그 대응 방안을 저항, 순응, 자유 세 가지로 나누어 보았다. 이는 노화를 맞이하고서 상념에 젖어 세상이 끝난 양 포기하는 자세와 구별된다. 포기가 무기력으로 이어지면 노화는 어떠한 질병보다 우리 자신을 깊이 갉아먹는다. 나는 저항, 순응, 자유 중 어떤 한 유형에 속한다기보다 세 가지 대응 방식을 조금씩 나누어 가지고 있다. 안 입던 청바지를 입기도 하고, 언제 뭘 할까 시간표를 챙기기도 하고, 빠져들 수 있는 일을 찾기도 한다. 그중에서 하나만 고르라고 한다면 자유 유형에 조금 더 가까운 듯하다.

이 부분을 쓰면서 〈화양연화〉의 주제곡과 함께 양희은의 「사랑, 그 쓸쓸함에 대하여」(1991)가 떠올라 몇 번씩 들었다. "다시 또 누군가를 만나서 사랑을 하게 될 수 있을까 / 그럴 수는 없을 것 같아 / 도무지 알 수 없는 한 가지 / 사람을 사랑하게 되는 일이 / 참 쓸쓸한 일인 것 같아 / 사랑이 끝나고 난 뒤에는 / 이 세상도 끝나고 / 날 위해 빛나던 모든 것도 / 그 빛을 잃어버려" 사랑은 영원할 수 없어 쓸쓸하고 사람들에게 아픔을 준다. 노화는 젊음이 영원할 수 없기에 겪는 일이다.

분위기가 너무 처진다 싶으면 조용필의 〈미지의 세계〉(1985)를 들었다. "머물 곳을 찾아서 / 낯선 곳을 찾아가서 / 미래를 만드는 우리들의 푸른 꿈 / 가슴으로 느끼며 마음으로 얘기해요 / 우리는 노래를 사랑하는 친구들 / 아아아 노래를 사랑의 노래를 / 미지의 세계를 찾아서 떠나요 / 사랑의 노래를 멈추지 말아요" 이 노래, 특히 반복되는 후렴구를 듣다 보면 나도 모르게 따라 부르게 된다. 부르다 보면 미지의 세계를 피하지 않고 찾아 떠날 수 있는 용기를 얻는 듯하다.

·

2장

술 한 잔에 인생을 맡길 것인가

·

•　　　　우리나라 사람들이 즐겨 하는 인사말에는 밥과 술이 들어간다. 처음 만난 사람과 헤어지면서 우리는 쉽게 "시간 나면 언제 밥 한번 같이 해요"라고 말한다. 그 사람의 속내를 좀 들여다보고 싶으면 밥 대신에 "언제 술 한번 합시다" 혹은 "제가 잘 아는 집이 있는데 소주 한잔 하죠"라고 말한다. 물론 그냥 해 보는 인사말일 수도 있지만 우리는 밥과 술을 인간 관계에 잘 끌어들인다. 밥과 술의 차이도 있다. 아무래도 밥은 좀 민숭민숭하고 얌전한 수단인 반면 술은 화기애애한 분위기 속에서 관계의 진도를 빨리 나가게 할 수 있다.

　장자는 일찍이 사람의 마음이 하늘의 뜻보다 알기 어렵다고 보았다. 하늘은 춘하추동, 아침저녁 등 때마다 자신의 모습을 보여 주지만 사람은 두꺼운 얼굴과 깊숙한 감정에 자신을 감추어 도무지 알 수 없기 때문이다. 그는 사람을 알 수 있는 구징九徵, 즉 아홉 가지 징후를 말하며 그중 하나로 "사람에게 술을 먹여서 취하게 해 놓고 그가 하는 짓을 살펴보면 된다"는 것을 들었다.(人心險於山川, 難於知天. 天猶有春秋冬夏旦暮之期, 人者厚貌深情. …… 醉之以酒而觀其側. 『장자』 「열어구」) 술을 사람의 마음을 엿보는 현미경으로 간주한 것이다.

　다 알다시피 술은 어색한 분위기를 누그러뜨리고 낯선 사이를 가깝게 만드는 힘을 가지고 있다. 이런 점에서 술은 마술과 같다. 평소에는 좀처럼 입을 열지 않는 사람도 술을 마시면 달변가가 된다. 숫기가 없던 사람도 술을 마시면 노래방에서 마이크를 놓지 않고 가수마냥 리사이틀을 한다. 술은 한두 번 만난 사람을 형님과 동생 사이로 만들거나 더 나아가 없으면 죽고 못 사는 사이로 만들 수도 있다. 하지만 사람이 시작한 한 잔의 술은 결국은 사람을 먹는 형국에까지 이르기도 한다. 또 회식 자리는 술을 못 마시는 사람을 억지로 마시게 하기도 한다. 현진건이 1920년대에 '술 권하는 사회'를 말한 이래로 우리 사회에는 이래저래 술을 마시게 하는 단면들이 존재해 왔다.

우리 사회는 술을 권하는 만큼 술로 인한 실수에도 너그러운 편이다. 술자리에서 있었던 일을 술 깬 뒤에 문제 삼는 사람은 오히려 쫀쫀한 사람으로 여겨진다. 아울러 우리는 마약과 담배, 약물과 술을 한사코 구별하려고 든다. 상식적으로 마약과 약물은 심신에 더 강한 영향을 미치고 심지어 범죄와 관련되는 등 그로 인한 피해도 심각하다. 그에 반해 담배와 술은 심신에 나쁜 영향을 주긴 하지만 긴장을 풀고 근심을 덜어 주는 측면도 있다.

술을 오래 마시다 보면 수전증이 생기고, 담배도 오래 피우다 보면 잠시만 못 피워도 금단현상으로 고생한다. 술과 담배도 마약과 약물처럼 몸에 증상을 남길 뿐만 아니라 정신적으로도 강하게 의존하게 만든다. 이처럼 마약과 담배, 약물과 술은 모두 중독을 일으킨다는 점에서 공통점을 가지고 있다. 오늘날 우리 주위에는 커피, 콜라, 술 안 취하는 약, 숙취 해소제, 각성제, 수면제, 강화제, 진통제, 영양제, 강장제 등이 넘쳐나고, 이것들의 도움을 받아야만 온전히 살아갈 수 있는 사람들의 수도 늘어나고 있다. 오늘날 우리는 이처럼 '하루 밥 세 끼'만으로 살 수 없고 탄산, 카페인, 알콜, 코카인, 모르핀, 헤로인, 스테로이드 등의 힘을 빌어서 겨우 살아가고 있다.

2012년 여름, 수면내시경을 할 때 마취제로 쓰이는 프로포폴이 세간을 떠들썩하게 만들었다. 프로포폴은 2009년에 세상을 떠난 마이클 잭슨의

사망 원인으로 알려지면서 사람들의 입에 오르내린 적이 있었다. 그러다 3년 뒤에 그것의 흰 빛깔에 연유하여 '우유주사'라는 이름으로 다시 화제의 대상이 된 것이다. 원래 마취제로 쓰이던 것이 피로회복제와 불면치유제로 둔갑했다가 성 범죄에 악용되기에 이르렀다. 정부는 프로포폴의 오남용이 심각하다는 사실을 인지하고 2011년에 향정신성의약품으로 지정하여 그 사용을 규제하기 시작했다.

이제 우리나라는 '술 권하는 사회'를 넘어서 '술만으로는 안 되는 사회'가 되어 가고 있다. 즉, 술보다 더 센 약물의 힘에 의존하는 사람이 늘어나 '마약麻藥 권하는 사회'의 징후를 보이고 있는 것이다.

엑스터시나 프로포폴 사건에서 보듯, 약물 이용자가 우리 주위의 이웃으로 밝혀지는 경우 또한 많은데, 이는 이 시대와 사회가 개인에게 그만큼 많은 짐과 고통을 안겨 주고 있다는 뜻이기도 하다. 아직까지는 술로 그것을 달래는 것이 일반적이지만 앞으로 마약류에 의지하는 경우도 많아질 것이다. 즉, 우리는 혼자서는 버티기 힘든 비상사태에서 이 시대를 살아가고 있는 것이다.

알콜(약물)은 어떻게 바라봐야 할까?

영화 〈성공시대〉(1988)에서 매일 피로회복제를 달고 살면서 조미료 회사에서 일하는 김판촉(안성기 분)은 카페 마담 성소비(이혜영 분)를 통해 경쟁사의 비밀을 빼내며 승승장구하다 결국 그녀의 배반으로 처참하게 몰락한다. 이 영화에서 약물은 김판촉을 성공으로 이끌었다가 끝내 파멸로 몰아넣는 전능한 힘을 보여 주고 있다.

길은 분명하다. 우리가 알콜을 비롯한 약물의 주인으로 일어서는 것이다. 주인의 자리에 있는 한 문제 해결의 희망은 있다. 설혹 중독 상태라 하더라도 긴 실랑이 끝에 약물에게 내준 주인 자리를 되찾는다면 한층 더 단단한 사람으로 거듭날 수 있다. 살다 보면 약물에 손대게 하는 유혹을 접하곤 하는데, 이에 대해 금지, 절제, 중독(탐닉) 중 어느 길로 나아갈지 알아보기로 하자.

금지, 이놈의 술이 나라를 망치리라

:

우임금의 이주망국以酒亡國

술 먹고 실수하거나 행실이 미운 사람을 두고 흔히 '고주망태', '인사불성', '주사', '알콜 중독자', '술꾼', '술주정꾼'이라 일컫는다. 조폭·갈폭(갈취폭력)·학폭(학교폭력)·성폭(성폭력) 등에 최근에는 주폭酒暴이란 말이 더해지면서 '오폭五暴'으로 불리기도 한다. 주폭은 술에 취해 상습적으로 다른 사람을 괴롭히고 심지어 공권력을 무시하는 사람을 가리킨다. 주폭에 당해 본 사람은 진저리를 치며 주폭을 근절시키려는 경찰의 움직임에 기뻐할 것이다. 하지만 거리마다 현수막을 걸어 놓고 '주폭 척결'을 외칠 정도로 주폭 문제가 갑작스럽고 긴급하며 망국亡國의 요인에 해당하는 사안이라 보기는 어렵다. 그냥 통상적으로 처리해도 될 일을 괜히 크게 키우면 오히려 그보다 중요한 다른 현안을 놓칠 수도 있다. 이래저래 술이 있는 곳에는 바람 잘 날이 없다.

사실 술이 문제가 된 것은 어제오늘의 일이 아니다. 춘추시대 종횡가의 이야기를 담은 『전국책』을 보면 술은 처음 만들어졌을 때부터 문제가 되었다.(「위책」 2) 때는 바야흐로 양나라 혜왕(위영魏嬰)이 인근의 제후들에게

힘깨나 쓰던 전국시대였다. 마침 노, 송, 위衛, 정나라 제후가 양나라에서 회합하자 혜왕이 범대范臺에서 술자리를 베풀었다. 주흥이 오르자 혜왕은 노나라의 제후에게 술을 권했다. 노나라 제후는 마시라는 술은 마시지 않고 자리에서 일어나 혜왕 쪽으로 발걸음을 옮기더니 과거의 역사를 들어서 이야기를 하기 시작했다. 군주가 다음의 네 가지에 빠지게 되면 나라를 망하게 할 수 있다는 내용이었다.

첫째, 술이다. 의적儀狄이 처음으로 술을 빚은 뒤 그 맛이 좋아 보이자 그것을 우禹 임금에게 바쳤다. 술을 마신 우는 왠지 달콤한 그 맛에 끌리게 되었다. 이때 앞으로도 술을 계속 마실 일이 생길 것이라 예감한 우는 오히려 그 뒤로 의적을 멀리하고서 맛 좋은 술을 아예 끊어 버렸다. 그리고 "후세에 반드시 술 때문에 자신의 나라를 망칠 사람이 생길 것이다"라고 예언했다.(昔者帝女, 令儀狄作酒而美. 進之禹, 禹飲而甘之. 遂疏儀狄, 絕旨酒. 曰: 後世必有以酒亡其國者.「위책」2)

둘째, 음식이다. 제 환공이 어느 날 야밤에 배가 출출해졌다. 역아易牙가 온갖 솜씨를 발휘해서 음식을 올렸다. 배불리 먹은 환공은 잠이 든 뒤에 다음 날 늦게까지 일어나지 못했다. 이 일이 있은 후 환공은 "후세에 반드시 맛난 음식 때문에 자신의 나라를 망칠 사람이 생길 것이다"라고 예언했다.

셋째, 미인이다. 남지위南之威라는 미인을 만나게 된 진 문공은 3일이나 조정에 나오지 않았다. 이 일이 있고 난 뒤에 문공은 아차 싶었는지 남지위를 멀리했고, "후세에 반드시 미인 때문에 자신의 나라를 망칠 사람이 생길 것이다"라고 예언했다.

넷째, 조경과 여흥이다. 초나라 영왕은 강대強臺를 짓고 자주 그곳에 올라 경치를 즐겼다. 높은 건물이 없던 시절이라 누대는 전망을 즐기기에 더

할 나위 없이 좋았다. 또 자신이 신선처럼 특별한 사람이 된 듯한 느낌을 받아 시간 가는 줄 몰랐다. 이 일을 겪은 뒤로 영왕은 "후세에 반드시 조경과 여흥 때문에 자신의 나라를 망칠 사람이 생길 것이다"라고 예언했다.

맛난 술과 음식, 미인, 조경과 여흥과 관련된 위의 이야기들은 한 명의 성왕과 세 명의 춘추시대 패자가 겪었던 일이다. 노나라 제후는 혜왕에게 "이처럼 사람이 한 가지에 빠져도 나라를 망칠 만한데 혜왕은 네 가지 모두를 즐길 줄만 알지 그 위험성을 모른다"고 경고했다. 이 말을 들은 혜왕은 좋은 말을 해 주었다며 연신 노 제후를 칭찬했다고 한다.

술과 미인, 여흥 등은 한 시대를 이끌어 가던 사람조차도 한순간에 매료시킬 정도로 강력한 힘을 지니고 있다. 다행히 네 사람은 모두 최초의 유혹을 이겨냈기 때문에 성왕과 패자의 지위를 지킬 수 있었다. 만약 그 유혹에 그대로 넘어갔다면 그들은 스스로 자신이 말한 예언의 실례가 되었을 것이다. 그들은 유혹에서 자신을 지키기 위해 참으로 단호하게 판단했다. 네 가지가 지금 당장은 즐거움과 만족을 줄지 몰라도 나중에는 치명적인 결과를 낳을 것이라 생각한 그들은 술, 음식, 미인, 조경과 여흥으로부터 자신을 격리시키는 '금지'의 길을 선택했던 것이다.

처음부터 술꾼이거나 주폭이었던 사람은 없다. 술을 마시다 보니 버릇이 생기고 결국 술꾼(주폭)이 되는 것이다. 그들도 우임금처럼 최초의 유혹과 그에 따른 술꾼의 버릇을 느꼈을 것이다. 하지만 그들은 '그럴 만하다'고 스스로 변명하고 '괜찮아, 다음에 조심하면 되지'라고 스스로 위로함으로써 점점 자신과 주위 모든 사람을 고통스럽게 만든다. 망국亡國까지는 아니더라도 패가망신敗家亡身에 이르게 되는 것이다. 그렇게 되지 않는 길은 단 하나, 술을 마주하지 않도록 자신을 돌려 세우는 것이다.

절제, 애주와 금주 사이에서 필요한 것

⋮

공자의 **유주무량**唯酒無量, **불급란**不及亂

•　　　　깊게 생각하지 않아도 종교와 술 사이는 좋지 않을 듯하다. 종교는 엄숙하고 경건한 느낌을 갖게 하는 반면 술은 흥겹고 흐트러진 느낌을 주기 때문이다. 그렇다면 어떤 종교가 술에 대해 엄격하거나 느슨할까?

불교와 이슬람교는 엄격하고 도교는 느슨하다. 잘 알다시피 불교에서는 신자가 지켜야 할 계율로 오계五戒, 즉 살생, 도둑질, 간음, 거짓말, 음주의 금지를 든다.(『불설우바새오계상경佛說優婆塞五戒相經』) 『장자』를 도교의 경전으로 본다면 고분이가鼓盆而歌, 즉 아내가 죽었을 때 항아리를 두드리며 노래를 불렀던 인물인 장자는 음주가 즐거움을 가져다준다는 것을 여러 곳에서 언급하고 있다(『노자』에서는 술을 전혀 언급하지 않지만 미味와 관련해서는 담백한 맛을 강조하고 오미五味를 부정하는 것으로 보아 술을 권장하지는 않을 듯하다). 또한 기독교의 십계명에 금주가 들어 있지는 않지만 『성경』에서는 "술 취하지 말라. 이는 방탕한 것이니 오직 성령의 충만을 받으라"(「에베소서」 5: 18)라고 하며 지나친 음주를 경계하고 있다.

종교가 계율로 음주를 규제해 왔음에도 술은 인간사에서 사라지지 않았다. 문제를 일으키기도 하지만 사람에게 위로를 주는 측면도 있기 때문이다. 어찌 보면 술과 종교는 사람을 위로한다는 점에서 묘한 경쟁 관계에 놓이기도 한다. 이런 장점에도 우리는 '술'하면 '절제해야 한다'는 생각을 갖는다. 그 이유는 술이 사람을 취하게 만든다는 데 있다. 취하면 정신이 몽롱해지고 몸을 제대로 가눌 수 없어지는데, 이 상태는 억압과 스트레스를 다 날려 버린 해방의 무대이기도 하지만 한편으로는 자제력과 규범을 지키지 않는 파괴의 무대도 되기 때문이다.

『장자』「인간세」를 보면 술과 관련해서 우리가 벌이는 동선을 기막히게 표현하고 있다. "사람이 예절에 따라 술을 마실 경우 처음에는 단정하지만 늘 마지막에 엉망이 되고 도가 지나치면 별의별 기괴한 짓을 하며 즐기게 된다."(以禮飮酒者, 始乎治, 常卒乎亂, 泰至則多奇樂.) 이 구절은 우리가 차수를 쌓아 가며 마시는 풍경을 실감나게 그리고 있다. 1차는 흐트러지지 않은 자세로 술을 마시다가 2차, 3차가 되어 취기가 오르면 예사로 옷을 풀어 젖히거나 큰 소리로 떠든다. 여기서 노래방으로 무대를 옮기면 평소 이미지와는 다르게 망가져 가면서 신나게 놀지 않던가?

이처럼 술은 사람을 전혀 다른 인물로 변신시킬 수 있기 때문에 그 위험을 경고하는 비유가 많다. 위진남북조시대의 진훤陳暄은 술을 즐겨 가족의 걱정거리였다. 그는 "군주는 배이고 백성은 물과 같다. 물은 배를 실을 수 있지만 배를 뒤엎을 수도 있다"(『순자』「왕제」)라는 순자의 비유를 끌어들여 술을 물과 같다고 보았다. "비유하자면 술은 물과 같아서 배(사람)를 건네 줄 수도 있고 뒤엎을 수도 있다."(吾嘗譬酒猶水也, 亦可濟舟, 亦可覆舟.)

그는 자신과 생각이 비슷한 표현으로 술을 군사(무기)에 비유하는 강자의江議議(자의議議는 표기자의삼군驃騎議議參軍이라는 벼슬의 줄임말이다)의 말을 소개하고 있다. "술은 군사와 비슷하다. 군사는 천일, 즉 장기간 쓰이지 않을 수 있지만 만일을 위해 하루도 준비하지 않을 수 없다. 술은 천일 마시지 않을 수 있지만 한 번 마시면 취하지 않을 수 없다."(酒猶兵也. 兵可千日而不用, 不可一日而不備. 酒可千日而不飮, 不可一飮而不醉. 『남사南史』 「진훤전陳喧傳」)

술꾼 수발에 이골이 난 사람은 "왜 그렇게 술을 마셔서 몸 아프고 돈 버리느냐?"라고 하지만 술꾼은 "취하려고 마신다"라고 말한다. 이처럼 취하게 하는 그 특성 때문에 술을 절제해야 한다는 목소리가 나오는 것이다. 절제는 취해서 느끼는 해방감이 파괴적인 일로 이어지지 않도록 미묘한 긴장을 유지하게 만든다. 공자는 적어도 술과 관련해서는 기독교와 비슷한 정도로 사람을 신뢰했다고 할 수 있다. 주량이 어느 정도였는지는 알 수 없지만 그도 꽤나 술을 마시고 취한 기분을 즐긴 것으로 보인다. "술만큼은 어떤 한도를 정해 두지 않았지만 취해서 몸을 가누지 못하거나 횡설수설한 지경에는 이르지 않았다."(唯酒無量, 不及亂. 「향당」 08[249]) 공자는 술에 대해 온건한 태도를 가졌다고 할 수 있다. 하지만 고염무顧炎武는 『일지록日知錄』권28에서 「주금酒禁」, 즉 금주의 역사를 일별하면서 '술의 재앙이 불보다 더 심하며 세상 사람들은 술 때문에 일찍 죽지만 그 사실을 알아차리지 못한다'는 서석기徐石麒의 주장으로 결론을 대신하고 있다.(酒之禍烈于火, …… 世盡夭于酒而不覺也.)

사실 반드시 술이 아니더라도 뭔가를 절제한다는 것은 매우 어려운 일이다. 금주와 애주, 불허와 허용은 각각 극단적인 입장으로 자신을 오롯이 지키며 다른 것과 섞이지 않으려고 하는 반면 절주는 애주와 금주의 두 진영에 발을 담그고 있다. 즉, 절주하는 사람은 신나게 술을 마실 때는 활달한 애주가이지만 선을 넘지 않을 때는 철저한 금주가가 된다. 특히 절주는 음주하는 중에도 경계의 끈을 놓지 말아야 하므로 어렵다고 할 수밖에 없다. 절주한다고 하더라도 경계가 느슨해지는 순간을 잡지 못하면 술을 탐닉하고 다음 날 후회하는 신세를 벗어나기 어렵다. 이처럼 절주는 철두철미하게 자신에 대한 신뢰에 바탕을 두고 있다. 그러니 자신을 신뢰할 수 없는 이들이여, 절주를 말하지 말지어다.

중독, 술로 연못을 이루고 고기로 숲을 이룬다

:

은나라 주왕의 주지육림酒池肉林

술이 나온 이래로 나라마다 술꾼과 그 계보가 있다. 전국적으로나 세계적으로 알려진 경우도 있겠고, 주위 사람들에게 익히 알려진 인물도 있다. 중국에도 숱한 술꾼이 있었는데, 그중에서도 유명한 사람은 당나라 시인 이백李白이다. 같은 시대의 두보는 당대의 유명한 술꾼 여덟 명을 소재로 「음중팔선가飮中八仙歌」를 지었는데, 이백도 그 속에 들어 있다. "이백은 술 한 말 마시고 시 백 수를 짓는데, 장안의 저자에 오면 술집에 퍼질러 잔다. 천자가 불러도 배에 오르지 않고 스스로 '내가 술 취한 신선이요' 일컫는다."(李白一斗詩百篇, 長安市上酒家眠. 天子呼來不二船, 自稱臣是酒中仙.)

남의 나라 이야기만 할 게 아니다. 우리나라에도 면면히 내려오는 음주가무의 빛나는 전통이 있다. 중국의 역사서 『삼국지 위지』 「동이전」은 한반도에서 제천의식을 치르고 음주가무를 즐긴 것을 인증하고 있다. 돈을 아끼지 않고 마구 쓰거나 흥에 겨워서 고삐 풀린 듯이 놀 때 '흥청망청'이라는 표현을 쓰는데, 이도 알고 보면 조선의 왕 연산군이 기생들과 어울려 주연을 베풀었던 일화와 관련이 있다.

국가를 잃었을 때를 비롯해 근현대까지 음주가무의 면면한 전통은 끊이지 않았다. 양주동은 글과 술로 살아온 자신의 인생 이야기를 『문주반생기文酒半生記』에 솔직하게 기록했다(이 책은 지금도 범우사 문고본으로 구할 수 있다). 그는 이 책에서 열 살 때 몰래 술을 마신 뒤 3일간 혼수상태에 빠졌던 일에서부터 시작해서 서울과 동경을 오가며 벌였던 주연酒宴까지 흥미진진하게 엮어내고 있다.

변영로의 『명정사십년酩酊四十年』에 이르면 추태는 술 먹고 이불에 오줌을 싼 양주동을 넘어서 남정네가 벌거벗고 대로를 누비는 상황으로 발전된다(이 책은 재수가 좋으면 범우사 문고본으로 헌책방에서 찾을 수 있다). '명정'은 낯선 한자 탓에 멋있어 보이지만 사실 본래의 뜻은 '인사불성', '고주망태', '술에 절어 살아간다'는 것인데, 이 의미로 바꿔 놓고 보면 그 40년의 무게가 녹록하지 않음을 알 수 있다.

『명정사십년』 중 「백주에 소를 타고」에는 오상순, 염상섭, 이관구 세 사람이 변영로를 찾아오다가 동아일보사에 보낼 미래 원고를 저당으로 50원을 받아 쾌음快飮, 호음豪飮했던 일이 나온다. 술 마시다가 소나기를 만난 그들은 오상순을 선두로 대자연과 인간 사이를 가로막는 옷을 찢어 버리고 맨몸으로 소를 타고 성균관을 지나 대로로 가려 했다. 나는 우연히 네 사람이 술을 마셨던 옥류정과 성균관 가까이에서 10여 년의 시간을 보내고 있는데, 가끔 그들이 광가난무狂歌亂舞했던 곳을 거닐면서 그 광경을 상상해 본다. 나도 대학로 길거리에서 하늘을 이불로 땅을 방으로 여기고 자다가 집을 묻는 경찰을 낭패 보게 했던 일이 있었던지라 그들의 만행을 마냥 비웃을 수만은 없다.

조지훈의 '주도유단론酒道有段論'은 술이 인생사와 엮이는 지점을 단段으로 잘 포착한다. 그에 따르면 주도에는 9급 9단으로 총 18급이 있다. 술을 아주 못 먹진 않으나 안 먹는 부주不酒, 술을 마시긴 하나 술을 겁내는 외주畏酒, 마실 줄도 알고 겁내지도 않으나 취하는 것을 민망하게 여기는 민주憫酒, 마실 줄도 알고 겁내지 않고 취할 줄도 알지만 돈이 아쉬워서 혼자 숨어 마시는 은주隱酒, 마실 줄도 알고 좋아도 하면서 무슨 잇속이 있을 때만 술을 내는 상주商酒, 성생활을 위하여 술을 마시는 색주色酒, 잠이 안 와서 마시는 수주睡酒, 밥맛을 돕기 위해서 마시는 반주飯酒, 술의 진경을 배우는 학주學酒의 주졸酒卒, 술을 취미로 맛보는 애주愛酒의 주도酒徒, 술의 진미에 반한 기주嗜酒의 주객酒客, 술의 진경을 체득한 탐주眈酒의 주호酒豪, 주도를 수련하는 폭주暴酒의 주광酒狂, 주도 삼매에 든 장주長酒의 주선酒仙, 술을 아끼고 인정을 아끼는 석주惜酒의 주현酒賢, 마셔도 그만 안 마셔도 그만인 낙주樂酒의 주성酒聖, 술을 보고 즐거워하되 마실 수는 없는 관주觀酒의 주종酒宗, 술로 말미암아 다른 세상으로 떠나게 된 폐주廢酒의 열반주涅槃酒가 그것이다. 생전에 막걸리를 즐겼던 천상병 시인이 열반주의 반열에 해당되지 않을까 생각한다. 그는 죽음마저 "나 하늘로 돌아가리라 / 아름다운 이 세상 소풍 끝내는 날 / 가서 아름다웠더라고 말하리라"라고 해맑게 읊었다.

　술꾼의 호기가 때로는 밉지만 때로는 애교로 보이기도 한다. 그들의 낭만에서 가끔씩은 시원한 느낌도 받기 때문이다. 하지만 술이 권력의 힘을 빌어서 오만과 타락으로 이어지면 범죄가 된다. 『사기』 「은본기」에 나온 은나라 주왕과 달기妲己의 질펀한 주연이 그러한 사례이다. "술을 채워서 연못을 만들고 고기 안주를 매달아 숲을 이루어 놓고 발가벗은 남녀를 그 사이에서 붙잡으며 뛰놀게 하며 밤낮을 가리지 않고 술로 세월을 보냈다."(以酒爲池, 懸肉爲林, 使男女相逐其間, 爲長夜之飮.)

후에 은을 대신한 주나라가 주왕의 패악을 도드라지게 하기 위해 주지육림의 타락상을 강조했을 수도 있다. 그러나 주왕처럼 향락을 찾다 보면 결국 자신이 아니라 타인에 의해서 끝을 만나게 된다는 것은 분명한 사실이다. 그의 타락이 인민의 희생 위에 있었던 만큼 징벌이 부당하다고는 할 수 없겠다.

노래에 실린 인생, 인생을 실은 노래

소주의 도수가 춤을 춘다. 예전에 소주는 모두 20도를 넘었는데, 여성의 음주가 늘어나면서 도수가 너나 할 것 없이 20도 아래로 떨어졌다. 그러다 맹물 같다는 이야기가 나오면서 다시 간신히 20도를 넘긴 소주가 등장했다. 지나친 음주로 문제가 일어나기도 하지만 술은 살인적 경쟁의 시대를 살아가는 현대인의 스트레스를 달래 주기도 한다. 역사적으로 나라마다 숱한 금주령이 있었지만 술을 없애지는 못했다. 그만큼 인간이 약하다는 뜻이기도 하다.

나는 사람들이 약물(알콜)에 대해 어떤 입장을 취할 수 있을까를 생각하면서 그 대응 방식을 금지, 절제, 중독(탐닉) 세 가지로 나누어 보았다. 술은 그 특성상 워낙 개인의 기호와 관련된 것이므로 단 하나의 일반적인 대답을 하기는 어렵다. 체질적으로 술이 맞지 않는 어떤 이는 "그 쓴 것을 돈 주고 마시느냐?"라고 하겠지만, 또 다른 이는 "술 없으면 무슨 낙으로 사냐?"라고 반문한다. 틀린 것이 아니라 서로 다른 것이다. 어떤 입장이든 중요한 것은 술이 나를 위해 있는 것이지 내가 술을 위해 있는 것이 아니라는 점이다. 나는 젊은 날 폭음을 자주 했지만 지금은 대체로 절주의 범위를 벗어나지 않으며 "마시고 싶은 만큼 마신다."

이 부분을 쓰면서 이장희의 「한 잔의 추억」(1974)과 송창식의 「고래사냥」(1975)을 몇 번씩 들었다. 「한 잔의 추억」은 대학시절 '권주가'로 불릴 정도로 인기가 많았다. "늦은 밤 쓸쓸히 창가에 앉아 / 꺼져 가는 불빛을 바라보면은 / 어디선가 날 부르는 소리가 들려 / 취한 눈 크게 뜨고 바라보면은 / 반쯤 찬 술잔 위에 어리는 얼굴 / 마시자 한 잔의 추억 / 마시자 한 잔의 술 / 마시자 마셔 버리자"

이를 부르면 진짜 그날 그 술집의 술은 다 마실 수 있을 듯했다. 권주가에서 "자, 떠나자 동해 바다로 / 삼등삼등 완행열차 기차를 타고 / 간밤에 꾸었던 꿈의 세계는 / 아침에 일어나면 잊혀지지만 / 그래도 생각나는 내 꿈 하나는 / 조그만 예쁜 고래 한 마리"의 「고래사냥」으로 이어지면, 기차를 타고 동해로 고래 잡으러 '가출'하면 뭔가 할 수 있으리라는 낭만이 마음속에서 꿈틀거렸다.

3장

탐욕, 결핍의 또 다른 이름

• 　　아이들을 보면 그중 유독 욕심 많은 아이가 있다. 먹을 것이 있으면 "이거 다 내 거야!"라고 선언해 놓고 다른 아이가 다가오려 하면 "가까이 오지 마!"라는 경고를 연발한다. 선물 꾸러미가 있으면 마찬가지로 크지도 않은 팔을 힘껏 벌리고서 역시 "이거 다 내 거야!"라고 외친다. 하지만 그렇게 물건을 자기 것이라고 떼를 써 놓고도 조금 있으면 시큰둥하며 거들떠보지도 않는다.

아이들의 세계만이 아니라 어른들의 세계도 "이거 다 내 거야!"라고 외치는 소리들로 시끄럽다. 대기업의 기업형 슈퍼마켓(SSM)은 그간 영세상인이 영업하던 골목상권에 뛰어들고 있다. 한쪽은 "수익이 있는 곳에 진입하는 것을 왜 막느냐?"라고 말하고, 다른 한쪽은 "압도적 자본을 바탕으로 영세 상인을 벼랑에 내몰고 있다"라며 반발하고 있다. 진보진영의 지자체는 SSM의 영업시간을 규제하고 의무 휴일을 정하는 등 영세상인의 생존권을 보장하려고 하고, SSM은 이러한 행정 규제가 헌법에 위반되는 것은 아닌지 법률 심판에 호소하고 있다.

지루한 법률 공방이 지속되는 기간 내내 SSM과 영세상인 모두가 고통을 겪는다. SSM 측은 불안한 상태에서 영업을 해야 하고, 영세상인 측은 나날이 줄어드는 이익을 바라봐야 한다. 새로운 산업을 개척할 때 창조자는 커다란 고통을 겪는 만큼 엄청난 혜택을 받는다. 신제품을 만들기 위해 수없는 시행착오를 거치고 막대한 비용을 들이는 대신 그 세계의 기준을 세우는 특권을 갖기 때문이다. 반면 후발 주자는 창조자가 세운 기준에 따라 제약을 받을 수밖에 없다.

SSM과 영세상인은 새로운 시장을 만드는 관계가 아니라 기존의 시장을 두고 첨예한 경쟁을 벌이는 관계이다. 이때의 경쟁에는 자유경쟁의 측면과 함께 약자보호의 측면도 있어야 한다. 국제 무역에서도 개별국가는 관세나 세제상 지원이라는 보호 장치를 통해 자국의 취약 산업을 보호하려고 한다. 산업과 무역이 아무런 제약을 두지 않고 무한 자유경쟁으로 진행된다면 결국 경쟁 없는 독과점으로 귀결되기 때문이다.

이런 측면에서 우리는 SSM과 영세상인의 관계를 통해서 자유경쟁과 공정경쟁 그리고 약자보호를 둘러싼 사회적 합의에 관심을 둘 만하다. 정부가 무역에서 취약한 자국 산업의 보호에 관심을 갖지 않고 사회가 공동체의 약자를 보호하지 않는다면 이 세상은 결국 더 많이 가지려는 탐욕스런 인간, 즉 찰스 디킨스가 『크리스마스 캐롤』에서 창조해낸 피도 눈물도 없는 스크루지와 같은 유형의 사람들이 독차지할 것이다.

자본주의의 탐욕이 오늘날처럼 문제가 되기 이전에도 인류의 역사와 문학에는 악독한 구두쇠, 수전노, 돈의 노예가 숱하게 있었다. 〈흥부전〉의 놀부는 부모로부터 물려받은 유산을 흥부와 나누지 않고 독차지했다. 재물 앞에서는 자기 이외에 부모도 형제도 눈에 들어오지 않는 것이다. 그런가 하면 〈춘향전〉의 변사또는 춘향의 사랑을 독차지하기 위해서 온갖 꾀를 다 짜낸다.

물론 해피엔딩으로 끝난다는 점은 둘이 같다. 하지만 탐욕에 대결하는 방식에서는 서로 다르다. 〈흥부전〉은 탐욕을 부리다가 궁지에 몰린 놀부를 흥부가 일방적으로 품음으로써 탐욕이 해결된다. 즉, 탐욕은 놀부가 잠시 제정신이 아니어서 부린 심술이 되어 버리는 것이다. 반면 〈춘향전〉에서는 춘향이가 시대의 규범상 신임 사또의 수청을 당연히 들어야 함에도 불구하고 개인의 언약을 내세우며 탐욕에 대항한다. 이로써 탐욕은 싸워서 이겨 내야 할 대상이 된다. 이렇게 보면 탐욕으로부터 풀려난 흥부와 춘향의 자유는 달라진다. 우리는 흥부의 방식과 춘향의 방식 중 어떤 것으로 탐욕에 맞서야 하는 걸까?

탐욕은 타인과 나누기 싫어하는 독점욕, 그리고 자신이 가장 잘 해낼수 있고 자신이 가장 잘 안다는 독선과 오만에 바탕을 두고 있다. 이때 탐욕이 문제가 되는 것은 단순히 주위와 갈등을 일으키기 때문이 아니다. 탐욕은 필요에 따라 가족과 타자를 적으로 간주하거나 적을 일시적 동지로 여긴다. 또한 사람이 어디까지 이성과 감성을 사적으로 남용하여 그것을 범죄적으로 악용할 수 있는지 그 끝을 시험하게 만든다. 그렇기에 탐욕은 '인간이면 그렇게 하지 않을 것'이라는 기본적인 신뢰를 의심하게 만든다는 점에서 살펴보지 않을 수 없다.

주위를 둘러보면 탐욕의 대상이 되는 것은 주로 돈(물질), 사랑, 권력이다. 이 세 가지는 다른 사람과 함께 나누는 것이 가장 어렵기 때문이리라.

재물, 이것 좀 전부 치워 버려라!

:

왕연의 아도물阿堵物

 살림살이 형편에 따라 각자 처지가 다르겠지만 우리가 하루 중에 가장 많이 말하고 제일 걱정하는 것은 무엇일까? 그것은 아마도 '돈'일 것이다. 아이가 중고등학생이면 아침에 등교할 때 돈 이야기가 자연스럽게 나온다. 학교에서 쓰이는 비용은 대부분 스쿨뱅킹으로 처리되지만 때때로 아이들은 돈을 요구한다. "엄마(아빠), 돈 만 원만 줘.""왜?" "교통카드 충전해야 해.""야, 너는 어제 저녁에 미리 말하지 않고 꼭 아침에 말을 하냐?" 가계를 맡은 사람은 빠듯한 월급으로 한 달을 버티느라 말끝마다 "이놈의 돈!"을 달고 산다. 직장에 나가면 비용, 수익, 손실, 재무제표, 회계 등 하루 종일 돈과 관련된 이야기를 하다가 퇴근하는 날도 적지 않다. 다들 하나같이 돈으로부터 자유롭지 못하고 그것에 얽매여 살다 보니 "돈 한번 원 없이 써 봤으면 좋겠다"라는 생각을 하게 된다.

 어디에서 발단이 되었든 요즘 우리는 돈에 덜 얽매이는 경제적 성공을 바란다. 은행 이자가 거의 없다시피 할 정도로 낮다 보니 사람들은 주식, 부동산, 금융상품이나 로또 등을 통해 벼락부자가 되길 꿈꾼다. 경쟁이 심해지고 금융 위기가 상존하다 보니 기업가들은 파견근무제, 상시적인 구조조정, 아웃소싱 등으로 조직을 슬림화해서 위기 대응 능력을 키우려고 한다. 우리 사회가 단군 이래 최고의 경제 발전을 이루었다고 하지만 요즘만큼 고용, 복지, 미래 등 삶의 전반이 불안한 적은 없었다. 이처럼 불안이 커지다 보니 개인이나 기업은 지금 가진 것만이 아니라 앞으로 가질 것에까지 탐욕의 눈길을 던진다.

『세설신어』에 보면 왕연王衍과 부인 곽 씨 사이의 재미있는 일화가 실려 있다.(「규장規藏」 486~489쪽) 곽 씨는 성격이 괴팍하고 재물을 닥치는 대로 긁어모았다. 남편임에도 아내를 말릴 수 없었던 왕연은 하는 수 없이 당시 협사俠士로 널리 알려진 이양李陽의 이름을 팔아서 아내의 버릇을 고치고자 했다. 왕연 자신만이 아니라 이양 역시 곽 씨에게 문제가 있음을 말했다고 함으로써 아내의 버릇을 조금 누그러뜨리려고 했던 것이다.

남편에게 보기 좋게 당한 곽 씨는 왕연을 한 번 놀려 줄 궁리를 했다. 왕연은 고상하고 심원한 이야기를 좋아하고 세속적인 일에 관심이 없었다. 그랬기에 아내가 늘 탐욕스럽다고 불만이었는가 하면 입에는 '돈'이라는 말조차 담으려 하지 않았다. 곽 씨는 하녀를 시켜 왕연의 침상 주변에 돈을 빈틈없이 깔아 놓고 그가 '돈'을 말하지 않으면 걸음을 뗄 수 없게 했다. 왕연이 아침에 자리에서 일어나 보니 돈 때문에 한 발자국도 움직일 수 없는 상황이었다. 이에 그는 하녀를 불러서 다음처럼 말했다. "이것 좀 전부 들어서 치워라!"(擧卻阿堵物) 아도물阿堵物에서의 아阿는 발어사로 뜻이 없고 도堵는 이것, 저것을 의미한다. 즉, 왕연은 아내의 계략에 넘어가지 않고 '돈' 대신에 '이것'이란 말을 썼던 것이다.

왕연은 아도물 이야기를 통해서 재물에 관심이 없는 청렴한 사람으로 널리 알려지게 되었다.(다른 이야기도 있다. 혹자는 "왕연은 부귀를 구해서 부귀를 얻었고 재물이 산더미처럼 쌓여서 아무리 써도 다 쓸 수 없었는데 무엇 때문에 돈 이야기를 끄집어내겠는가?"라고 말한다.) 왕연은 재물로부터 한 걸음 비켜나서 그것에 사로잡히지 않는 사람이었다고 할 수 있다. 이러한 자세는 고려 장군 최영이 가정교육에서 배운 견금여석見金如石, 즉 '황금 보기를 돌같이 하라'는 말과 맥락이 비슷하다.

이런 이야기를 들으면 현실성이 없어 보인다. "요즘 사람들은 매일 돈과 씨름하면서 겨우 살아가는데 견금여석하라니 말도 안 되는 이야기야. 아마 그네들은 돈이 많아 그랬겠지!"라고 할 이도 있을 것이다. 그러나 견금여석이라 해서 최영이 황금을 돌처럼 여기고 내다 버렸다는 뜻은 아니다. 이 말은 황금을 받을 일이 생길 경우 그것을 "아이쿠, 반갑다!"라며 덥석 받을 것이 아니라 받아도 되는지 따져 보라는 의미이다. 이때 황금을 돌처럼 간주할 줄 알아야 받을지 말지를 정확히 판단하게 될 것이기 때문이다. 이것은 또한 공자가 강조했던 '이익을 보면 도리(정의)를 따져 보라'는 의미의 견리사의見利思義와도 연결된다.

동중서는 공직자, 특히 군주라면 온종일 '이익'이라는 말을 입에 올리지 말아야 하며(終日言不及利. 『춘추번로』 「옥영玉英」), "사랑을 내세우는 사람은 도리를 바로잡지 이익을 꾀하지 않고, 이치를 닦지 공업을 서두르지 않는다"(仁人者, 正其道不謀其利, 修其理不急其功. 『춘추번로』 「대교서왕월대부부득위인對膠西王越大夫不得爲仁」)라고 말했다. 이것은 군주와 공직자들은 백성들의 생업에 관심을 두지 말라는 뜻이 아니라, 이익을 두고 백성들과 경쟁하지 않아야 한다는 뜻이다. 정보와 지식에서 우월한 입장에 있는 군주와 공직자가 경제 행위를 하여 일반 시민과 경쟁한다면 게임이 될 리가 없기 때문이다.

　왕연이나 공자나 동중서의 말은 사람들에게 '돈으로부터 한 발짝 비켜나서 탐욕을 부리지 말라'고 요구하는 것이라 할 수 있다. 군주나 공직자가 황금을 돌이 아닌 황금으로 본다면 누구보다도 먼저 그것을 가지려고 기를 쓸 것이고, 이것이 곧 탐욕의 시작이다. 은행원이 돈을 종이쪼가리로 본다(見錢如紙)면 돈 욕심을 내지 않고 편안히 근무할 수 있다. 누가 은행원에게 "늘 돈을 만지니 좋겠네요!"라고 부러워해도 견전여지한다면 별다른 감흥이 일지 않을 것이다.

사랑, 물과 물고기의 사귐 같은 것

⋮

유비와 제갈량의 수어지교水魚之交

사랑은 좀 묘하다. 원래 사랑은 지독하게 이기적인 사람마저도 자신을 넘어서게 만들고 자신보다 다른 사람을 앞에 두게 한다. 그와 동시에 내가 바뀐 만큼 상대도 바뀌기를 바란다. 이즈음에서 사랑은 편하면서도 불편하고, 아늑하면서도 거북한 양면성을 드러낸다. 사랑에는 사랑만 있지 않고 증오, 질투, 폭력, 의심, 불안 등 온갖 것들이 따라오기에, 사랑하면 모든 걸 다 이룰 것 같았는데도 스스로 사랑에 갇히게 된다. 여기에 이르면 '나 사랑 안 할래!'라는 생각이 들지도 모른다.

사랑과 증오는 여자와 남자의 이성 사이가 아니라 남자와 남자의 동성 사이에서도 생길 수 있다. 유비와 제갈량과 관련하여 널리 알려진 고사로 삼고초려三顧草廬가 있다. 유비 옆에는 관우, 장비라는 출중한 무장이 있었지만 전략을 세우는 군사軍師가 없었다. 유비는 이런 상황을 벗어나기 위해 제갈량을 군사로 맞아들이고자 했다. 47세의 유비가 207년에 스물한 살이나 어린 제갈량을 세 차례씩 찾아가 군사가 되어 줄 것을 청한 끝에 두 사람은 함께 일할 수 있었다. 이를 '삼고초려'라고 한다.

두 사람은 삼고초려 이외에 '수어지교水魚之交'라는 고사의 주인공이기도 하다. 제갈량은 유비의 청을 받아들여 그의 군사가 되었다. 그 뒤 유비는 천하를 삼분하자는 등 제갈량이 제시하는 전략에 토를 달지 않고 그것을 그대로 따르기에 바빴다. 아울러 그들은 급격히 가까워져 둘 사이에 다른 사람이 끼어들 틈이 없는 것처럼 보였다. 상황이 이렇게 되자 관우와 장비는 유비와 제갈량의 사이를 질투하기에 이르렀다. 즉, 이제 유비는 도원결의를 맺은 자신들보다 제갈량을 더 좋아한다고 생각했던 것이다.

유비는 사랑하는 아우들이 자신을 의심하자 다음처럼 말했다. "나와 제갈량의 관계는 물고기와 물의 관계와 같다. 관우와 장비 그대들은 이를 두고 다시 말하지 않기를 바라네."(孤之有孔明, 猶魚之有水也. 願諸君勿復言. 『삼국지 촉지』「제갈량전」) 물고기가 물을 떠나서 살 수 없다는 것은 상식이다. 이 상식을 통해 유비는 관우와 장비에게 자신과 제갈량이 떼어 놓을 수 없는 관계임을 알리고 있다.

이 설명은 자칫하면 오해를 낳을 수도 있다. 유비 자신과 제갈량의 관계는 매우 특별하여 다른 어떤 관계보다 최상에 있다고 선언한 것으로 이해될 수도 있기 때문이다. 이렇게 보면 유비가 자신의 진영에서 누구도 제갈량의 지위를 흔들 수 없도록 엄명을 내린 것으로 볼 수 있다.

물론 이런 풀이도 가능하다. 유비에게는 자신과 제갈량의 관계와는 별도로 관우, 장비와 새로운 관계를 정립해야 하는 문제가 남는다. 관계가 한층 복잡해지는 것이다. 그들과의 갈등이 수면 아래로 내려간다 해도 그것은 일시적인 것일 뿐 언젠가는 다시 재연될 가능성이 존재한다. 이를 피하기 위해서 유비는 자신이 관우, 장비와 연결된 존재라는 점을 그들에게 상기시킬 필요가 있다. 즉, 제갈량은 자신에게 중요한 만큼 관우와 장비에게도 중요한 인물이라는 것을 알려주기 위해 유비는 그런 비유를 사용한 것이다. 이렇게 보면 유비는 관우와 장비가 미처 알아차리지 못했던 사실을 일깨워 주었다고 할 수 있다. 사랑에 의심이 싹틀 때 머뭇거리고 우물거리면 더 깊은 의심을 사지만, 명확하게 설명하면 의심했던 사람을 부끄럽게 만든다. 유비는 그것을 제대로 했기에 군사적 열세에도 불구하고 숱한 능력자를 거느릴 수 있었던 것이다.

또 다른 남자들의 우정으로 관포지교管鮑之交, 즉 춘추시대 제나라 관중과 포숙아의 우정이 있다. 관중이 포숙아를 속인 적이 있었지만 포숙아는 늘 관중에게 잘 대해 주고 그를 험담하지 않았다. 둘이 동업할 때는 관중이 수익금을 반 이상 가져갔지만 포숙아는 관중이 가난하다는 것을 알았기에 그가 탐욕스럽다고 생각하지 않았다. 또 사업을 그르쳐서 더욱 힘들어졌을 때에도 포숙아는 관중이 어리석다고 여기지 않고 시세에 유불리가 있을 수 있다고 생각했다.(『사기』「관안열전」) 관중과 포숙아의 사이는 보통 같으면 깨져도 벌써 몇 차례 깨졌어야 정상이다. 그러나 포숙아는 관중을 믿었기 때문에 무한한 이해를 가질 수 있었고 그럼으로써 둘의 우정은 끝내 변하지 않았다. 사랑을 시작하기는 쉬워도 이렇게 끝까지 키워 가려면 상호 신뢰와 무한한 이해가 필요한 것이다.

사랑 이야기 하면 한나라 궁정시인 사마상여司馬相如와 탁문군卓文君을 빼놓을 수 없다.(『사기』「사마상여열전」) 사마상여가 별 볼일 없던 시절의 어느 날, 그는 출세한 친구를 찾아갔다가 그곳의 거부 탁왕손卓王孫 집에서 벌어진 연회에 참석하게 되었다. 마침 탁왕손의 집에는 일찍 시집갔다가 17세에 과부가 되어 돌아온 딸 탁문군이 있었다. 사마상여의 금琴 연주에 반한 탁문군은 그와 야반도주를 했다. 사마상여는 찢어지게 가난한 집안 출신이라 둘은 술장사를 하며 생계를 이었지만 장인은 가난하고 무능한 사위를 인정하지 않았다. 그러나 자식 이기는 부모 없듯이, 시간이 흐른 뒤 탁왕손은 사위와 딸이 어엿한 살림을 꾸리도록 도와줬고, 사마상여도 자신의 작품으로 무제를 감동시켜 궁정시인으로 출세하게 되었다.

사마상여와 탁문군은 전근대라는 시대적 한계에도 불구하고 오직 사랑 하나만 믿고 그것에 의지한 채 가난, 체면, 신분을 따지지 않았다. 둘의 사랑은 우리나라의 드라마에서 즐겨 다루는 부자와 빈자의 사랑과 닮아 보인다. 하지만 두 사람은 사랑을 이루기 위해 모든 것을 거는 엄청난 용기를 발휘했고, 사랑을 이룬 뒤 겪었던 가난의 위기에도 다른 이에게 구걸하거나 비열해지지 않았다. 오늘날의 러브 스토리들과 비교했을 때 조금도 손색없는 사랑 이야기라고 할 수 있겠다. 나는 일찍이 그 두 사람이 술장사를 했다는 장소를 방문해서 그곳에서 파는 술을 마시며 두 사람의 영혼을 느껴 본 적이 있다. 아름다운 사랑은 오래도록 남나 보다.

권력, 사슴을 가리켜 말이라 하다

:

조고의 지록위마指鹿爲馬

●   '콩 한 쪽도 나눠 먹는다'는 옛말이 있다. 콩이란 게 아무리 커도 혼자 먹기에도 턱없이 작은데, 그것을 나눠 먹을 만큼 인정이 넘친다는 뜻이리라. 보통 사람들은 이렇게 어려운 형편에도 서로 돕고 살아간다. 그런데 이 세상에는 콩이나 머리카락보다도 더 나눠 가지기 어려운 것이 있으니, 바로 다름 아닌 권력이다. 한비는 다른 이와 나눌 수 없는 권력의 문제를 「팔간八姦」, 즉 군주를 위험에 빠뜨리는 여덟 가지 함정을 통해 여실히 그리고 있다. 그는 잠자리를 같이하는 사람, 늘 곁에 있는 측근, 피를 나눈 부형 등도 다 믿어서는 안 된다고 역설했다. 왜냐하면 군주는 밭 갈고 김매는 농부가 아니라 바로 곁에서 얼굴을 맞대고 생활하는 사람들에 의해 위험에 빠지고 죽임을 당하기 때문이다.

특히 권력이 누수되기 시작되거나 교체되는 시점에서 권력을 잡으려는 자는 경쟁자나 비협조자를 대상으로 참혹한 살상극을 벌이는 등 극도의 비인간적 만행을 서슴없이 저지른다. 실례로 진시황의 갑작스런 죽음 뒤 권력 교체기에 벌어진 일련의 사건을 살펴보자.

진시황이 순수巡狩하던 중에 사망하자 누가 후계자가 될 것인지가 초미의 관심사로 떠올랐다. 어떤 이가 후계자가 되느냐에 따라 선대 신하들의 생사가 갈리기 때문이었다. 진시황은 죽기 전에 맏아들 부소扶蘇를 후계자로 삼고자 했지만 환관 조고趙高는 이사李斯와 함께 시황의 유지遺志를 위조해서 호해胡亥를 후계자로 세웠다.

조고는 부소를 제거한 뒤 차츰차츰 권력을 장악해서 호해와 이사를 무력화시키고 황제처럼 굴었다. 실제로 그는 황제가 되려고 반란을 일으키고자 했지만 여러 신하들이 호응하지 않을까 두려웠다. 그래서 먼저 사람들의 마음을 떠보는 실험을 해 보기로 했다. 그는 사슴을 한 마리 데리고 와서 그것을 호해에게 바치며 일부러 '말'이라고 했다. 이에 호해가 웃으면서 "승상이 틀렸구려, 사슴을 두고 말이라고 말을 하니"(二世笑曰: 丞相 誤邪, 謂鹿爲馬)라고 말하고 주위 사람들에게 물었다. 그러자 그중 어떤 이는 입을 꼭 다물었고, 어떤 이는 말이라고 하면서 조고에게 아부를 했으며, 어떤 이는 보는 그대로 사슴이라 말했다. 조고가 사슴이라 말한 사람을 조용히 법에 걸어서 처벌하자 그 뒤로 여러 신하들이 조고를 무서워하게 되었다.(『사기』「진시황본기」)

조고는 처음에 호해의 조력자에 머물렀지만 결국 자신이 황제가 되고자 했다. 그랬기에 지는 권력과 떠오르는 권력의 힘 대결에서 승리를 거두고자 했고, 그것을 위해 사슴을 가리켜 말이라 우기는 희대의 사기극을 벌였던 것이다. 권력은 이렇게 진실과 거짓의 자리를 뒤바꿀 정도로 야만성을 여과 없이 드러낸다. 조고는 권력으로 불가능한 것은 없고, 권력은 거짓조차 진실로 만들 수 있다고 생각했을 것이다. 이렇게 희대의 퍼포먼스를 통해 최고 실력자가 된 조고는 얼마 가지 않아 죽음으로써 권력을 내려놓게 된다.

조고의 만행이 끝나고 오래지 않아 또 한 번 권력을 향한 활극이 벌어졌다. 유방은 일찍 결혼해서 여태후呂太后를 부인으로 두고 있었으나, 항우와 경쟁하던 중 척부인戚夫人을 가까이하면서 아들 여의如意를 얻었다. 통일전쟁에서 승리한 뒤 유방은 자신과 여태후 사이에서 태어난 세자 영盈을 폐하고 세자의 자리에 여의를 앉히고자 했지만 신하와 여태후의 반대로 뜻을 이루지 못했다.

유방이 죽고 영이 혜제惠帝로 즉위한 뒤 여태후는 척부인과 여의를 향해 참혹한 보복을 시작했다. 권력은 함께 나눌 수 없으므로 그에 대한 도전역시 결코 용납되지 않았던 것이다. 여태후는 여의를 독살했으며 척부인의 팔다리를 자르고 눈을 빼내고 귀를 지진 것으로도 모자라 약을 먹여말 못하는 벙어리가 되게 했다. 그 뒤 척부인을 측간에 살게 하며 '사람돼지人彘'라고 불렀다. 이후 여태후는 공포에 질려서 정사를 포기하고 주색의 세계로 도피한 혜제를 대신해서 실질적인 황제 노릇을 했다.(『사기』「여태후본기」) 사마천은 여태후를 황제로 보아 '본기'에서 그이의 사적을 다루고 있다.

조선시대의 인현왕후와 장희빈은 숙종으로 인해 천당과 지옥을 번갈아오가다가 결국 장희빈이 사약을 받는 것으로 끝이 났다. 숙종은 함께 생활하던 인현왕후를 어느 날 폐서인하여 궁 밖으로 내보냈다가 다시 옛 자리로 불러들이기도 하고, 또 그렇게 아끼던 장희빈에게 죽음의 약을 내리는 등 일관되지 않는 모습을 보였다. 사마상여와 탁문군의 사랑은 세상을 환히 밝힐 정도로 빛나 보였지만 숙종에게 있어 사랑은 권력 앞에 번번이 아무런 말도 못하고 허물어지기 십상이라 초라하기 그지없었다.

이처럼 무자비한 권력에 익숙해진 우리는 함께 나누어서 따뜻하고 자신을 지지하는 사람을 위해 봉사하는 권력에 낯설다. 우리는 조고와 여태후 그리고 숙종의 권력 행사를 곰곰이 들여다보고 그것이 이 땅에서 다시 부활하지 않도록 해야 한다. 그렇게 하려면 먼저 우리부터 문제를 일으키는 '부정의의 권력'과 문제를 해결하는 '정의의 권력'을 냉엄하게 구분해야 할 것이다.

노래에 실린 인생, 인생을 실은 노래

욕망이 지속되면 탐욕으로 바뀐다. 그렇게 태어난 탐욕은 오늘날 세계 곳곳에서 문제를 일으킨다. 기업 사냥꾼들은 경영에는 털끝만큼의 관심도 없고 기업의 알짜배기 자산만을 처분한 뒤 튀어 버리기 바쁘다. 그 뒤 실업과 해고로 신음하는 노동자는 누구에게 항의를 하며 제 권리를 주장해야 하는 걸까? 탐욕은 재앙의 그림자를 드리우는 만큼 다른 모습으로의 전환이 절실히 필요하다. 재물, 사랑, 권력은 우리가 탐욕을 부리는 주된 대상이다. 탐욕이 아닌 재물, 사랑, 권력은 어떤 모습일까?

2012년에 개봉해서 많은 관객을 동원했던 〈도둑들〉과 〈광해, 왕이 된 남자〉는 각각 다른 방식으로 탐욕을 문제 삼고 있다. 〈도둑들〉에서 팀원들은 상대가 성과를 나누지 않을 것이기에 자신이 모든 것을 차지하면 된다고 생각한다. 탐욕이 게임처럼 경쾌하게 다루어지는 영화이지만, '씹던껌' 역의 김해숙과 '첸' 역의 사이먼 얌任達華의 사랑 이야기는 탐욕으로는 이루지 못하는 사랑이라서 더 가슴에 와 닿는다. 〈광해, 왕이 된 남자〉는 정치가 미사여구와 도덕으로 정당성을 내세우지만 과연 탐욕으로부터 자유로운 적이 있었는지를 강하게 되묻고 있다. 〈광해, 왕이 된 남자〉는 비록 물음만 던지고 해결책을 찾지는 않지만 그렇게 던진 질문이 얼마나 당당하고 떳떳한 것인지를 잘 보여 주고 있다.

이 부분을 쓰면서 제목이 비슷한 두 곡, 조용필의 「잊혀진 사랑」(1979)과 이장희의 「잊혀진 사람」(1980)을 들었다. 조용필의 노래를 들으면 잊고 싶지만 잊을 수 없는 안타까움이 절절히 스며든다. "가지 말라고 가지 말라고

/ 애원하며 잡았었는데 / 돌아서던 그 사람은 / 무정했던 당신이지요 / 가지 말라고 가지 말라고 / 잊을 수는 없다 했는데 / 지금의 내 마음은 차라리 / 모든 것을 잊고 싶어요"

　이장희의 노래를 들으면 당시에는 뜨거운 사랑이었음에도 세월이 지나자 그렇게 자주 불렀던 이름이며 뚫어지게 바라보았던 얼굴조차 기억나지 않는 망각에 회의를 느낀다. 하지만 지금 와서 보면 잊힐 수 있다는 생각이 들기도 한다. "세월이 흐르고 흘러 / 해와 달이 바뀌고 난 후 / 이제 와 생각해보니 / 서글픈 추억이었네 / 기억이 나질 않아요 / 이름도 잊혀졌어요 / 세월이 너무도 흘러 / 잊혀진 사람 / 잊혀진 사람"

4장

·

영원한 쾌락이란 없다

·

　　　　　해방 이후 우리의 지상 과제는 생존이었다. 그렇기에 생존에 도움이 되면 선이요, 그렇지 않으면 죄다 악이었다. 심지어 생존만 해결되면 비인간적인 처사도 감내할 수 있는 것으로 받아들여졌다. 갑작스런 해방과 좌우 이념의 대립 이후 우리는 근대 국가의 수립에 박차를 가했다. 사람들은 사회적 신분의 오랜 압박에서 벗어났지만 남북전쟁의 무자비한 파괴로 인해 대부분 가진 것이 없는 무산자 계급으로 굴러 떨어졌다. 그래도 놀자고 했다. 왜냐하면 놀지 않는다고 달라질 것도 없고, 마음잡고 일할 곳도 없었기 때문이다. "노세 노세 젊어서 놀아 / 늙어지면은 못 노나니 / 화무는 십일홍이요(꽃이 피어도 십 일 가는 것이 없으니) / 달도 차면 기우나니라 / 얼씨구 절씨구 차차차 / 지화자 좋구나 차차차"

　　그런데 새마을 운동을 벌이면서 노래의 내용도 '놀자'에서 '일하자'로 달라졌다. "잘살아 보세 잘살아 보세 / 우리도 한 번 잘살아 보세 / 금수강산 어여쁜 나라 / 한마음으로 가꿔 가며 / 알뜰한 살림 재미도 절로 / 부귀영화 우리 것이다 / 잘살아 보세 …… / 일을 해 보세 일을 해 보세 / 우리도 한 번 일을 해 보세 / 태양 너머에 잘사는 나라 / 하루아침에 이루어졌나 / 티끌도 모아 태산이라면 / 우리의 피땀 아낄까 보냐 / 일을 해 보세 일을 해 보세" 그렇게 해서 우리는 절박한 생존으로부터 자유로워졌고, 아울러 '태양 너머에 잘 사는 나라'처럼 근대화와 민주화를 이룬 발전된 나라가 되었다.

　　이제 우리는 다시 "노세 노세 젊어서 놀아"를 불러야 할까, 아니면 여전히 "잘살아 보세 잘살아 보세"를 불러야 할까? 아니면 둘을 번갈아 가며 불러야 할까?

우리는 지독한 가난을 겪었다. 사실 부지런함과 게으름은 원래 음과 양, 청과 탁과 같은 짝 개념이 되지 못한다. 음은 그것이 있어야 양도 있으므로 존재의 가치가 있다. 하지만 게으름은 그것이 있어야 부지런함이 구별된다고 하더라도 존재할 가치가 없었다. 왜냐하면 부지런해야 살아남을 수 있는 세상에서 겨우 있는 것조차 까먹게 하는 게으름은 단순히 부지런함의 반대가 아니라 죄악에 해당됐기 때문이다. '게으른 놈 치고 사람 구실하는 놈 없다'는 말은 곧 게으르게 살 권리조차 없음을 뜻했다.

어릴 때 읽는 이솝 우화 〈개미와 베짱이〉는 우리의 근면 신화를 더욱 강화시킨다. 개미처럼 일하지 않고 베짱이처럼 노래하고 놀면 굶어 죽기 십상이라는 것이다. 즉, "게으르면 죽는 것이다." 이와 관련된 속담들을 다시 들먹이면 다음과 같다. '게으름뱅이 칠팔월에 애달프다.' '게으른 머슴은 칠월이 바쁘다.' '게으른 머슴은 저녁나절이 바쁘다.'

사정이 이렇다 보니 우리는 직장에서 보장되어 있는 휴가도 다 쓰지 못하고, 간혹 회사에서 가라고 해야 그제야 휴가를 떠나는 신세다. 왜 그럴까? 물론 일이 많아서(남아서) 그럴 수 있다. 하지만 더 중요한 이유는 자라면서 일하는 것을 배우고 일하라는 말은 들었지만, 정작 노는 것은 배우지 못했고 놀라는 말도 듣지 못한 데 있다. 몸과 마음이 노는 것에 이상한 죄의식이나 강한 불안감에 사로잡혀 있으니 놀 수 있는데도 놀지 못하는 것이다. 그러면서 일하는 사람은 가족들과 함께하지 못하고 같이 놀지 못하는 것에 늘 미안해한다.

쾌락은 일을 벗어나 놀이에 빠져드는 순간에 강하게 느낀다. 물론 특수한 직종들이 많이 생겨난 요즘이라 일과 놀이가 하나가 되어서 일하는 것이 즐겁다는 사람도 있다. 하지만 대부분의 일은 힘들고 괴로워서 손을 놓고 쉬고 싶은 생각을 갖게 만든다.

일과 놀이는 각각 고통과 쾌락에 대응한다. 사람은 누구나 고통은 한순간이라도 피하고 쾌락은 한순간이라도 더 지속하려 한다. 쾌락을 강하게 느끼게 하는 것에는 무엇이 있을까? 취미와 관심사가 다양해진 요즘이라 몇 가지로 압축하기는 힘들다.

량차오웨이와 탕웨이가 열연했던 영화 〈색色, 계戒〉(2007)는 일과 놀이의 경계가 분명하지 않을 뿐만 아니라 순식간에 무너질 수도 있음을 잘 보여준다. 탕웨이는 사실 량차오웨이를 죽이기 위해서 의도적으로 접근했지만 결국 그로부터 헤어날 수 없다는 치명적인 잘못(?)을 하게 된다. 탕웨이는 색의 감성과 계의 이성을 뚜렷하게 구분하면서 거사를 준비하지만 어느 틈엔가 색의 감성이 계의 이성을 압도해 버린다. 색의 성공과 계의 실패라고 말할 수 있을까? 여기서 중요한 것은 정상과 일탈의 구도가 아니라 쾌락이다. 이 영화에서의 쾌락은 원래 자신의 목적의식마저 잃어버리게 만들 정도로 치명적인 특성을 가진 것으로 드러나기 때문이다.

현대인은 대부분 일요일 오후 3시면 새로운 것을 할 수 없다는 무력감을 느끼고, 월요일 아침에는 직장에 가고 싶지 않지만 가야 하는 현실을 수용하며, 오후가 되면 어느 틈에 일의 흐름에 끼어 들어간다. 수요일이 지나면 그곳에 있으면서 다른 곳을 날아다니는 반란을 꿈꾸고 금요일 오후면 시계가 참으로 느리게 간다는 것을 느끼는 일상을 보내고 있다.

이제 삶의 이곳저곳에서 부딪치는 색(성), 오락(놀이), 취미(여가) 중에서 우리가 쾌락을 찾고 있는 곳은 어디인지 알아보자.

색, 기생에게 예의를 따지느냐

:

서울 소년의 창가책례娼家責禮

• 　　　　성은 사람이 가진 가장 기본적인 욕망 중 하나이다. 하지만 성에 대한 관심은 나이에 따라 미묘하게 다르다. 몸의 급격한 성장을 겪는 청소년에게 있어 근질근질한 호기심의 대상인 성은 노화를 겪는 장년에게는 자신의 건재함을 알리는 대상이고, 노인에게는 여전히 뜨겁지만 표현이 자유롭지 못해 답답함을 느끼는 대상이다. 특히 성에 대한 장년의 부적절한 관심을 흔히 '바람피우다'라고 표현한다. 이는 비록 실행하지는 못해도 그렇게 되기를 바란다는 일탈적 욕망과 더불어, 한때 일시적으로 그렇게 하다가도 결국 잦아들게 된다는 복귀에의 욕망을 동시에 나타내고 있는 듯하다는 점에서 참으로 미묘한 언어적 표현이라 할 수 있다.

요즘에는 남녀의 육체적 관계를 대부분 성으로 표현하지만 이전에는 색이라는 말이 압도적으로 많이 쓰였다. 왜 이런 전환이 일어났을까? 우선 색에 대해서부터 이야기해 보자. 오늘날 색은 주로 '색깔'의 뜻으로 쓰인다. 원래 이 뜻은 색色이 아니라 채彩가 가지고 있었다. 색의 갑골문은 스킨십하듯이 가까이 다가서 있는 두 사람을 본뜬 글자이다. 즉, 색은 본래 '성적 매력을 가진 사람(여자)'을 가리키는 것이었다고 할 수 있다. 그러다가 차츰차츰 '사람에게서 풍기는 분위기'를 뜻하면서 얼굴색, 표정, 외적 성질 등을 나타내게 되었고, 그러다 불교 산스크리트어 루파^{rupa}의 대응어가 되면서 성적 매력보다는 '물질', '사물'의 의미를 갖게 되었다. 그 뒤로 색은 주로 색깔, 물질의 뜻으로 쓰이게 되었지만 과거에 가졌던 '성적 매력'의 의미를 완전히 버리지는 않은 채 여색女色, 남색男色, 색정色情, 식색食色의 꼴에서 자신의 모습을 남기고 있다.

전근대 사상가가 현대로 온다면 아마 '성문제', '성폭력', '성범죄' 등에서의 '성'이 '性'이라는 사실에 깜짝 놀랄 것이다. 한국의 자랑스러운 학자 이황과 이이도 기겁하며 당장 언어 사용을 중지하라고 다그치거나, 성과 욕慾이 합쳐져 한 단어로 쓰인다는 사실에 노발대발, 분기탱천할지도 모른다. 사실 오늘날의 '성욕'은 그들에게 한갓 욕에 불과할 뿐 결코 성이 될 수 없다. 예전의 성은 때로 감성의 맥락에서 쓰이기도 했지만 주로 사회적 질서와 도덕적 가치의 근원을 가리키는 것이었기 때문이다. 그렇다면 대체 언제부터, 어떻게 이렇게 된 것일까? 성을 절대시하던 주자학이 퇴조하자 성이 주로 감성적·육체적 맥락의 뜻으로 쓰이면서 성과 욕 사이의 거리가 대폭 좁아졌고, 그 좁아지기의 최종 단계에서 '성욕'이라는 단어가 탄생한 것이다.

전근대에는 성이 욕을 완전하게 규율하고 통제함으로써 욕이 문제를 일으키지 못하게 했던 반면, 성욕이 자연스러운 것으로 긍정되기 시작한 근대에는 성이 옛날처럼 욕을 통제하는 것이 어려웠다. 그래서 성욕이 여기저기로 뻗치면서 사고를 치게 된 것이다. 이때의 '사고를 치다'를 다른 말로 하면 '바람을 피우다'이다. 과거에 성욕이 일으켰던 에피소드를 살펴보자.

서거정은 성, 취미, 문장 등을 소재로 하여 『태평한화골계전太平閑話滑稽傳』이라는 유쾌한 글을 지었는데, 그중 경주 기생과 서울 소년 사이의 다음과 같은 일화가 있다. 서울 소년이 경주에 갔다가 그곳에서 예쁜 관기를 만나 사귀게 되었다. 관기는 자신이 원래 대단한 집안 출신이었지만 가족의 죄로 적몰되어 노비가 되었고 아직 남자 경험이 없다고 소개했다. 서울 소년은 관기에 완전히 빠져서 꼼짝도 하지 못했다. 그러다 시간이 흘러 소년이 서울로 돌아가게 되었다. 이별을 앞두고 관기가 훌쩍훌쩍 눈물을 흘리자 소년은 지갑을 탈탈 털어서 모든 것을 주었다. 하지만 관기는 그것을 사양하며 절신지물切身之物, 즉 몸에서 잘라 낸 물건을 요구했다. 머리카락을 잘라 주었지만 관기가 그것도 싫다 하자 소년은 결국 앞니를 분질러서 관기에게 주고 이별했다.

서울에 돌아온 뒤 소년은 관기의 소식이 궁금해서 경주에서 온 사람이 있으면 그녀의 사정을 묻곤 했다. 그런데 때마침 어떤 사람으로부터 그 관기는 소년과 헤어지자마자 다른 남자와 사귀었다는 소식을 들었다. 이에 화가 머리끝까지 난 소년은 종을 보내서 자신이 분질러 준 앞니를 찾아오게 했다. 종이 관기를 찾아가서 자초지종을 말하니 관기가 크게 웃으면서 "백정에게 살상을 경계하라 하고 관기더러 예를 지키라고 하는 셈이니 소년은 바보가 아니면 제정신이 아니로구나!"라며 타박을 주었다.(屠門戒殺, 娼家責禮, 非愚則妄!) 그러고서는 이를 찾아가라며 자루 하나를 툭 던지는데 그 속에는 그녀가 평생 남자들로부터 받은 이로 가득 차 있었다. 오늘날로 치자면 서울 소년은 순정남이고 경주 관기는 작업녀이다. 좀 더 적극적으로 말하면 관기는 소년보다 자유연애를 실천하고 성을 쿨하게 즐기며 자유로운 성 관념을 가진 사람이었다고 할 수 있다.

우리 주위에는 서울 소년처럼 성을 복잡하게 생각하여 성문제를 잘 풀어가지 못하는 사람이 많다. 한국여성민우회 성폭력상담소가 2012년 7월부터 두 달간 데이트 경험(연애 관계뿐 아니라 즉석만남·소개팅·친구거나 호감이 있는 관계 등)이 있는 20대 남녀 956명을 대상으로 성적 의사소통에서 무엇이 어려운지에 대해 설문 및 면접 조사를 한 적이 있다.

그 결과를 보면 두 가지 흥미로운 내용이 있다. 첫 번째는 '스킨십을 거절하기 어려운 이유'인데, 이에 대한 응답은 상대가 무안해할까 봐(53.7%), 사이가 멀어지거나 헤어지게 될까 봐(20.4%), 싸우기 싫어서(11.3%), 상대가 거절 의사를 받아들이지 않아서(8.5%) 순으로 나타났다. 두 번째는 '임신 이외에 섹스와 관련된 고민'에 대한 응답인데 남녀 차이가 뚜렷하게 드러난다. 남자의 경우는 상대에게 만족감 주기(43.3%), 밝힘증으로 오해받을까 봐(22.1%), 피임법(20.1%), 체위 방식(13.4%), 성병(9.4%), 아플까 봐(8.1%), 죄의식/성기 모양이나 크기(6.7%), 섹스 뒤 어색함(5.4%) 순이다. 여자는 체형과 몸매(27.2%), 순결 상실(18.6%), 피임법(17.2%), 가족에 대한 미안함과 두려움(16.7%), 죄의식(15.2%), 상대에게 만족감 주기(15%), 아플까봐(14.6%), 밝힘증으로 오해받을까 봐(12.8%), 성병(10.6%) 순이다.

이러한 설문결과를 종합해 보면 그들은 성관계에 있어 성 자체에 집중하지 못하고 온갖 개인과 사회의 복합적인 문제를 그 안에 끌어들이고 있음을 알 수 있다. 아울러 자신의 의사를 분명하게 말하지 못하고 배려 아닌 배려 때문에 끌려가듯 성관계를 한다. 또한 그들은 상대와 서로 지극히 편한 상태가 아니라 시험을 치르거나 미인대회에 참가한 듯 너무나도 긴장된 상태에서 사랑을 하고 있다. 그러므로 성에 대한 자신의 의사와 태도를 분명히 하면서 솔직하고 편하게 관심을 가질 필요가 있다.

설문의 대상이 20대라고 해서 그 결과가 중년에게 맞지 않는 것은 아니다. 우리도 아마 그들보다 더하면 더했지 결코 덜하다고는 할 수 없을 정도로 복잡함과 의무감에 사로잡혀 있을 것이다. 그것이 바로 남성에게는 크기와 지속 시간이 중요한 문제가 되고, 여성에게는 부끄러움과 수동성이 미덕이 되는 비정상적인 신화로 나타나는 것이다.

오락, 한 가지 재주가 있으면 일이 풀린다

:

도림의 유일기시효惟一技是效

●　　　잡기가 많은 사람은 재미있다. 잡기로 놀아 본 경험이 많은 만큼 그 사람에게는 재미있는 이야기가 많다. 반대로 잡기에 능하지 못하면 모임에 나가도 꿔다 놓은 보릿자루마냥 존재감이 없고 재미도 없는 사람일 가능성이 높다. '주색잡기酒色雜技'라는 말에서 보듯 잡기는 주, 색과 당당하게 어깨를 나란히 한다.

　주와 색의 쾌락 못지않게 잡기의 쾌락도 강한 것이어서 사람들은 옛날에 주와 색만큼이나 잡기도 금했다. 바둑을 두다 두세 시간이 훌쩍 보낸 경험을 해 본 사람이라면 바둑을 왜 신선놀음이라고 하는지 이해할 것이다. 바둑에 빠지면 시간이 어떻게 가는 줄 모르기 때문에 일을 등한시하게 되고 세상으로부터 자연히 멀어지게 된다.

　공자는 아무 할 일이 없이 빈둥거리느니 바둑과 장기를 두라고 했다. 하지만 그의 제자 자하子夏는 사람이 큰 뜻을 품고 먼 길을 가다가 진창길에 빠져 뜻을 잃어버릴까 봐 소도小道나 잡기에 관심을 두지 말자고 했다. 이를 치원공니致遠恐泥라고 한다. 하기야 그 뒤에는 자하보다 더한 사람이 나왔다. 송나라의 정이천은 사람이 도덕적으로 완전한 성인이 되려면 한 순간도 허비할 수 없다고 생각해서, 그때까지 사대부의 여가이자 취미로 여겨져 오던 시 창작마저도 이념에 걸림돌이 된다는 작문해도作文害道를 주장했다. 그렇다면 작문을 해서는 안 되는 것인가? 이에 대해 그는 '단, 문장이 이념을 담는 문이재도文以載道의 형식을 지킬 경우에는 허용할 수 있다'는 말로 숨통을 열어 두고 있다. 지독한 엄격주의rigorism이다.

전국시대 진秦나라에 사신으로 갔던 제나라 맹상군은 자칫하면 귀국하지 못하고 죽을지도 모르는 상황에 놓였다. 그는 앉아서 죽음을 기다렸을까? 그렇지 않다. 일행은 개 흉내를 잘 내서 보초를 따돌리고 물건을 잘 훔치는 사람과 닭 울음을 잘 내서 성문을 일찍 열게 했던 사람의 도움으로 무사히 조국으로 돌아올 수 있었다. 이 고사를 계명구도鷄鳴狗盜라고 한다. 개 흉내와 닭 울음을 평소 훈련했던 사람이 있었기에 위급한 상황을 벗어날 수 있었던 것이다.

맹상군의 계명구도와 비슷한 이야기가 『삼국사기』「백제본기」 개로왕 21년 기사에도 있다. 고구려 장수왕과 백제 개로왕蓋鹵王(또는 근개루近蓋婁) 시절에 두 나라는 끊임없는 전쟁을 벌였다. 장수왕은 백제와의 정면충돌을 피하고 정치 공작으로 손쉬운 승리를 낚을 방법을 강구했다. 당시 승려 도림道琳이 장수왕의 공작을 수행할 적임자로 뽑혔다. 그는 자신이 고구려에서 죄를 지어 살 길을 찾아 백제로 도망 온 것처럼 꾸몄다. 당시 백제 개로왕은 장기와 바둑(박혁博奕)이라면 사족을 못 썼다. 마침 도림도 바둑에는 자신이 있었던지라 왕궁으로 가 자신을 왕에게 소개시켜 주길 요청했다. 왕궁을 지키는 사람들이 그 요청을 마다할 이유가 없었다. 도림이 그의 말대로 바둑을 잘 둔다면 개로왕에게 바둑 친구를 소개해 준

대가로 상을 받을 수도 있었기 때문이었다. 왕이 도림과 바둑을 두어 보니 과연 국수 실력인지라 그를 상객으로 우대하며 늘 가까이 두고 늦게 만난 것을 안타까워했다.

어느덧 시간이 흘러 개로왕이 도림을 충분히 신뢰할 즈음에 이르렀다. 이에 도림은 왕에게 조용히 말했다. 먼저 그는 자신이 외국, 즉 적국 출신인데도 개로왕이 자신을 차갑게 대하지 않고 은혜를 베풀어 준 것에 사의를 표시했다. 반면 자신은 개로왕에게 한 가지 재주, 즉 바둑으로만 즐거움을 드렸을 뿐 털끝만큼의 이익을 드리지 못한 것을 지적하면서(惟一技是效, 未嘗有分毫之益) 한 가지 계책을 올리겠다고 제안했다.

개로왕이 허락하자 도림은 백제가 누구도 넘볼 수 없는 천혜의 요새라고 안심을 시킨 뒤, 대규모 토목 공사를 일으켜서 왕의 위엄을 돋보이게 하자고 말했다. 개로왕은 그의 말을 따라 공사를 벌였고, 그러다 보니 국가 재정은 거덜이 나고 인민들은 더욱 곤궁해졌다.

상황이 계획했던 대로 진행되자 백제를 빠져나온 도림은 고구려로 돌아가 자신의 계책이 성공했음을 장수왕에게 보고했다. 그간 때를 기다려 온 장수왕이 위례성을 공격한 지 7일 만에 함락시키자 개로왕은 성을 빠져나갔다. 도림이 바둑을 잘 두지 못했더라면 개로왕에게 접근하지 못했을 것이고 접근했더라도 개로왕의 믿음을 얻지 못했을 것이며, 믿음을 얻었더라도 개로왕이 그의 제안을 받아들이지 않았을 것이다. 바둑은 백제를 망치게 했지만 고구려는 흥하게 만들었다.

시간이 날 때면 뭐라도 해야 하지 않을까? 그래야만 만일 도시의 편리함이 없는 야생 상태에 놓이더라도 쉽게 좌절하지 않으며 희망을 가지고 미래를 그릴 수 있을 것이다. 잡기, 그 무엇이든 만만하게 볼 것이 아니다. 세상에는 귀천이 있다고 하지만 사실 무가치한 것이 어디에 있겠는가? 다만 우리가 모르고 있을 뿐, 세상의 모든 것들은 각각의 가치를 지닌 고귀한 존재이리라.

취미, 한 번 시작하면 끝낼 줄 모르니

:

맹자의 유련황망流連荒亡

한비야는 사람들에게 '바람의 딸'로 널리 알려져 있다. 직장생활을 하다가 여행에 맛이 들면서 여행을 위해서 사는 인생을 개척한 그녀는 단체 여행에 익숙한 우리로 하여금 오지여행의 묘미와 긴급구호의 필요성을 깨닫게 해 주었다. 어찌 보면 본업이 부업이 되고 취미(여가)가 본업이 된 셈이다. 대부분의 사람들은 잠시 여행을 떠났다가 다시 원래 있던 세계로 돌아간다. 그러고는 언젠가 다시 떠날 여행을 꿈꾼다. 그에 반해 한비야는 여행에서 다른 사람이 느끼지 못하는 인생의 묘미를 찾아냈기에 그러한 변신이 가능했을 것이다. 그이의 변신은 여기에 그치지 않고 긴급구호 활동으로 또 확장되어 나갔다.

한비야의 변신은 자유로운 영혼을 가진 그이에게만 해당되는 것일까, 아니면 더 많은 사람들에게도 유효한 것일까? 맹자의 대답을 들어보고 이야기를 나눠 보자.

『맹자』의 처음을 보면 맹자가 양 혜왕, 제 선왕 등 당대의 제후들을 만나서 이야기를 하고 있다. 「양혜왕」 하 4에 보면 제 선왕은 설궁雪宮이란 별궁을 짓고서 그것에 크게 만족해했고, 마침 맹자가 찾아가자 새로운 궁에서 만끽하는 즐거움을 자랑했다. 맹자는 제 선왕의 선조 경공景公과 안자晏子가 나누었던 이야기를 전해 주었다. 이야기인즉슨 군주가 백성들로부터 세금을 거두어서 사치스런 생활을 즐길 것이 아니라 백성들의 고통을 먼저 돌봐야 한다는 것이다.

맹자는 군주가 유흥에 푹 빠져 지내는 유형을 유련황망流連荒亡의 네 가지로 소개하고 있다. "뱃놀이를 하느라 물살 따라 아래로 내려갔다가 되돌아오는 것을 잊어버리면 '류'라 하고, 물살을 거슬러 위로 올라갔다가 되돌아오는 것을 잊어버리면 '련'이라 하며, 사냥 나가 짐승을 뒤쫓으며 싫증 낼 줄 모르면 '황'이라 하고, 술 마시며 즐기느라 싫증 낼 줄 모르면 '망'이라 한다. 과거 선왕들은 류련의 즐거움과 황망의 행실이 없었다." (從流下而忘反謂之流, 從流上而忘反謂之連, 從獸無厭謂之荒, 樂酒無厭謂之亡. 先王無流連之樂, 荒亡之行.)

맹자의 이야기대로 하면 한비야의 변신은 할 일을 내팽개치고 허황된 꿈을 꾸는 제 선왕에게는 적용되지 않을 듯하다. 우리는 어떤 사람일까? 한편으로는 한비야처럼 자유로운 영혼으로 훌훌 날아다니고 싶기도 하고 다른 한편으로는 잠깐의 해방감과 장기간의 안정감을 바꿀 수 없다고 생각할 수도 있다.

사실 맹자가 전하는 '유련황망'은 우리 모두 겪는 일들이다. 명절에 고스톱을 치다가 돈을 잃으면 몇 시간을 들여서 본전을 찾으려고 애쓰고, 게임에 열중하던 아이는 엄마에게 시간을 더 달라고 사정하며, 애니팡에 빠진 사람은 업무 시간에도 손이 근질근질하다. 이때 우리 모두는 지금 그 자리를 과감하게 떠나지 못하고 시간이 멈추기를 바라며 천재지변이 일어나 학교나 회사에 가지 않게 되기를 바란다. 물론 그런 일은 일어나지 않으니 우리는 아쉬운 마음을 달래면서 원래 자리로 돌아간다. 이것도 모두 유련황망이다.

조선시대의 왕 중에서도 유련황망의 시간을 보낸 인물이 있다. 나중에 중종반정으로 왕위에서 쫓겨나 강화도 교동에 유배되는 연산군이 그이다. 연산군의 폐위와 관련해서는 다양한 정치적·사회적 원인이 있는데, 여기서는 취미(여가)에 대해 이야기해 보자.

그는 당시 서울 사대문 안의 많은 장소를 여가 공간으로 탈바꿈시켰다. 그는 원각사의 용도를 여기女妓들이 머무는 연방원聯芳院으로 변경했고, 성균관을 연회의 장소로 삼기도 했다. 또 전국에 채홍사採紅使를 보내 미녀를 선발하여 운평運平이라고 하고, 다시 그중에서 뛰어난 이를 골라 흥청興淸이라고 부르며 궁중에 300여 명을 두었다. 요즘 우리가 사용하는 '흥청망청'도 알고 보면 연산군에게 빚진 표현인 셈이다.

연산군은 한비야와 마찬가지로 본업에서 벗어났다가 다시 그것으로 돌아가지 않았다. 그런데 왜 한비야와 달리 연산군은 비판의 대상이 되는 것일까? 한비야는 자연인으로서 철저하게 자신이 판단하고 선택해서 직업과 여행을 자유롭게 넘나들었다. 그이는 자신의 선택으로 인해 고통을 겪을지언정 다른 사람에게 피해를 주지 않았다. 따라서 우리는 그이의 변신을 비판할 수 없는 것이다.

반면 연산군의 선택과 결정은 그 자신에게만 영향을 끼치는 것이 아니라 좁게는 조선의 역대 조종祖宗, 넓게는 천하 만백성과 연관된다. 그가 여가를 마음껏 누리기 위해서 사용한 인적 물적 자원과 비용은 긴급구조, 빈민구제, 부의 재분배 등 공적 분야에 쓰일 것을 전용轉用한 것이라고 할 수 있다. 오늘날 말로 하면 '국가 예산을 남용한 것'이다. 그러면서 그는 자신이 철저하게 해야 할 직무도 소홀히 했다.

이렇게 보면 연산군은 『맹자』에서 말한 '유련황망'에 해당되는 전형적인 인물이다. 제나라 선왕은 맹자의 이야기를 통해서 유련황망하지 않았기 때문에 연산군과 다른 길을 걸어갈 수 있었다. 이제는 우리가 어떤 길로 나아갈 것인지 스스로에게 물을 때이다.

노래에 실린 인생, 인생을 실은 노래

아이에게 물어보았다. 무엇을 하면 하루 종일 할 수 있을 것 같으냐고. 아이 왈, 게임이란다. 게임이 그렇게 좋으냐고 물어보니 해 보지 않으면 모른다고 한다. 이처럼 색(성), 오락(놀이), 취미(여가) 등은 사람에게 멈출 수 없는 즐거움 또는 쾌락을 주는 욕망이다. 새로운 취미에 이제 막 맛이 들린 사람은 취미를 하고 있는 자신을 생각하는 것만으로도 즐거워한다. 세 가지의 쾌락과 일의 고통 사이를 오가는 탈출과 복귀의 동선은 사람이 살아 있는 한 끊임없이 줄다리기를 할 것이다. "10분만 더, 아니 조금만 더 하고"라는 말을 해 본 사람이라면 쾌락이 자신을 얼마나 변화시키는지 알 것이다.

나는 위의 세 가지, 아니 다른 것을 포함해서 언제 가장 강한 쾌락을 느끼는지 자문해 본다. 생각하고 글 쓰는 것이 위의 세 가지에는 들어가지 않지만 내게는 그것에 결코 뒤지지 않는 즐거움을 주기에 절필하지 못하고 이렇게 계속 운필하는 모양이다.

이 부분을 쓰면서 이용의 「잊혀진 계절」(1982)과 김동규의 「10월의 어느 멋진 날에」(2006)를 자주 떠올렸고 또 들었다. 두 노래는 10월에 가장 많이 들리고, 두 가수는 10월에 가장 바쁘다. 누군가 "이용이 10월의 마지막 날 하루의 손님이라면, 김동규는 어느 날이고 할 것 없이 10월 내내 게스트가 될 테니 후자가 더 많은 돈을 벌지 않았을까"라는 객쩍은 농담을 한 적이 있다. 「잊혀진 계절」에서 우리는 까닭도 모르게 헤어지고 난 뒤에 찾아오는 쓸쓸함을 느낀다. 늘 그렇듯이 인간사가 수학처럼 깔끔한 공식으로 해결되는 경우가 얼마나 될까? "지금도 기억하고 있어요 / 시월의 마지막 밤을 / 뜻 모를 이야기만 남긴 채 / 우리는 헤어졌지요 / 그날의 쓸쓸했던 표정이 / 그대의 진실인가요 / 한마디 변명도 못하고 / 잊혀져야 하는 건가요 / 언제나 돌아오는 계절은 / 나에게 꿈을 주지만 / 이룰 수 없는 꿈은 슬퍼요 / 나를 울려요"

「10월의 어느 멋진 날에」를 들으면 「잊혀진 계절」과 달리 들뜬 행복감을 느낀다. 누가 이렇게 더 바랄 것이 없이 모든 것을 이룬 최상의 즐거움을 맛볼 수 있을까? 설혹 우리가 그 즐거움을 맛본다고 하더라도 그 당시에는 모르고 한참 뒤에서야 아는 멍청한 짓을 하고 있지는 않을까? "눈을 뜨기 힘든 가을보다 높은 / 저 하늘이 기분 좋아 / 휴일 아침이면 나를 깨운 전화 / 오늘은 어디서 무얼 할까 / 창밖에 앉은 바람 한 점에도 / 사랑은 가득한걸 / 널 만난 세상 더는 소원 없어 / 바람은 죄가 될 테니까"

·

5장

줏대 없이 몰려다니는 것들

·

문화의 차이는 관광객의 모습에서도 드러난다. 지금은 개인 여행이 많이 늘어났지만 몇 년 전만 해도 우리나라 사람들은 주로 단체 관광을 다녔다. 물론 비용, 조건, 경험, 습관 등의 이유가 있겠지만 국내 외 명승고적을 가면 우리나라 사람은 혼자가 아니라 떼를 지어 우르르 왔다가 우르르 사라지는 습성을 보인다. 동아시아 중 일본 사람들도 단체관광을 하지만 그들은 지도 한 장을 들고 여기저기를 기웃거리는 패턴을 보인다. 그와 달리 우리나라 궁궐에서 마주치는 서양 관광객들은 대부분 한두 명으로 움직이지 열 명 스무 명씩 떼로 움직이지 않는다.

'친구 따라 장에 간다'는 말처럼, 우리에게는 볼일이 없어도 친한 친구가 어디를 간다고 하면 함께 따라가는 것이 조금도 이상하지 않다. 학창 시절에도 마음에 맞는 친구끼리 어울리며 다른 급우랑은 어울리지 않는다. 사람은 자신과 닮은 것에 편안함을 느끼므로 삼삼오오 무리 짓는 것이 특별히 문제라고는 할 수 없다. 하지만 우리 사회에서는 사적인 사이에서만이 아니라 공적인 영역에서도 패거리 논리가 강하게 작용한다. 중국을 '관시關係' 사회라고 하고 우리를 '연줄' 사회라고 하듯이, 뭔가를 하려 할 때면 객관적인 능력과 더불어 인맥도 찾지 않을 수 없다. 이 때문에 아무리 정의와 공정을 부르짖어도 그것은 모두가 아닌, 그들만의 정의와 공정이 되는 경우가 있다.

『장자』를 보면 인간 중심으로만 새를 돌보다가 끝내 죽이는 이야기가 나온다. 바다새 한 마리가 전국시대 노나라의 교외에 내려앉았다. 노나라 제후는 이를 신기한 일이라 생각하여 자신을 훌륭한 지도자로 선전할 기회로 삼고자 했다. 그는 바다새를 맞이해서 종묘에서 잔치를 벌이며 음악을 연주하고 소, 돼지, 양 등 귀한 고기를 대접했다. 그의 극진한 환대에도 불구하고 새는 휘둥그레 놀라며 구슬피 울 뿐 고기 한 점도 먹지 않고 술 한 모금도 마시지 않더니 사흘 만에 죽고 말았다.

왜 그렇게 되었을까? 이는 사람이 자신을 돌보는 방식으로 새를 돌보았지 새를 돌보는 방식으로 새를 돌보지 않았기 때문이리라.(此以己養養鳥也, 非以鳥養養鳥也.「지락至樂」) 장자는 이를 두고 새에 대한 사랑이 아니라 새의 생명을 손상시키는 폭력이라고 말한다. 그에 따르면 노나라 제후는 차라리 새를 깊은 숲속에 살게 하고 그곳의 물에서 노닐며 미꾸라지 등을 잡아먹게 내버려 두었어야 하는 것이다.

이처럼 사람은 자신들의 방식에 너무 익숙해지다 보면 다른 것을 생각하지 못하고 그것을 보편적인 것으로 여기며 억지를 부리게 된다. 이런 이들은 새가 죽은 뒤에도 자신의 잘못과 한계를 돌아보지 못할 수 있다. 할 만큼 다한 자신들은 아무런 문제가 없고, 새가 아무것도 먹지 않은 것이 문제라고 생각하기 때문이다.

세대마다 즐겨 부르는 노래가 다르다. 5060에게는 아무래도 트로트가 편하고 7080은 포크송이나 재즈를 좋아하며 90 이후는 힙합이나 댄스뮤직을 즐긴다. 최근 어떤 기업에서는 회사 임원들에게 직원 회식에서 흘러간 옛 노래를 부르지 말 것을 지시했다고 한다. 괜히 옛날 노래를 불러서 회식 분위기를 망친다는 것이 그 이유였다. 그 바람에 5060이 돌아가지도 않는 혀를 억지로 놀려 가며 신곡을 배워서 불러야 하는 촌극이 벌어지게 생겼다. 회식의 분위기를 맞춰야 한다는 이유로 자기가 좋아하는 노래를 부르지 못하고 남이 좋아하는 노래를 불러야만 하는 걸까? 그렇게 노래 부르는 우리는 바다새의 처지와 하나도 다를 바 없다. 이것이 까라면 가는 병영의 논리이자 시키면 시키는 대로 하라는 조폭의 논리이고, 우리의 기호를 다른 사람에게 강요해 놓고 그 어설픈 몸짓에 웃음 짓는 패거리의 논리이다.

가족, 고향, 조직, 단체, 동호회 등은 우리가 소속감만으로 편안함을 느끼는 대상이다. 하지만 내가 편하다고 해서 타인도 편하고, 내게 자연스럽다고 해서 타인에게도 자연스러운 것은 아니다. 또 같은 곳에 속해 있다고 해서 밥 먹는 것과 노래 부르는 것까지 같아야 할 이유는 없다. 이제 우리는 '다함께 늘 같이'에서 벗어나 '따로따로 때로 같이'로 넘어갈 필요가 있다.

'끼리끼리', '덩달아', '졸졸졸'은 우리가 각자의 차이를 인정하지 않고 우르르 몰려다니는 습성을 나타내는 말이다. 그것에 편안함을 느끼더라도 그로 인해 고통받는 사람이 있을 수 있다는 것 역시 한 번쯤 생각해 보자.

끼리끼리, 같으면 뭉치고 다르면 공격하다

:

한나라와 조선의 당동벌이黨同伐異

•   학년이 바뀌면 처음엔 교실 분위기가 서먹하다. 서로 잘 모르니 나서기도 뭣하다. 이때 이전에 알고 지냈던 친구끼리 이야기하고 어울려 지낸다. 시간이 지나서 서로를 파악하고 나면 이전의 친구와 새로운 친구가 섞이고, 함께 매점에도 가고 게임도 하는 등 삼삼오오, 끼리끼리 지내게 된다.

삼삼오오, 끼리끼리 그 자체가 문제는 아니다. 자신과 편하고 어울리는 친구끼리 어울리는 것을 잘못이라 할 수는 없기 때문이다. 문제는 하나의 끼리(패거리)가 다른 끼리(패거리)에 대해 배타적이고 폭력적인 반응을 보이는 현상으로 이어지는 데 있다. 혼자서는 못하던 일도 여럿이 어울려서 끼리가 되면 손을 대게 된다. 또한 단체, 기업, 공직 등 각종 조직에 끼리(패거리)가 있는 것이 자연스럽다 해도 때로는 그 '끼리끼리'의 사적 의리가 조직의 공적 목적보다 앞서는 문제가 생기기도 한다.

예전에 문제가 되었던 '하나회'는 육군사관학교의 생도들이 11기, 즉 전두환과 노태우 등이 중심이 되어 각 기수별로 서너 명의 경상도 출신

생도를 포섭해서 만든 조직이었다. 이 하나회가 단순한 친목 모임이라면 큰 문제가 되지 않았을 것이다. 그러나 하나회는 1979년에 신군부로 성장하여 반란을 꾀해 헌정을 중단시키고 광주민주화운동을 폭력으로 진압했으며 그 뒤에도 군의 주요 보직을 독차지했다. 우리는 이들이 누구를 위한 군인인지 묻지 않을 수 없다. 국민을 위한 군인이 아니라 사적 조직을 위한 군인을 세금으로 키운다는 것이 말이나 되는가? 지금은 하나회가 없어졌다고 하지만 그와 같은 조직이 우리 사회의 구석구석에서도 완전히 사라졌다고는 말하기 어렵다. 거시적이고 공적인 영역에서는 감시와 견제를 받으므로 패거리가 활개 치기 어렵지만, 미시적이고 사적인 영역에서는 감시와 견제로부터 떨어져 있는 힘 있는 패거리가 아직도 존재하고 있다. 이런 점에서 우리 사회는 '조폭 문화'의 특성을 지니고 있다고 할 수밖에 없다.

이와 관련해서 한나라 초기의 사상적 정황을 압축적으로 표현한 당동벌이黨同伐異를 눈여겨볼 만하다.(『후한서』, 「당고열전黨錮列傳」) 열세에서 출발한 유방은 항우를 누르고 한나라를 세웠다. 국가라고는 해도 건국 초기에는 군주와 신하 사이가 동료 관계와 비슷했고, 사회에는 여전히 전쟁 분위기가 남아 있었다. 건국 영웅들은 실랑이가 일어나면 궁정에서 칼을 뽑기도 하고, 저마다 윗사람의 자리를 넘보려는 마음을 품고 있었다. 사회적으로는 죽음을 가볍게 여기고 의기를 앞세우며 원수와 은혜는 무슨 일이 있어도 갚아야 사람 구실을 할 수 있었다.

무제가 즉위한 뒤로 한나라는 임협任俠의 분위기에 벗어나 유학을 존중하면서 학자, 관료가 등장하게 되었다. 이제야 사람들은 칼과 웅재대략雄才大略의 꿈에서 벗어나 경서를 가지고 다니며 읽었고 또 여러 곳에서 그러한 사람들이 모였다. 하지만 진 제국의 분서갱유^{焚書坑儒}, 즉 책을 불사르고 유학자를 생매장하는 사상 탄압의 영향으로 경서가 온전하게 남아 있지 않았다. 그 뒤 선제^{宣帝}가 오경^{五經}의 정본을 정하기 위해 궁정 장서각인 석거각^{石渠閣}에 각 경서의 전문가를 모아 놓고 토론을 벌였다. 이 이후로 경전의 전문가들은 제각각 같은 편끼리 무리를 이루고 다른 편을 공격하는 주장을 신랄하게 펼쳤다. 사상계와 학술계의 사정이 이렇게 되자 자신들의 문풍^{文風}을 굳게 지키려는 무리들이 당시에 성했다.(至有石渠分爭之論, 黨同伐異之說, 守文之徒, 盛於時矣.)

『조선왕조실록』의 데이터베이스를 검색해 보면 '당동벌이'는 모두 85차례에 걸쳐 쓰이고 있는데, 특이하게도 『숙종실록』과 『영조실록』에서 제일 많이 보인다. 동서분당 이래로 한편에서는 당쟁이 심화되어 가고 다른 한편에서는 탕평으로 당쟁을 막아 보려는 움직임이 있었기 때문에 '당동벌이'가 많이 거론되었을 것이다. 『숙종실록』 3년(1677)에 조가석^{趙嘉錫}이 올린 상소를 보면 당동벌이가 커다란 사회 문제가 되고 있었음을 알 수 있다. 상소에 따르면 당시 나날이 심해진 당동벌이 현상은 중앙은 물론 지방까지 고루 퍼지게 되었다. "서로 의지하여 제멋대로 굴고 잘못을 덮어서 서로 보호해 주며, 탐욕스런 짓이 풍습이 되고 뇌물을 공공연하게 뿌리는 데도 자기 세력을 믿고 상대를 업신여기며 분에 넘칠 정도로 사치와 방종을 일삼습니다. 하인과 시정 사람들이 알 것을 다 알고 모두 침 뱉으며 욕을 퍼붓는데도 조정 안에서는 누구 하나 규탄하는 사람이 없으니, 이러고도 패거리를 만들지 않았다고 한다면 누구를 속이는 것이겠습니까?" 이 글을 읽다 보면 약 330년 전 조선에 있었던 하나회를 보는 듯하다.

『현종개수실록』 14년(1673)에 있는 윤진^{尹搢}의 상소는 당동벌이가 그것을 바로잡으려는 사람의 운신을 제한하는 쪽으로 작용했음을 알려주고 있다. 자신의 안위를 돌보지 않는 한두 신하가 시대의 당동벌이를 문제 삼아 간언하기도 했지만, 그러면 군주와 대신들은 '거붕당去朋薰'의 세 글 자만 신경 쓸 뿐이었다. 즉, 그들은 간언자가 주장하는 바의 시비是非와 일 의 당부當否를 제대로 따지지도 않고 당동벌이의 율을 적용하여 그를 삭탈 파직하고 유배 축출시켰다. 이러니 어디에도 공론의 장이 서지 못하고 결 국 끼리끼리 숙덕거리게 되고, 공론은 그 대상이 되어 '숙덕공론'으로 희 화화되어 버린다.

오늘날 우리 사회도 이야깃거리가 많고 늘 떠들썩하지만 공론으로는 정리되지 않기에, 사람들은 말로 상대에게 낙인을 찍고 필요하면 언제든 지 그것을 끄집어내서 재탕삼탕 우려먹는다. 사정이 이러니 아무리 실망 스럽다고 하더라도 공정公正, 공평무사公平無私의 가치를 저버릴 수 없다. 이 래서 우리가 선거, 특히 대선에는 기성의 인물보다 신예의 메시아를 기다 리는 것인지도 모르겠다.

덩달아, 천둥소리에 다 같이 납작 엎드리다

:

군중심리의 **부화뇌동**附和雷同

1980년 주한미군사령관 존 위컴은 임기를 마치고 귀국할 즈음 말 한 번 잘못해서 곤혹을 치른 적이 있다. "한국인의 국민성은 들쥐와 같아서 누가 지도자가 되든 그 지도자를 따라갈 것이며, 한국인에게는 민주주의가 적합하지 않다"라고 했던 그의 말이 전반적으로 한국인을 비하하는 듯한 인상을 주었기 때문이다.

그런데 희한하게도 세월이 흐른 뒤에 위컴의 말을 긍정하는 사람이 생겨나기 시작했다. 김종필 전 자민련 총재는 "들쥐 습성이 무엇이냐 하면 한 마리가 선두에 서서 뛰면 덮어놓고 뒤따라가는 근성을 말하는데, 우리나라 사람들은 위컴이 지적한 대로 강자한테는 들쥐처럼 그냥 따라간다"라고 풀이한 적이 있다.(《연합뉴스》 1995.12.27) 박용성 전 대한상의 의장도 "한국 기업들은 '들쥐 떼' 근성을 갖고 있다"라면서 "좋다고 하면 충분한 검토도 없이 한꺼번에 몰려들어 시장을 어지럽히는 관행을 탈피해야 한다"라고 지적한 바 있다.(《국민일보》 2002.03.12) 강준만은 비록 위컴의 말이 점잖지는 않으나 '들쥐떼 근성'을 '레밍 기질'로 말하거나 번역했더라면 어떤 메시지를 전달할 수 있었을 것이라 보았다. 그는 레밍 기질을 '대세 효과' 또는 '눈덩이 효과'로 보면서 지도자의 탁월한 리더십으로 풀이한 적이 있다.(《노컷뉴스》 2006.05.11)

강준만의 시각이 새로운 것은 아니다. 한비 등 법가들은 법치法治를 구현하기 위해서 이미 세勢의 가치를 역설한 적이 있기 때문이다. 그는 먼저 정치를 윤리적 선악의 가치로 보지 않고 결과적 선악의 양으로 보았다. 세는 지능이 떨어지는 임금이 현명한 신하를 부리고 한 사람의 임금이 다수의 인민을 다스리는 바탕이 된다. 세가 없는 임금은 현명한 신하로 하여금 자신을 따르게 하거나 다수의 인민을 복종시킬 수 없기 때문이다. 그래서 한비는 아예 다수를 이겨서 자신의 편으로 만드는 자원으로 세를 정의하기도 했다.(『팔경八經』)

하지만 들쥐를 레밍으로 바꾸더라도, 지도자를 따라 바다로 들어가 죽는다면 들쥐 근성이든 레밍 기질이든 바람직한 것은 아니라고 할 수 있다. 가치도 아니고 이익도 아닌 죽음이 기다리고 있음에도 지도자가 하라는 대로 움직인다면 그것은 마취 효과 또는 최면 효과일 뿐이기 때문이다. 만약 4대강 공사 뒤 방송에서 연일 사람들이 그 주변을 자전거로 다니고 근처 수변 시설에서 야영하며 운동을 즐기는 모습을 내보낸다면, 사람들은 4대강이 아니라 5대강이나 3면의 바다까지도 공사해야 한다고 생각할 것이다. 지도자가 반감 없이 다수의 사람을 사지로 내몬다면 그것은 탁월한 지도력을 발휘한 결과일 수도 있겠으나 무책임하게 선동했다는 죄도 피할 수 없는 이유다.

이리저리 쏠리는 습성과 관련해서 『예기』「곡례曲禮」상에 나오는 부화뇌동附和雷同을 살펴볼 만하다. "다른 사람의 주장을 취해서 자신의 주장으로 삼지 말고 다른 사람의 주장에 아무 생각 없이 맞장구치지 말라. 말하면 반드시 옛날의 사실을 근거로 삼고 선왕의 언행에 어울리게 해야 한다." (毋勦說, 毋雷同. 必則古昔, 稱先王.) 정현鄭玄은 뇌동을 "번개가 꽝 하고 울리면 인근의 모든 사물이 한꺼번에 반응을 보이는 것"으로 재미있게 풀이하고 있다. 그러니 우리는 이제 고석古昔과 선왕先王처럼 과거의 기준에 따를 것이 아니라 지금의 공론, 정당화 가능한 주장, 보편성에 따라 판단을 해야겠다.

사실 현대인은 늘 바쁘다. 자신이 관계하는 일(업무)만 처리하기도 바쁘니 이웃의 고통과 다른 나라의 일에까지 관심을 주기는 어렵다. 우리는 신문과 방송을 통해 이웃과 먼 곳의 정보를 얻고, 더 알고 싶으면 전문가의 의견에 귀를 기울인다. 이렇게 살다 보니 나는 정작 내 생각으로 사는 것이 아니라 신문과 방송에서 주워들은 것, 목소리가 큰 이해 당사자가 선전하는 것, 전문가들이 분석하고 전망하는 것에 과도하게 의존한다. 이런 생활이 되풀이되다 보면 어느 날 문득 내가 '나' 아닌 다른 누군가에 의해서 조종되는 것은 아닌지 의심이 갈 때가 많다. 2009년 1월에 일어난 용산참사도 〈두 개의 문〉(2011)이란 영화가 없었더라면 왜 철거민이 그렇게 울부짖었는지 이해조차 하기 어려웠을 것이다. 그러고는 그저 철거지의 보상 문제를 둘러싼 갈등으로 정리하고 넘어갔을지 모른다.

많은 사람이 집단 지성을 발휘하면 특정 입장에 물들지 않는 수평적 의사소통의 세계를 만들 수도 있지만, 지적 게으름으로 인해 나의 생각과 판단을 타인에게 넘기는 군중심리에 쉽게 젖어들 수도 있다. 군중심리란 내가 생각하지 않으면서 남의 생각을 내 것으로 빼앗고 남의 생각에 쉽게 박수 치는 것이다. 이때 생각을 빼앗긴 사람은 억울하다고 여기지 않고 더 많은 사람이 자신의 생각을 훔쳐 가기를 바란다. 특이하게도 이렇게 빼앗고 훔치는 과정은 의식적이면서 무의식적으로 일어나는 것이다.

일찍이 묵자는 사람의 생각이 같아야 질서가 생긴다며 늘 일인일의一人一義 또는 백인백의百人百義인 사회보다 늘 백인일의百人一義인 사회이기를 바랐다. 하지만 이 사회는 위컴이 말한 들쥐 근성이 그대로 살아 있는 사회라고 할 수 있겠다.

졸졸졸, 강한 놈을 따르리라

:

정나라의 유강시종唯强是從

• 여름에 태풍이 오고 난 뒤 고궁과 산을 가 보면 어김없이 나무들이 밑둥치를 드러내고 누워 있다. 밤새 불어 댄 바람의 힘을 이기지 못하고 뿌리를 드러낸 채 쓰러져 버린 것이다. 작은 나무나 갈대를 보면 사정이 다르다. 그네들은 바람에 이리저리 흔들리지만 결코 부러지지 않는다. 큰 나무는 구부릴 수 없으니 뿌리째 뽑힌 것이고 작은 나무는 구부릴 수 있으니 아무리 센 바람에도 끄떡없었던 것이다.

우리나라처럼 해양과 육지 세력을 잇는 반도 국가는 나라의 힘이 세지 않은 경우 외세에 휘둘리기 쉽다. 그렇기에 어떤 이는 큰 나라를 도발하지 말고 사대事大의 예를 갖추자고 주장하고, 어떤 이는 무조건 사대를 할 것이 아니라 주변 정세를 이용해서 실리實利를 챙기자고 주장한다. 육지와 해양 두 세력의 틈바구니에 있는 한반도는 늘 나라의 안위를 위해서 외교가 중요할 수밖에 없었다.

춘추시대에도 우리나라와 비슷한 처지에 있던 나라가 있었다. 바로 정鄭나라이다. 지리적으로 정나라의 남쪽에는 광대한 영토와 풍부한 자원을 바탕으로 나날이 세력을 키우는 초楚나라가 있었고, 북쪽에는 대대로 중원의 맹주 노릇을 해 왔던 진晉나라가 있었다. 초가 북쪽으로 진출하려면 반드시 정을 거쳐야 했고, 진이 신흥세력 초의 북진北進을 제지하려면 정의 협조를 받지 않을 수 없었다. 그래서 진과 초는 북진과 남진을 위해 늘 정을 자신의 동맹국으로 끌어들이려 했다.

물론 쉽사리 한 나라를 선택할 수 없었던 정나라 입장에서는 죽을 맛이었다. 한 나라와 동맹을 맺으면 얼마 있지 않아 반대편의 보복을 당해야 했기 때문이다. 『좌씨전』 양공 9년을 보면 당시 정나라가 처한 진퇴양난의 상황을 잘 알 수 있다.

남쪽 초나라 공왕共王이 정나라를 공격했을 때의 일이다. 정나라 대부 자사子駟는 전쟁을 피하기 위해 초나라와 화평을 맺으려고 했다. 이때 자공과 자교는 "대국, 즉 북쪽 진나라와 동맹을 맺을 때 바른 입가의 피가 아직 마르지 않았는데 배반한다면 괜찮은가?"라고 반문했다. 이에 질세라 자사와 자전은 "우리가 진나라와 동맹을 맺은 것은 오직 강자에게 복종한다는 원칙에 따랐기 때문이다"라고 대꾸했다.(子孔·子蟜曰: 與大國盟, 口血未乾而背之, 可乎? 子駟·子展曰: 吾盟固云唯强是從) "지금 초나라가 쳐들어 왔는데도 동맹국 진나라는 우리를 구해 줄 수 없다. 이제 초나라가 강자이다. 그러니 맹세한 말을 어찌 배반한다고 할 수 있겠는가? 더구나 위협을 받아 맺은 동맹은 지킬 바탕이 없으니 신령도 깃들지 않을 것이다. 신령이 깃드는 곳에는 믿음이 있어야 한다. 믿음은 주장의 징표이자 선의의 기준이므로 믿음이 있어야 신령이 깃드는 것이다. 밝은 신령은 위협을 받아 맺은 동맹을 청결하다고 여기지 않으니 그것을 배반해도 괜찮다."

자공과 자교, 자사와 자전은 제각각 정나라가 취할 외교 노선을 두고 논쟁을 벌였다. 전자는 진나라와 동맹을 중시하고, 후자는 특정국의 동맹보다도 현실적인 위기 대처에 초점을 두고 있다. 물론 초가 정을 공격할 때 진이 신속하게 지원군을 보내서 초의 도발 의지를 꺾었다면 위의 대화는 다르게 진행되었을 것이다.

진의 움직임이 없는 상황에서 전쟁을 앞둔 정나라는 초와 전쟁을 벌일지 말지를 신속하게 결정해야 했다. 자사와 자전은 정이 처한 국제 정세와 지리적 환경을 고려해서 '상처뿐인 전쟁'을 벌이느니 '치욕스런 평화'를 선택했던 것이다. 이 상황에서 "부러질지언정 굽히지 않겠다"는 자세로 초나라와 전쟁을 벌였다면 정나라는 치명적인 손실을 입었을 것이다.

오늘날 동아시아도 과거 식민지 지배, 영토 문제로 뿌리 깊은 갈등을 겪고 있다. 그 이면에는 동아시아뿐 아니라 세계에서도 자국의 경제력을 바탕으로 영향력을 키우려는 중국과, 한일 동맹을 바탕으로 남진하는 중국을 견제하려는 미국의 대립이 깔려 있다.

국가들 간의 긴장이 고조되면 호전적인 언론과 무책임한 선동가는 "한판 붙자!"라는 말을 입에 달고 산다. 이는 일본의 우익과 중국의 애국적 좌파에게도 그대로 적용된다. 다들 호전적 선동을 통해 자신의 정치적 힘과 상업적 이익을 키우려 하는 전쟁상인이라고 할 수 있다. 만일의 경우에 전쟁을 하나의 선택지로 생각할 수는 있지만 전쟁이 다른 어떤 해결책보다 가장 앞서 거론되어서는 결코 안 된다.

이런 상황에서 우리는 자연스럽게 한반도의 미래를 고민하게 된다. 국력이 수반되는 국제 관계에서 자존심과 오기를 내세우며 강성대국으로 갈지, 현실을 직시하고서 작지만 강한 강소국強小國으로 나아갈지, 장기적으로 동아시아를 유럽연합과 같은 형태로 만들어 갈지······.

노래에 실린 인생, 인생을 실은 노래

우파 정치인이 그렇게 외치는 조국의 근대화를 통해 우리나라는 근대에 들어섰다. 하지만 근대가 현대로 바뀐 지금도 '모난 돌이 정 맞는다'라는 속담처럼 개개인은 무척 힘들다. 개인이 자신의 삶과 사회의 운영에서 주인으로서 우뚝 설 때도 있지만 한편으로는 여전히 초록동색의 집체集體나 로봇으로 동원되고 있기 때문이다. 동원된 개인, 즉 집체를 벗어나 소요하는 개인이 경쾌하게 살아가는 모습을 많이 보고 싶다. 아직도 우리는 집체에 불편해하면서도 개체에는 익숙하지 않고, 끼리끼리·덩달아·졸졸졸의 패거리 문화에서 벗어나지 못하고 있다. 집체에 들어가면 불편하지만 안심이 되고 개체로 나서면 편하지만 불안하다.

이 부분을 쓰면서 박정희의 「새마을 노래」(1972)와 정수라의 「아, 대한민국」(1983)을 떠올렸다. 두 노래 모두 많은 곡절을 가지고 있지만 실제로 불릴 당시에는 엄청난 '긍정의 힘'을 전달하려고 했다. 「새마을 노래」는 아침 일찍부터 확성기로 전국 방방곡곡에 울려 퍼졌다. "새벽종이 울렸네 / 새 아침이 밝았네 / 너도나도 일어나 / 새마을을 가꾸세 / 살기 좋은 내 마을 / 우리 힘으로 만드세" '네'는 짧고 굵게 발음하지만 '세'는 조금 부드럽고 다정하게 발음했다. 두 발음 속에 강한 긴장과 부드러운 권유가 녹아들어서 진짜 내가 새마을을 가꿀 수 있다는 자신감이 들게 했다. 이 노래를 들으며 마을 청소를 했던 기억이 난다.

「아, 대한민국」은 당시 가사를 고쳐 부르는 개사곡으로 인기가 많았다. 실제로 정태춘은 노래말을 바꾼 같은 제목의 노래를 불렀다. 노래에서 말하는 것과 사람이 사는 현실이 크게 달라서 원곡의 가사를 그대로 부를 수 없었기 때문이다. "하늘엔 조각구름 떠 있고 / 강물엔 유람선이 떠 있고 / 저마다 누려야 할 행복이 / 언제나 자유로운 곳 / 뚜렷한 사계절이 있기에 / 볼수록 정이 드는 산과 들 / 우리의 마음속의 이상이 / 끝없이 펼쳐지는 곳 / 원하는 것은 무엇이든 얻을 수 있고 / 뜻하는 것은 무엇이든 될 수가 있어 / 이렇게 우린 은혜로운 이 땅을 위해 / 이렇게 우린 이 강산을 노래 부르네" 나는 지금도 꿈꿔 본다. 「아, 대한민국」에서 노래한 세상이 이 땅에 왔으면 좋겠다고.

6장

편견, 스스로 깊이 파내려가는 무덤

• 　　　스포츠를 좋아하다 보면 특정 팀의 팬이 되기도 한다. 야구와 축구 등 리그와 챔피언 결정전이 열릴 때면 심판 판정이 늘 화제에 오른다. 그날 경기에서 진 팀이면 특히나 '심판의 불리한 판정으로 우리 팀이 패배했다'며 극렬하게 항의한다. 올림픽과 같은 국가적 스포츠 행사에서도 어김없이 편견과 차별 논란이 일어난다. 인종, 지역, 지명도 등이 경기의 판정에 영향을 미친다는 것이다. 2012년 런던 올림픽에 참가한 박태환는 남자 수영 400m 자유형에서 처음에 실격 판정을 받았으나 나중에 오심이었음이 밝혀져 판정이 번복되기도 했다. 그는 다행히 결승전에 출전해서 400m에서 은메달을 땄는데, 우리나라 사람들은 그 오심이 없었더라면 그가 더 좋은 성적을 거두었을 것이라며 아쉬워했다.

스포츠 경기의 심판도 인간이기 때문에 실수를 하는 것이겠으나, 비중과 관심이 큰 경기에서는 오심의 파장이 참으로 크다. 물론 심판이야 정확한 판정을 내리려 하지만 그럼에도 오심은 생겨난다. 왜 그런 것일까? 심판의 자질이 부족해서일 수도 있고, 간혹 의도하지는 않았더라도 인종 등에 대해 가지고 있는 편견 때문에 결과적으로 오심을 하게 되는 경우도 있다.

보통 사람들도 자신은 공정하게 생각하고 공평하게 행동한다고 생각한다. 하지만 그런 '나'의 상대는 나를 그렇게 생각할까? 예컨대 두세 명의 자녀를 둔 부모들은 "열 손가락 깨물어서 안 아픈 손가락 있겠느냐?"라며 편애를 부정하겠지만 자식은 부모가 자신보다 다른 자식을 더 사랑한다고 생각할 것이다. 학교에서도 담임은 같은 반 학생을 모두 똑같이 예뻐한다고 하겠지만 어떤 학생은 선생님이 자신을 괜히 미워한다고 생각할 수도 있다.

조선시대에도 서북인 차별 논란이 있었다. 정사에서는 서북인 차별을 실체 없는 주장이라고 치부하지만 현실에서는 서북인의 고위직 진출이 현저하게 뒤떨어졌다. 〈봉이 김선달 설화〉도 평안도 출신의 김선달이 서북인 차별에 막혀서 세상과 정면승부를 하지 못하고 해학과 파격으로 세상을 웃기고 울리는 이야기이다. 사회적 편견에 가로막혀 인생의 방향을 확 바꾸게 된 사람들의 이야기들 중 하나라고 할 수 있다.

우리는 지금도 지역적 차별로부터 자유롭지 못하다. 경상도 '보리문둥이', 전라도 '깽깽이'는 아직도 경상도 사람과 전라도 사람이 서로를 좋지 않게 생각하며 부르는 말이다. 경상도 사람인 나는 전라도 사람인 아내(반자)를 만나는 데도 뜻하지 않은 반대에 부딪혔다. 다른 이유는 없이 오로지 전라도 출신이라는 것이 문제였다(작고하시기 전 아버님은 며느리에게 당신의 편견에 대해 통 크게 사과하셨다).

정부와 기업의 인사를 보면 특정 인사에 치우쳐서는 안 되니 늘 지역별·기수별·분야별 '안배'에 신경 쓰는 모습을 보인다. 그렇지 않으면 금방 무슨무슨 인사라는 신조어를 만들어서 그 인사가 불공정하게 이루어졌다며 크게 부각시키기 때문이다. 이러다 보니 정작 능력이 많은 인물이 '안배'라는 기준 또는 벽에 걸려서 발탁되지 못하는 경우도 생겨났다.

이 이외에도 우리 사회에는 이루 다 헤아릴 수 없는 편견이 있다. 대학만 하더라도 서울 안에 소재한 대학과 서울 밖에 소재한 대학은 '계급'이 다르다고 한다. 일례로 '지잡대'는 '지방의 잡스러운 대학'의 약칭인데, 이는 우리가 대학의 서열에 얼마나 갇혀 있는지 잘 보여 주고 있다. 또한 인터넷 사이트에서는 대학의 서열을 두고 심심찮게 이전투구가 일어난다.

또한 이주 노동자, 외국인 신부, 미혼모, 흑인과 백인, 결혼과 동거, 여성과 남성의 성역할, 정규직과 비정규직, 고졸 출신과 대졸 출신 등에 대해서도 적지 않은 차별과 편견이 존재한다. 특히 학력은 임금과 승진에서도 차별이 주어질 정도로 사람의 인생에 커다란 상처를 남긴다.

박치규 할아버지와 이순예 할머니의 실제 이야기를 담은 영화 〈죽어도 좋아〉(2002)는 70대의 사랑과 성을 다루었다는 면에서 화제가 되며 '나이 칠십 먹은 노인이 사랑을 하기는 뭘 해?'라는 편견을 여지없이 무너뜨렸다. 강풀의 웹툰 〈그대를 사랑합니다〉(2007)도 부인과 사별한 뒤 새로운 사랑에 눈 뜬 할아버지가 상대를 끝내 '당신'이라 부르지 못하고 '그대'라고 부르며 헤어져야 하는 상황을 표현했다.

어쩌면 우리는 편견을 무기로 자신을 근근이 버티고 있는지 모른다. 편견偏見임을 몰라서가 아니라 그것이 없어지면 스스로를 지탱할 수 없기 때문에 그것을 정견正見이라 우기는 것이 아닐까? 오해와 편견으로 지은 집을 부수고 이해와 정견으로 새로운 집을 지어 보자. 그렇게 될 때 21세기의 숱한 '신'홍길동들이 집을 떠나지 않고서도 제 꿈과 뜻을 펼치는 세상에서 살 수 있을 것이다.

버렸다고 하지만 여전히 편견을 가지고 있는 우리는 출신(이력), 지식, 차별 셋 중의 무엇을 가장 많이 따질까? 사람마다 다를 수 있다. 어떤 사람은 출신을 앞세우지만 다른 사람은 지식을 앞세울 것이다. 하지만 전체적으로 보면 세 가지 모두 현실에서 큰 힘을 발휘하고 있다. 다들 이 세 가지가 불편하다고 하지만 우리가 그것으로부터 완전히 벗어나기란 쉽지 않다. 깊이 빠져 있던 편견의 늪에서 벗어나려면 먼저 편견이 생겨나는 맥락을 살펴봐야 할 것이다.

출신, 뭣 하러 고전을 배우는가!

⋮

유방의 안사시서安事詩書

사람은 자신의 생활환경에 적응해서 살아간다. 다른 곳에 가서 다른 것을 보기 전에는 다른 이들도 자신처럼 살아간다고 생각한다. 옛날에는 사람들이 이동하려면 제 발로 걷거나 말을 타는 방법 정도만 있었다. 1899년 9월 18일 오전 9시, 흰 연기를 내뿜고 굉음을 내는 증기기관차 한 대가 노량진역을 출발하여 인천역까지 33km를 운행했다. 이 기차의 이름은 거인, 거물을 뜻하는 '모갈' 1호였는데, 사람들은 불로 가는 화차라 하여 화륜거火輪車라 불렀다. 그전까지는 기차를 본 적이 없었기 때문에 기존에 자신들이 알던 방식대로 이름 부르고 그대로 이해했던 것이다.

나 역시 지금으로부터 5~6년 전에 1년간 베이징에 살면서 당황했던 적이 한두 번이 아니었다. 아이들은 목에 홍링진紅領巾이라는 붉은 스카프를 둘러야 했고, 시험 문제의 정답이 맞으면 동그라미 대신 V자 모양의 체크 표시를 했다. 도로에는 자전거와 차가 뒤엉켜 있었기에 보도 횡단이 힘들었고, 화장실에는 칸막이가 없어서 볼일 보는 것도 여간 두렵지 않았다. 가짜 식품과 공산품들이 버젓이 팔리고 있으니 물건을 사는 것 역시 무척 고민스러웠다. 이 모든 것들이 내 기준에서 보면 이해하기 어려운 것이었지만 그 나라 사람들에게는 일상이었다(지금은 중국의 사정이 많이 달라졌다).

이처럼 사람은 자신이 자라면서 보고 들은 것에 갇혀서 그것만을 전부로 여긴다. 다른 것이 있을 수 있음을 생각하지 못하고 그것이 잘못되거나 틀렸다고 단정하는 것이다. 이런 일은 일상만이 아니라 학문, 정치 등에서도 일어난다. 한나라 고조 유방은 농민 출신으로 시골 면서기의 일을 하다가 때와 사람을 잘 만나 황제가 된 인물이다. 그러나 통일의 대업을 이룬 뒤에도 그는 자신의 경험 세계에 갇혀 있었다. 유방과 육가陸賈 사이에 있었던 일을 살펴보자.(『사기』 「역생육가酈生陸賈열전」 594~595쪽)

육가는 유방 앞에서 제 생각을 말할 때마다 "『시경』에서 어떠하고 『서경』에서 어떠하다"라는 말을 되풀이했다. 학력 콤플렉스가 있던 유방은 육가가 자신 앞에서 젠체한다고 생각해서 한마디 했다. "나는 말 위에서 천하를 차지했으니, 어찌 『시경』과 『서경』 같은 책을 신경 쓰겠는가?"(酒公居馬上得之, 安事詩書?) 이에 질세라 육가가 반박했다. "말 위에서 천하를 차지했겠지만 어떻게 말 위에서 천하를 다스릴 수 있겠습니까?" 이것이 그 유명한 '마상득천하馬上得天下, 마상불가치천하馬上不可治天下'라는 고사이다.

육가는 이어서 그 이유를 설명했다. "옛날 은의 탕 임금과 주의 무 임금은 신하로서 반역을 일으켜 천하를 차지했지만 민심에 순응해서 나라를 잘 지켰습니다. 문과 무를 함께 쓰는 것이 나라를 오래가게 하는 길입니다.(文武竝用, 長久之術也.) 옛날 오의 부차夫差와 진의 지백智伯은 극력으로 무를 내세우다가 망했습니다. 진도 형벌과 법만을 고수했다가 상황에 따라 바꾸지 않아 나라를 잃었습니다. 만약 진이 천하를 통일하고서 인의를 실시하고 옛 성왕을 본받았다면 폐하께서 어떻게 천하를 차지할 수 있었 겠습니까?"

육가는 창업과 수성을 나누어서 상황에 따라 정치를 해야 한다고 보았 다. 그는 창업에는 극무極武와 형법刑法이 유효할 수 있지만 수성에서는 인 의仁義와 성왕의 본보기를 존중해야 한다고 보았다.

송나라의 조보趙普 이야기도 살펴볼 만하다.(나대경羅大經『학림옥로鶴林玉露』7 권) 그는 무장 출신으로 태조 조광윤을 도와 통일 대업을 이루었다. 태조 가 살아 있을 때는 조보를 흔드는 사람이 없었으나 태종이 즉위하니 조보 의 이력에 대해 시비를 거는 소리가 나왔다. 그는 태종 앞에서 자신의 생 각을 솔직하게 밝혔다. "제가 평생 배워서 아는 것은 참으로 이것을 벗어 나지 않습니다. 지난 날 반쪽 『논어』로 태조를 도와서 천하를 안정시켰고 이제 반쪽 『논어』로 폐하(태종)를 도와서 태평한 시대를 열고자 합니다." (臣平生所知, 誠不出此. 昔以其半輔太祖定天下, 今欲以其半輔陛下治太平.)

오늘날 우리나라 실정으로 보면 유방과 조보 모두 황제와 재상의 노릇 을 하기에는 학력 미달이라고 할 수 있다. 아니, 미달이라기보다는 "어째 저 정도밖에 배우지 않았는데 황제가 되고 재상이 되었을까? 신하들의 상소문이나 제대로 읽을 수 있을까?"라며 사람들이 수군거리기 십상이 었을 것이다. 이런 말과 생각을 하는 사람들 역시 육가의 말을 듣기 이전 의 유방과 조보를 헐뜯던 사람들만큼이나 편견에 사로잡혀 있는 것이다.

하지만 유방은 육가의 말을 듣고서 자신의 생각을 바꾸었고, 태종은 주 위의 우려에도 불구하고 조보의 해명을 들은 뒤 그를 그대로 신임했다. 이러한 변화와 신뢰가 건국 초기의 불안을 해소하고 왕조를 탄탄대로의 길로 나아가게 만든 원천이었다고 할 수 있다.

사람은 누구나 자신이 생활하는 세계에 얽매여 부당한 편견에 사로잡히고 쓸데없는 고집을 부리기도 한다. 중요한 것은 그것이 사실이 아님을 안 뒤에 그것을 고치는가의 여부이다. 유방처럼 자신의 편견을 솔직히 시인하고 변화를 도모한다면 더 넓고 깊은 생각으로 정확하고 공정한 세계를 가꿀 수 있을 것이다.

　당신은 지금 어떤 편견에 사로잡혀 있는가?

지식, 자신을 자랑스럽게 여기면 어른이 되지 못한다

⋮

노자의 자시불창自是不彰

•   복수, 절도, 도박 등을 소재로 하는 영화와 드라마를 보면 꼭 반전이 있기 마련이다. 처음에 잘나가는 사람은 경쟁자, 추격자 등의 도전도 가볍게 뿌리치며 저만치 앞서 나간다. 반면 어떤 일을 계기로 둘 사이의 힘이 엇비슷해지다가 역전되는 경우도 있다. 반전의 계기로 주로 등장하는 것은 숨겨진 과거의 폭로, 내부자의 배신, 예기치 않은 상황 등이다.

브루스 윌리스가 주연한 영화 〈다이 하드〉 시리즈, 스티븐 시걸이 주연한 여러 영화, 톰 크루즈가 주연한 〈마이너리티 리포트〉 등을 봐도 악당은 늘 절대적 우위에 있다. 그에 반해 이들 주인공은 항상 절대적으로 불리한 상황에서 출발해서 결국 판세를 역전시킨 뒤, 대부분 여인과 포옹을 하며 엔딩을 장식한다.

처음에 주도권을 잡았던 사람(악당, 범인 등)이 이런 상황을 맞이하고서 공통적으로 내뱉는 말들이 있다. "지난번에 죽었다고 했잖아. 어떻게 이렇게 살아 있는 거지?" "아니, 도대체 어떻게 이런 일이 일어날 수 있는 건가?" "이건 도저히 있을 수 없는 일인데……." 하기야 2012년 10월에는 북한군이 155마일의 휴전선을 유유히 넘어서 귀순을 요청했는데 우리 군은 그 사실을 인지하지 못하고 있다가 북한군의 노크를 듣고서야 상황을 파악한 일도 있었다. 지휘부나 병사들은 3중 철책을 만들고 구간별로 초소를 설치해서 경계를 서고 있었다. 하지만 결과적으로 그것들이 모두 뚫린 뒤에야 "어떻게 이런 일이……"라며 말꼬리를 흐렸다. 자신들도 그런 상황이 일어난 것을 믿을 수 없었기 때문이다.

영화와 드라마의 악당만이 아니라 보통의 사람들도 어떤 일을 하려고 할 때면 대부분 계획을 세우고 그것을 현실화시키기 위한 방법을 짜낸다. 그리고 시작하기에 앞서 '먼저 이것을 하고 다음에는 이것, 그다음에는 이것을 해야겠다'는 식의 시나리오를 만든다. 이때, 내가 이렇게 하면 상대는 어떻게 나올 것인지를 예상에 넣는다. 그것이 계획이다. 그러한 예상이 없다면 그것은 희망사항이나 망상이지 계획이라 할 수 없다.

그런데 나는 완벽한 계획을 세운다고 세웠음에도, 왜 상대와 상황은 예상과 다르게 바뀌어 내 뒤통수를 치게 되는 것일까? 도대체 그 이유는 어디에 있는 것일까? 이에 대한 해답의 실마리는 『노자』 24장에서 찾을 수 있다.

"발뒤꿈치를 들면 편하게 서 있지 못하고, 다리가 찢어지게 걸으면 오래 걷지 못한다. 자신이 보려고 하면 분명하게 보이지 않고, 자신이 기준이 되려고 하면 길이 환히 빛나지 않으며, 자신을 자랑하면 공이 없어지고, 자신을 자랑스럽게 여기면 어른이 되지 못한다."(企者不立, 跨者不行. 自見者不明, 自是者不彰, 自伐者無功, 自矜者不長.)

우리는 나면서부터 감각과 이성을 통해 자신이 접하는 세계의 사실(지식, 정보 등)을 파악한다. 그리고 이런 사실들을 통해 필요한 상황에서 최적의 판단을 내린 뒤, 한두 차례 그것이 타당하고 올바른 것으로 판명되면 자신의 판단을 신뢰하게 된다. 다른 사람들은 나의 판단과 신뢰를 두고 실력이나 능력이라고 일컫는다. "저 사람은 참 능력 있어. 어떻게 그 상황에 그걸 생각해 냈지?"와 같은 말은 우리가 내린 판단 및 그에 따른 결과에 대한 주위의 동의이자 찬사라고 할 수 있다. 이런 말을 자주 듣게 되면 사람은 자신의 판단이 결코 잘못될 리가 없고 언제나 좋은 결과를 가져올 것이라고 확신하며 더 나아가 과신하기에 이른다. 이쯤이면 자신은 자신과 주위 상황을 완벽하게 통제할 수 있는 '천하무적天下無敵', '신화적 존재'가 된다.

천하무적이나 신화적 존재는 상황과 세계를 자기 식으로 바라봐야 한다고 생각한다. 다른 방식이 있을 수 없는 것이다. 설혹 다른 것이 있다고 하더라도 그것은 신경 쓸 필요조차 없으며 반드시 틀린 것이라 여길 뿐이다. 따라서 주위 사람과 동료는 단지 천하무적 옆에 병풍처럼 서 있으면 충분할 뿐, 자신들의 생각을 그에게 내보일 필요가 없어진다. 결과적으로 신화적 존재는 이전까지는 유효하고 타당한 성과를 거두었겠으나 앞으로도 그와 같을 가능성은 스스로 차단하는 셈이다.

상대는 나의 계획대로만 움직이는, 길들여진 강아지가 아니다. 상황도 내가 규정하는 대로만 돌아가는 기계적 장치가 아니다. 상대가 바뀌어 가고 상황이 달라지는데도 천하무적 혼자만 바뀌지 않고 옛날 그대로 남아 있는 것이다. 아니, 그이는 여전히 자신의 틀로 상대를 파악하고 상황을 규정하여 상황이 전개될 방향을 한정시키려고 한다. 이미 그것이 틀렸고 유효하지 않은 것인데도 자기 혼자서 맞다고 생각하는 것이다.

그러다가 실제로 경쟁자와 마주하는 상황이 찾아왔을 때 사실 승부는 이미 끝난 것과 다름없다. 다만 천하무적 혼자만 모르고 있을 뿐이다. 영화와 드라마는 앵글을 바꿔 가면서 이전의 천하무적이 때로는 서서히, 때로는 급격하게 무너져 가는 과정을 담담하게 담아 관객에게 전달한다. 당신은 지금 어떤 '천하무적'인가? 세상에 대적할 사람이 없는 '天下無敵'이라면 지금은 실력이 통하는 것이지만, 언젠가는 세상에 갈 곳이 없는 '天下無適'이 되지 않도록 조심해야 할 것이다.

차별, 편들지 않고 기울어지지 않아야 그 도리가 가지런하고 고르다

⋮

영조와 정조의 **탕탕평평**蕩蕩平平

오늘날 우리나라는 단군 이래 최고의 경제 발전을 이루었다고 한다. 1960년대에 80달러에 불과했던 1인당 국민소득은 2012년에 2만 달러에 이르렀다. 이에 따라 우리나라의 국제적 위상도 높아지고 있다. 하지만 아무리 잘살게 되었다고 해도 모든 사람에게 부족한 게 없을 정도로 풍족한 것은 아니다. 원시 시대나 현대 사회나 사람은 모자란 상태에서 살아가고 있다. 전체적으로 부족한 상태에서 인간 개개인은 자신의 몫을 더 많이 그리고 안정적으로 가지려고 노력한다. 여기서 정의의 문제가 생겨난다. '내'가 가지고 못 가지는 것이 합리적인 이유에 의해서 정당화될 수 있어야 하고, 또 '나'는 비록 지금은 가지지 못하더라도 나중에 가질 수 있는 기회를 얻고자 하기 때문이다.

정의의 실현을 의심하는 쪽에서는 늘 독점과 차별의 문제를 제기한다. 즉, 누군가 '내'가 가질 것을 혼자 독차지하고 있다거나 '내'가 다른 사람에 비해서 덜 받았다는 것이다. 인간은 차별을 시정할 수 있는 권리와 제도를 만들기 위해서 노력해 왔다. 계급 사회에서는 차별이 차별로 여겨지지 않는다. 따라서 차별이 있다고 하더라도 숙명으로 여기며 울분을 삼킬 수밖에 없다. 계급이 없어진 뒤에도 여성, 아동, 소수자 등은 남성, 성인, 다수자에 비해 차별을 받아 왔다. 인간이 역사를 통해 적지 않게 바로잡아 왔음에도 차별은 아직까지 완전히 사라지지 않고 있다.

아이들에게 익숙한 〈콩쥐팥쥐〉와 〈신데렐라〉는 요즘 생겨난 것이 아니라 오래전부터 전해 내려오는 동화이다. 이 이야기들은 모두 한 사람이 다른 사람(또는 다수, 집단)에 의해 부당한 차별을 당하다가 마지막에 이르러 그것을 해결하는 구성으로 짜여 있다. 이런 이야기가 오래전부터 있어 왔다는 것은 차별의 뿌리가 그만큼 깊다는 것을 보여 준다.

조선시대 영조와 정조도 왕실의 안정과 왕조의 발전을 위해 당파의 대립과 갈등을 더 이상 두고 볼 수만은 없다고 생각했다. 그렇지 않으면 아무리 능력 있는 사람도 당색이 다르다는 이유로 기회를 박탈당하고, 또어떤 사람은 아무런 능력이 없어도 당색이 같다는 이유로 맘껏 기회를 누리기 때문이었다. 이렇게 되면 서로 권력을 잡았을 때 상대를 완전히 배제하게 되고, 그만큼 차별은 더욱 고착화될 것을 우려한 것이다.

이런 이유로 영조와 정조는 『서경』 「홍범」의 내용에 기초해서 탕탕평평蕩蕩平平의 탕평책을 사활을 걸고 추진했다. 「홍범」은 세상에 정의를 실현하는 아홉 가지 원칙을 다루고 있는데, 그중 다섯 번째 황극皇極 부분은 바로 영조와 정조가 갖고 있던 문제의식에 대한 해결책을 제시하고 있다.

"기울어지고 치우치지 않으면서 왕으로서 정의를 따르고, 개인적으로 좋아하는 대로 하지 않으면서 왕으로서 도리를 따르고, 개인적으로 싫어하는 대로 피하지 않으면서 왕으로서 길을 따르라. 기울어지지 않고 편들지 않으니 왕의 도리가 크고 드넓으며, 편들지 않고 기울어지지 않으니 왕의 도리가 가지런하고 고르다."(無偏無陂, 遵王之義. 無有作好, 遵王之道. 無有作惡, 遵王之路. 無偏無黨, 王道蕩蕩. 無黨無偏, 王道平平.)

탕탕평평한 세상은 『예기』에서 이상사회로 꼽아 왔던 대동大同과 통한다. 둘 다 차별이 사라지는 사회를 가리키기 때문이다. 탕탕평평하면 좋을 텐데 왜 그렇게 되지 않을까? 『서경』 「대우모」는 이와 관련된 인간의 심리를 잘 보여 주고 있다. "사람 개개인의 마음은 위태위태하고 도리를 지키려는 마음은 작고 희미하다. 오직 뒤섞지 않고 오직 한 가지에 집중해서 진실하게 중심을 잡아야 한다. 근거 없는 말은 듣지 말고, 제대로 상의하지 않은 대책은 쓰지 않도록 하라."(人心惟危, 道心惟微. 惟精惟一, 允執厥中. 無稽之言勿聽, 弗詢之謀勿庸.)

앞의 열여섯 자는 고대의 전설적인 성왕, 즉 요 임금, 순 임금, 우 임금이 서로에게 전해 준 정치의 핵심이라 하여 심법心法으로 불린다. 사람의 마음은 이랬다저랬다 하기 쉽고 원칙을 지키려는 마음은 현실의 이해관계에 따라 바람 앞의 촛불마냥 마구 흔들린다. 이때 해야 할 것과 하지 말아야 할 것의 기준을 굳게 다잡지 않으면 스스로 뭘 해야 할지 결정할 수 없다. 따라서 기준 이외의 다른 것을 끌어들여 뒤섞지 않고 오로지 기준 하나에만 집중한다면 최선의 선택에 이를 수 있다. 설혹 결정이 내려진 뒤 사람들이 이해를 두고 왈가왈부한다 해도, 결정을 내린 마음은 어디에도 치우지지 않는 공정한 선택이라고 할 수 있다.

『사기』 「평원군우경열전平原君虞卿列傳」에 보면 모수자천毛遂自薦의 이야기가 나온다. 전국 시대에 진秦이 조趙를 침략했다. 조가 혼자 진을 막기 어려워지자 평원군이 초로 가서 구원병을 요청하게 되었다. 이때 평원군은 자신이 거느린 식객 중에서 스무 명을 뽑아 협상단을 꾸리려고 했는데, 열아홉 명은 채웠지만 마지막 한 명을 찾지 못했다. 이때 모수는 협상단의 일원으로 자신을 추천했다. 그러나 평원군은 모수가 3년간 자신의 문하에 머물면서 두각을 나타낸 적이 없었다는 이유로 그의 제안을 거절했고, 이에 대해 모수는 자신에게 기회가 주어지지 않았기 때문에 자신의 존재를 드러낼 수 없었다고 반박했다. 이에 평원군은 주위 사람들의 우려에도 불구하고 모수를 협상단에 포함시켰고, 초에 간 협상단 중 열아홉 명은 실패했지만 모수의 노력으로 그는 조와 초의 동맹을 성사시킬 수 있었다. 이 일이 있고 난 뒤 평원군은 앞으로 자신이 사람을 고르는 일은 하지 않겠다고 선언했다(모수의 이야기는 모수자천 이외에도 송곳이 주머니 속에 있으면 삐져나온다는 '낭중지추囊中之錐', 모수의 짧은 혀가 백만의 군사보다 낫다는 '삼촌지설三寸之舌'의 성어가 생겨난 배경이 되었다).

평원군은 상황에 쫓기면서도 모수의 말을 듣고 그것에 일리가 있다고 판단했을 것이다. 이것도 『서경』에서 말하는, 치우치고 기울어지지 않는 탕탕평평의 실례이고 이것저것 다른 편견에 신경 쓰지 않는 유정유일惟精惟一의 사례라고 하겠다. 정조도 규장각에 검서관檢書官의 자리를 마련해서 이덕무李德懋, 유득공柳得恭, 박제가朴齊家 등 서얼 출신의 인재들이 자신의 기량을 펼칠 수 있게 했다.

지금은 산업화 시대를 넘어 지식정보화와 세계화가 진행되는 21세기이다. 사람은 획일적인 기준이 아니라 다양한 개성으로 공정하게 평가받으며 각자 자신의 능력을 발휘하여 자아를 실현할 수 있어야 한다. 하지만 현재까지도 곳곳에 학력, 남녀, 지역 등에 따른 각종 차별이 아직도 많이 남아 있다. 편견 없는 세상은 아직도 실현해야 할 과제로 남아 있는 것이다. 우리 모두 편견에 기대어 그 안에 안주할 것이 아니라 그것을 넘어서 연대하도록 노력해야겠다.

노래에 실린 인생, 인생을 실은 노래

편견은 사람이 웬만하게 노력하지 않으면 벗어나기 어려운 것이다. 특히 개인, 집단, 민족의 정체성으로 자리 잡게 되면 그 편견은 절대적 진리가 된다. 거짓이 진실 위에서 왕 노릇을 하는 것이다.

옛날에 따뜻한 남쪽 지역의 한 사람이 추운 북쪽 지역에 가게 되었다. 어느 기나긴 밤에 북쪽 사람들과 함께 세상 이야기를 하게 된 그이는 하루에 60cm씩 자라는 대나무를 자랑스럽게 이야기했다. 그 이야기를 들은 북쪽 사람들은 "어떻게 나무가 하루에 60cm씩이나 자랄 수 있느냐"라며 그이의 말을 거짓이라고 믿지 않았다. 대나무를 본 적도 없는 이들이었으니 그럴 수 있다. 추운 지역에서 서서히 자라는 나무만을 보았기 때문에 하루아침에 쑥쑥 자라는 대나무를 상상조차 할 수 없는 것이다. 우리도 어느 정도는 대나무를 믿지 못하는 북쪽 사람들과 닮은 점이 있지 않을까?

앞서 본 출신(이력), 지식, 차별 이외에도 우리가 진리라고 알고 있지만 사실은 편견인 것이 많다. 살다 보면 고칠 기회가 많지만, 가끔은 체면이 막는 경우도 있다. 나 역시 간혹 "아빠, 그게 아니래"라는 말을 아이로부터 듣고서 머쓱해지곤 한다. 이런 일을 피해야 하지 않을까?

이 부분을 쓰면서 서태지의 「교실 이데아」(1994)와 전래 민요 「새야 새야 파랑새야」/「파랑새요」(1894, 디지털광명문화대전)가 떠올랐다. 내 실력으로 「교실 이데아」를 부를 수는 없지만 가사를 들으면 그 내용에 공감이 간다. 이 노래가 나왔을 당시의 교육 현실은 암담했는데 지금은 그보다 많이 나아졌을까? "좀 더 비싼 너로 만들어 주겠어 / 네 옆에 앉아 있는 그애보다 더 / 하나씩 머리를 밟고 올라서도록 해 / 좀 더 잘난 네가 될 수가 있어 / 왜 바꾸지 않고 마음을 조이며 젊은 날을 헤매일까 / 바꾸지 않고 남이 바꾸길 바라고만 있을까 / 됐어 (됐어) 이젠 됐어 (됐어) / 이제 그런 가르침은 됐어 / 그걸로 족해 (족해) 족해 (족해) / 내 사투리로 내가 늘어놓을래 / 국민학교에서 중학교로 들어가면 / 고등학교를 지나 우릴 포장센터로 넘겨 / 겉보기 좋은 널 만들기 위해 / 우릴 대학이란 포장지로 멋지게 싸 버리지"

나는 자라면서 전래민요 「파랑새요」를 많이 불렀다. 이 노래를 부르면 꼭 한 번으로 끝나지 않고 몇 번 되풀이해서 부르게 된다. 아마 노래 안의 슬픔이 노래를 멈추는 것을 막는 모양이다. "새야 새야 파랑새야 / 녹두밭에 앉지 마라 / 녹두꽃이 떨어지면 / 청포장수 울고 간다 / 새야 새야 파랑새야 / 녹두밭에 앉은 새야 / 녹두꽃이 떨어지면 / 부지깽이 매 맞는다 / 새야새야 파랑새야 / 무엇 하러 나왔느냐 / 솔잎댓잎 푸릇푸릇 / 봄철인가 날아왔지 / 새야 새야 파랑새야 / 녹두밭에 앉은 새야 / 아버지의 넋새보오 / 엄마 죽은 넋새외다"

7장

권위는 포장의 도구가 아니다

•　　　　나는 중학생이 되고 난 뒤 부모님이 아닌 할머님과 함께 지냈다. 어린 시절은 기억이 잘 나지 않고 부모님이랑 함께 보내지 않았기에 부모님 하면 떠오를 법한 애틋한 기억도 많지 않다. 결혼을 하고 아이가 둘 생긴 뒤 '내가 부모 노릇을 잘할 수 있을까?'라는 걱정을 많이 했다. 기억이라도 나면 그걸 바탕으로 이렇게 하고 저렇게 해야지 하며 가늠할 수 있겠으나, 그다지 선명한 기억이 없어 주위에서 보고 듣거나 혼자 생각해서 부모 노릇을 해야 했기에 초보 아빠의 걱정이 쓸데없는 것만은 아니었다.

　　우리는 시장에서 물건을 고르거나 서점에서 책을 살 때도 고민을 많이 한다. 가격 비교도 해 보는가 하면 성분 분석도 챙겨 본다. 그런데 역설적으로 인생의 중요한 사건, 즉 결혼과 부모 노릇에 대해서는 많은 고민을 하지 않는 것처럼 보인다. 결혼을 할지 말지는 고민하지만 어떻게 하면 행복하게 살 수 있는지에 대한 고민은 덜한다. 아이가 태어나면 기쁜 마음으로 이것저것을 고민하지만, 정작 어떤 부모가 될 것인지에 대해서는 덜 고민한다. 다들 결혼과 부모 노릇과 관련해서는 자기 안에 선천적인 능력이 있다고 믿는 건 아닌지 모르겠다.

　　부모는 아이에 비해 힘, 돈, 지식 등에서 절대적인 우위에 있다. 아이는 자신의 생각을 잘 표현하기도 어렵고 부모 생각이 뭔가 이상하다 싶어도 설득하기가 쉽지 않다. 주로 부모는 '하고' 아이는 '당하는' 방식으로 부모와 자식 간의 소통은 일방적으로 이루어진다. 그런데 그러한 소통 방식에 제동이 걸리기도 한다. 아이들은 일찍부터 TV를 통해서 다른 부모를 보고 유아원과 유치원에서 이상적인 부모상을 배운다. 그러면서 무의식적으로 다른 부모와 자신의 부모를 비교하게 되고, 그 과정에서 이상한 점을 발견하거나 이런저런 생각을 하기 시작한다. 생각이 빠른 아이는 일찍부터 제 주장을 펼친다. 그래서 예전에는 '미운 일곱 살'이었던 것이 '미운 다섯 살'로 빨라졌는가 하면 심지어 —차마 그대로 쓰지 못하고 톤을 낮추어서— '때려 주고 싶은 일곱 살'이라는 말도 등장했다. 꼬박꼬박 말대답하는 것은 예사이고 제가 필요한 것은 거침없이 해 달라고 요구하는가 하면 '친구 부모'와 비교해서 부모 속을 긁어 놓곤 하기 때문이다.

이러한 아이들이 자라서 학교에 가고 군대에 가고 사회에 나간다. 그러니 학교도 비상이고 군대도 비상이다. 옛날에는 선생님이 뭐라고 하면 아이들이 조용히 듣기라도 했지만 지금은 '왜 그러냐'라며 따지거나 심지어는 그 상황을 사진으로 찍어 경찰에 신고하기도 한다. 예전의 군대에서는 선임병 위주로 꽉 잡힌 위계질서에 따라 내무반 생활을 했다. 지금도 이것은 마찬가지이나 해야 할 일을 나누는 방식은 옛날과 달라졌다. 예전에는 선임병이 폭력을 써서라도 후임병에게 일을 강제로 맡겼지만 병사끼리 폭력을 쓸 수 없는 지금은 그것이 불가능해졌기 때문이다. 요즘은 군대에서 일의 경계가 애매할 때 그 일을 누가 맡을지 정하는 것이 어려운 탓에 합리적인 리더십이 요구되곤 한다.

사실 오래전부터 "어떻게 이끌 것인가?"라는 리더십 문제는 사회적으로 중요하게 여겨졌어야 했다. 하지만 우리 사회에서는 역사와 전통 그리고 실적과 능률을 앞세우는 옛날의 방식이 여전히 맹위를 떨치고 있다. 나도 신병훈련소에서 훈련을 마친 뒤 자대 배치를 받아서 갔던 부대의 위병소에서 알 수 없는 이유 때문에 군화로 조인트를 까였던 경험이 있다. 그렇게 겪은 '조(쪼)인트 까기'는 실제로 우리 사회의 뿌리 깊은 리더십의 상징이다. 실제로 상급자 혹은 의사결정권자는 일이 자신의 뜻대로 되지 않으면 신발 앞축으로 하급자 혹은 책임자의 정강이뼈를 강하게 차거나 손으로 뺨을 때리는 일이 비일비재했다. 나도 그렇게 조(쪼)인트 까이고 부대에 들어선 뒤 반공 포스터를 유치하게 그렸다는 이유로 중대장에게 불려가 뺨을 맞았다(대학원 석사를 마치고 갔던 군대라 중대장이 나보다 어렸다). 또 근무 중에 한 일이 장교의 성에 차지 않는다고 부대원 전체가 엎드려 뻗은 자세에서 그의 분이 풀릴 때까지 엉덩이를 두들겨 맞기도 했다. 이 모든 것이 '조(쪼)인트 리더십'의 예라고 할 수 있다.

다행히 이제는 조(쪼)인트 리더십이 효율과 실적보다는 폐단과 손실을 낳는 방식으로 여겨지고 있다. 의사결정권을 쥔 사람들은 여전히 지난날의 영광에 빠져서 조(쪼)인트에 발짓을 해 대지만 성과의 속도는 늦어지고 효율의 신호는 약해지고 있다. 그들은 아직도 머릿속으로 '조선놈은 몽둥이로 패야 말을 듣는다', '북어와 조센징은 두들겨 팰수록 좋다'라는 말을 충실히 따르고 있는 듯하다(몇몇 마초들은 '조선놈'과 '북어' 대신에 '여자'를 넣어 말하기도 한다).

지금은 수평적인 쌍방향 리더십이 대세이다. 그 대세가 서서히 곳곳에서 모습을 드러내기 시작했지만 아직은 사회 전체를 움직이는 확고한 틀로 자리 잡지 못하고 있다. 이런 상황에서 여전히 '북어론'을 예찬하는 낡은 사고의 유행가가 간혹 큰 소리를 내기도 한다. 이제는 서로의 권위를 인정하고 상대를 파트너로 존중하는 새로운 리더십을 찾아야 할 때이다.

영화 〈우리가 꿈꾸는 기적: 인빅터스〉(2009)에서 넬슨 만델라 대통령(모건 프리먼 분)은 남아프리카공화국의 럭비 대표팀을 자주 찾고 프랑소와 피나르(맷 데이먼 분)를 만나서 게임에서 승리해야 하는 이유를 역설했다.

대통령은 우승하지 못하면 사형에 처해진다는 극언을 결코 말하지 않았지만 럭비 대표팀은 혼신의 힘을 다해서 기적과도 같은 우승을 일구어냈다. 홍명보 감독은 2012년 런던 올림픽 남자축구에서 동메달을 따냈다. 그의 승리를 형님 리더십, 수평적 리더십의 결과라고들 한다. 그는 공적인 자리에서 선수들에게 존댓말을 사용하고, 실력이 검증된 선수라면 그가 일시적인 슬럼프를 겪더라도 변하지 않는 신뢰를 보여 주었다고 한다. 그는 못하는 선수를 호통치고 기합을 주거나 의자를 부숴 분위기를 살벌하게 만드는 등의 방법으로 선수들의 경기력을 끌어올리지 않았다.

나는 지금도 아이에게는 아버지 노릇이 어렵고 학생들에게는 선생 노릇하기가 쉽지 않다. 하지만 오히려 내게 편한 것보다는 불편한 것이 더 낫다고 생각하고 있다. 우리 주위에 권위(체면)를 세우느라 질타와 오만 그리고 불통에 의존하는 사람이 있지는 않은가? 아니, 우선은 나부터 그렇지 않은지 살펴보자.

질타, 불 같이 성내며 벼락 같이 고함치다

:

항우의 음오질타 嗒 噁 叱 咤

　　　　　　뉴스와 신문을 보면 간혹 대통령이 장관을 대상으로, 또는 회사의 최고경영자가 사장을 대상으로 회의에서 진노 震怒하여 질타를 했다는 소식을 접하곤 한다. 주로 국정과 회사가 사회적으로 물의를 빚어서 난맥상을 보일 때 이런 보도가 나온다. 이런 보도를 들을 때마다 몇 가지 의문이 머리를 스쳐 가곤 한다. '대통령과 최고경영자는 지금 문제시되는 사안에 대한 책임이 없는 것일까?' '문제가 생겼다면 관리 감독의 실수를 인정해야 하지 않을까?' 그리고 대통령과 최고경영자의 진노와 질타 뒤에는 장관과 사장들이 갑자기 어디에서 엄청난 힘을 받았는지 문제 해결에 열의를 보였다는 후속 보도를 들을 수 있다.

　　어떻게 보면 진노와 질타에 이은 부산한 대책은 국민들에게 카타르시스를 줄 수 있다. 사회적으로 워낙 커다란 반향을 일으킨 사건이라 어이없고 허탈한 시점에서 평소 뻣뻣하던 장관과 사장에게 대통령과 최고경영자가 호통을 쳤으니 대리만족을 느낄 만하다. 그리고 다음과 같이 생각할 수 있다. '우리 대통령(최고경영자)이 이런 문제를 몰랐을 리 없지. 이제

관심을 가졌으니 문제는 다 해결될 거야.'

그런데 이러한 질타 리더십이 과연 타당한지는 곰곰이 생각해 볼 필요가 있다. 한신이 유방 앞에서 항우를 평가하는 장면을 살펴보면 그 실마리가 잡힐 것 같다(『사기』「회음후열전淮陰侯列傳」). 젊은 시절 한신은 행실이 그다지 좋지 않아 변변한 일자리 하나 없이 근근이 생계를 이어 갔지만 옆구리에는 늘 큰 칼을 차고 다녔다. 진 제국이 무너지기 시작하자 초 지역의 항량과 항우가 군사를 일으켜 북진을 했다. 이때 한신은 항량과 항우군의 이동 경로에 있었던 터라 자연히(?) 초군을 따르게 되었다. 한신은 항우의 경호를 맡아서 기회가 되는 대로 여러 차례 계책을 올렸지만 받아들여지지 않았고, 이에 그는 초 진영을 떠나서 유방의 한 진영으로 들어가게 되었다.

한신은 유방을 만난 뒤에 항우의 사람 됨됨이를 다음처럼 평가했다. "항우가 분기가 솟구쳐 큰 소리로 꾸짖으면 천 사람이 모두 꼼짝도 못하지만 능력 있는 장수를 믿고 일을 맡기지 못하니 이는 보통 사람의 용기일 뿐입니다. 항우는 사람을 공경하고 따뜻하게 대하며 말씨도 살갑습니다. 주위 사람이 병에 걸리면 눈물을 흘리며 음식을 보내 줍니다. 함께하는 사람이 큰 공을 세워 작위를 분봉해야 할 때가 되면 인장의 모서리가 다 닳아 모양이 이상해지도록 만지작거리며 선뜻 주려고 하지 않았는데, 이는 아녀자의 사랑일 뿐입니다."(項王喑噁叱咤, 千人皆廢. 然不能任屬賢將, 此特匹夫之勇耳. 項王見人恭敬慈愛, 言語嘔嘔. 人有疾病, 涕泣分食飲. 至使人有功當封爵者, 印刓敝, 忍不能予, 此所謂婦人之仁也.) [『색은索隱』에 따르면 噁의 음은 '오'이지만 '아'로 읽는 경우도 있고, 글자를 '아啞'로 쓰는 경우도 있다. '타咤'가 '타吒'로 된 경우도 있다. 음오질타와 비슷한 말로는 질타풍운叱咤風雲이 있다.]

한신의 말을 100퍼센트 믿을 수 없다고 하더라도 우리는 그것을 통해서 항우가 받는 데는 익숙하고 주는 데는 인색한 질타 리더십의 소유자라는 것을 알 수 있다. 사마천은 한신의 입을 빌려서 항우가 유방과의 대결에서 왜 패배했는지를 독자에게 알려 주려는 듯하다.

　항우의 '음오질타'는 얼마나 유명한지 〈춘향가〉의 어사 출도 대목에서 다시 쓰였을 정도이다. "암행어사 출도요"라고 외치자 변사또가 있던 동헌이 쑥대밭이 되었다. "하날이 덤쑥 무너지고 땅이 툭 꺼지난 듯, 수백 명 구경꾼이 독담을 무너지닷이 물결같이 흩어지니 항우으 음아질타 이렇게 무섭든가? 쟁비으 호통 소리 이렇게 놀랍든가? 유월의 서리 바람, 뉘 아니 떨겠느냐?"(염경애 창 동영상 중에서)

　우리가 어사출도의 현장에 있었다면 그렇게 기고만장하던 변사또가 혼비백산해서 대청마루 밑에 숨는 장면을 보고 십 년 체증이 내려가듯 통쾌했을 것이다. 판소리를 들어도 그런 감정은 똑같이 느꼈으리라. 아마 우리는 이런 통쾌함을 대통령과 최고경영자의 질타 리더십에서도 느끼는 것이 아닐까? 하지만 힘으로 산을 뽑고 기세로 세상을 뒤덮는 역발산기개세力拔山氣蓋世를 자랑한 항우였음에도 질타 리더십은 성공을 보지 못했다. 왜 그랬을까?

　우선 음오질타의 네 글자를 보면 모두 입 구口가 있음을 알 수 있다. 이는 한 사람이 말을 다하고 다른 사람은 입도 벙긋하지도 못하게 하는 것을 상징적으로 나타낸 것이다. 즉, 대화로 문제를 토론해서 최선의 방안을 찾는 것이 아니라 혼자 떠들고 나머지는 침묵하는 가운데 일방적으로 개인적 분노를 쏟아내는 것을 의미한다. 또한 '음'과 '오'는 둘 다 말 못하는 벙어리의 뜻을 가지고 있다. 말하고픈 것이 있으나 말하지 못하는 사람의 심정을 헤아려 보라. 속에 쌓인 것을 드러내고자 하나 그럴 수 없는 심정을 말이다. 이는 평소 말을 않던 사람이 한꺼번에 모아 배설하듯이 퍼붓는 사태를 은유적으로 나타내는 것이다.

이러한 질타 리더십은 사태의 심각성을 인지하지 못한 당사자로 하여금 관심을 집중하게 할 수 있다. 질타를 받고서 움직이는 당사자는 자신에게 고함친 사람을 매 순간 의식하지 않을 수 없고, 또 해결의 속도에 신경을 쓸 수밖에 없다. 이렇게 되면 문제가 제대로 풀리기는커녕 엉뚱한 방향으로 흘러가기 쉽다. 또 질타는 책임의 공유가 아니라 책임의 집중에 초점을 두기에, 당사자는 사건 발생에 대한 정확한 인과 규명도 되지 않은 상태에서 모든 책임을 뒤집어쓰는 희생양이 되곤 한다.

과연 우리는 언제까지 "강하게 질타했다", "진노하셨다"라는 말을 뉴스에서 들어야 할까?

오만, 눈길에 호오의 감정을 싣다

:

완적의 청안백안青眼白眼

우리나라 사람들은 겸손함을 미덕으로 삼는다. 특히 평소 눈에 띄지 않던 사람이 갑작스레 유명해지거나 정치적으로 중책을 맡을 경우 자칫 유명세와 중책으로 인해 곤혹을 치르기 쉽다. 사람들이 그들을 두고 '이전에는 겸손했는데 중책을 맡다 보니 오만해졌다'는 식으로 평가하곤 하기 때문이다. 오랜 무명 시절을 보내다가 드라마와 영화를 통해 뜨게 된 배우도 늘 "팬들의 성원에 감사드린다"라고 하지 자신이 잘해서 좋은 결과를 얻었다고는 말하지 않는다. 그렇게 하는 순간 인터넷에는 "언제부터 잘 나갔느냐!", "뜨고 나더니 올챙이 시절을 모른다", "알고 보니 건방지네" 등등 온갖 악플이 난무한다. 정계와 재계도 마찬가지이다. 설혹 이너서클에서는 안하무인으로 잘난 척하는 사람이더라도 공적인 영역에서는 무한히 겸손한 사람으로 보이려고 노력한다. 이는 평등 지향적 사고라고 할 수 있다.

가수 타블로의 사건에서 알 수 있듯 우리는 때때로 타인이 정당한 노력으로 얻은 성취에 대해서까지 불편함을 느끼곤 한다. 왜 그러는 것일까?

과거 오랜 기간에 걸쳐 사회적 자원이 부족한 상황에서 서로 엇비슷하게 살다 보니 누군가 잘나간다는 것은 곧바로 다수에게 박탈감을 안겨 주었다. 알고 보면 그 사람이 특별할 게 없는데 왜 자신은 그렇게 되지 못하는지 납득하기 어려운 것이다. 물론 이것은 긍정적인 작용을 할 수도 있다. 자신도 잘나가는 친구처럼 되기 위해서 분발할 수 있기 때문이다.

그러나 잘나가는 친구가 어떤 부정한 방법을 사용한 것은 아닌지 의심하여 그의 불리한 과거를 들먹여 가며 주위에서 수군거리는 등 그로 인한 부작용도 만만치 않다. 우리는 다른 이들과의 차이를 인정하고 협력하기보다는 서로 헐뜯으면서 개인 플레이를 하는 경향을 보이곤 한다. 분위기가 이러하니 잘나가는 친구는 자신의 지위를 인정받기 위해 더욱 권위적으로 사람을 대하게 된다. 악순환이 되풀이되는 것이다. 이런 점 때문에 우리나라는 부당한 차이를 바로잡고 정당한 차이를 인정하는 바탕 위에서 서로 화학적 결합을 일구어낼 수 있는 새로운 리더십이 참으로 필요하다고 할 수 있다.

과거에 사상과 문학을 하는 사람들도 자신과 다른 사람을 서로 인정하기보다는 무시하거나 경시해 왔다. 위진시대 완적은 당시 사회에서 요구하던 예의범절과 담 쌓고 지내는 사람이었다. 일례로 어머니가 돌아가셨을 때, 그는 술을 퍼 마시며 울고불고 하다가 피를 토하기까지 했다. 그는 "예속을 따지는 사람을 만나면 흘겨보는 눈초리를 하곤 했다. 같은 죽림칠현으로 어울렸던 혜강의 형 혜희가 조문을 오자 적은 백안시했는데, 혜희가 불쾌해하며 돌아갔다. 혜강이 소식을 듣고서 술을 가지고 금을 허리에 낀 채 조문 오자 완적은 아주 기쁘게 반기며 청안시(정겨운 눈초리)를 했다. 이 일로 인해 예법을 따지는 선비들은 완적을 원수 보듯이 싫어했다."

(見禮俗之人, 以白眼對之. 及嵆喜來弔, 籍作白眼, 喜不懌而退. 喜弟康聞之, 乃賚酒挾琴造焉, 籍大悅, 乃見靑眼. 由是禮法之士疾之若仇. 『진서』 「완적전」)

알고 지내던 사람이 상을 당하면 우리는 열일 제쳐 놓고 조문을 간다. 정치적 차이나 학문적 차이보다 인간적 정리가 중요하고 우선하기 때문이다. 보통 이런 상황에서는 서로의 차이를 넘어서 사의를 표시하기 마련인데, 완적은 자신의 삶에 얼마나 집중했던지 조문을 주고받는 상황에서도 청백을 가리고 있다.

또 다른 이야기를 살펴보자. 조조의 아들이자 위나라 문제였던 조비曹丕의 「전론典論」에 보면 문인끼리 서로 인정하지 않는 풍토를 다룬 내용이 나온다. "문인끼리 서로 가볍게 여기는데, 이는 어제오늘의 일이 아니라 오래된 일이다. 후한의 부의와 반고는 실력이 서로 엇비슷해서 우열을 가리기 어려운데 반고는 부의를 대수롭지 않게 여겼다. …… 이는 각자 자신이 잘하는 것으로 상대의 조금이라도 모자라는 것을 업신여기기 때문이다. 속담에 '자신의 집에 다 떨어진 빗자루도 천금의 가치가 있다'고 하는 것과 비슷하다."(文人相輕, 自古而然. 傅毅之于班固, 伯仲之間耳, 而固小之. …… 是以各以所長, 相輕所短. 里話日: 家有弊帚, 享之千金.)

한 분야에서 뛰어난 실력으로 성취를 거둔 사람은 일종의 전문가라고 할 수 있다. 전문가에게는 자기 분야의 누가 무엇을 잘하고 무엇을 못 하는지를 가늠할 수 있는 식견이 있다. 이러한 식견을 공정하게 쓰면 지적 자극과 활력이 된다. 하지만 반고와 부의의 사이가 되면 서로 선의의 경쟁을 벌일 수도 있지만 질시와 반목의 관계가 될 가능성도 있다. 우리가 쓰는 어휘만 보더라도 중시重視처럼 서로 존중함을 뜻하는 말보다는 홀시忽視, 무시無視, 경시輕視, 독선獨善, 방약무인傍若無人, 안하무인眼下無人 등 서로 얕

봄을 표현하는 말이 훨씬 많다. 상대를 잘 인정하지 않으려는 우리의 성향을 보여 주는 것이리라.

하지만 오만이라 해서 모두 나쁜 것은 아니다. 농민 출신의 진승陳勝과 오광吳廣이 일으킨 반란은 진 제국이 무너지는 단초를 제공했다. 이들은 "왕과 제후, 장군과 재상이 되는 사람에게 별다른 씨가 있겠는가?"(王侯將相, 何有種乎? 『사기』 「진섭세가陳涉世家」)라는 자각을 통해 농민에서 정치 지도자로 탈바꿈했다. 이런 오만은 자신의 정체를 새롭게 자각하는 당당함의 선언이라고 할 수 있다. 당당함의 발견은 분명 긍정의 힘이다. 다만 이 힘이 유아독존으로 나아가게 될 수 있으니 경계하지 않을 수 없는 것이다.

불통, 내가 백성들의 입과 귀를 틀어막으리라

:

주나라 려왕의 오능미방吾能弭謗

공자는 『논어』에서 60세를 이순耳順이라 일컬으며, 사람이 나이가 들면 자신의 생각과 다른 말에도 부드러워진다고 말했다. 하지만 책과 달리 현실에서는 나이가 들면서 부드러워지는 사람도 있는 반면 고집이 더 세지는 사람도 많은 듯하다. 특히 사회적으로 성공했다는 사람들은 이견을 곧 도전으로 받아들여서 상대방을 서운하게 생각하거나 미워하기까지 한다. 이런 사람도 회의를 하면 "자자, 여러분. 어려워들 하지 말고 좋은 생각이 있으면 기탄없이 말해 주세요"라고 말한다. 눈치 없는 사람이야 멋모르고 말하겠지만 조직 생리에 잔뼈가 굵은 사람들은 "저희들이 무슨 생각이 있겠습니까? 사장님께서 한 말씀 해 주시면 그대로 따르겠습니다"라고 답한다.

우리의 가정, 학교, 사회는 수평적 대화, 격의 없는 대화에 아직 그리 익숙하지 않다. 이러다 보니 사건 사고가 터지면 매뉴얼이 있다고 해도 전부들 우왕좌왕한다. 보스의 지시가 없기 때문에 어떻게 할 수 없는 것이다. 물론 권리와 주인 의식이 강한 사람들이 늘어나면서 사회 곳곳에서 제 목소리를 내는 사람들 또한 늘어나고 있다.

역사를 살펴보면 주나라 려왕厲王은 다른 사람의 이견이나 자신에 대한 합리적인 비판에 경기를 일으킨 인물로 유명하다. 그는 하의 걸왕桀王, 은의 주왕紂王, 주의 유왕幽王과 함께 고대 중국의 4대 폭군으로 알려져 있다. 『국어』「주어周語」상을 보면 주나라 려왕의 일화가 잘 나타나 있다.

려왕이 폭정을 계속 하자 국인國人들의 반발과 불만이 쌓여 갔다. 소목공邵穆公이 더 이상 참지 못하고 려왕에게 폭정을 그만둘 것을 간언했지만 그는 아랑곳하지 않았다. 오히려 그는 위나라 출신의 신무神巫를 고용해서 자신을 비방하는 사람을 색출하여 보고하게 했다. 보고가 들어오면 려왕은 당사자를 가차 없이 죽여 버렸다. 사태가 묘하게 돌아가자 백성들은 더 이상 국정에 대해 왈가왈부하지 못하고 또 길가에서 사람을 만나도 말 대신 눈짓으로 의사를 전달했다(道路以目). 그제서야 려왕은 만족한 듯이 말했다. "내가 이렇게 비판을 완전하게 막을 수 있으니, 그들이 입을 함부로 놀리지 못할 것이다."(吾能弭謗矣, 乃不敢言.)

그러나 소백공은 그냥 물러날 사람이 아니었다. 그는 려왕의 대책과 결과가 바람직하지 않다며 다시 간언을 했다. "신무의 활용과 비판자의 처형은 백성들의 입을 틀어막는 것입니다. 백성들의 입을 막으면 강을 막는 것보다 더 큰 재앙이 생깁니다. 이는 막았던 강물이 터지면 많은 사람들이 다치는 것과 같습니다. 물을 다스리는 이는 물길을 터서 흘러가게 하고 사람을 다스리는 이는 사람이 속을 터놓고 말할 수 있게 해야 합니다. 백성들이 마음으로 생각하면 입으로 드러나서 여론을 형성하고 그것이 퍼지게 마련인데 어찌 막을 수 있겠습니까? 설령 입을 막는다고 하더라도 어찌 오래갈 수 있겠습니까?"

결론은 뻔하다. 려왕은 끝내 소목공의 충고를 듣지 않았다. 불통의 고집을 부린 것이다. 아니나 다를까 그는 미방(弭謗) 대책을 실시한 지 3년 만에 백성들의 저항으로 왕좌에서 물러나 머나먼 곳으로 추방되었다. 이 사건은 중국 고대의 성공한 최초의 혁명 또는 시민 불복종의 사례에 해당된다.

사람들은 사고방식과 일처리에 있어 자신만의 폐쇄회로를 하나씩 가지고 있다. 특히 대통령, 회장님, 자수성가한 CEO 등은 최고의사결정권자로서 누리는 막대한 권리와 혜택만큼이나 엄청난 부담과 책임을 지고 있다. 나름대로 성공했다는 자부심을 가지고 있는 그들은 세상과 사회 그리고 업계를 자기 식대로 이끌어 가겠다고 생각한다. 이런 생각이 강하면 강한 사람일수록 주위 사람들의 말을 잘 듣지 않을 뿐만 아니라 이견에 불편해한다. '내 식대로 하면 다 잘되게 되어 있는데 다들 왜 내 발목을 잡을까?'라고 생각하기 때문이다.

물론 그들의 판단에도 타당한 측면이 있다. 성공은 분명 그들의 폐쇄회로가 타당했기 때문에 거둔 결과일 것이다. 하지만 지금까지의 성공이 앞으로의 성공까지 보장하지는 않는다. 프로야구 감독의 경우를 생각해 봐도 잘 알 수 있다. 자신이 이끌던 팀을 우승의 왕좌에 올려놓은 감독이라 해서 그가 다른 팀에서도 반드시 우승의 트로피를 거머쥐는 것은 아니다. 이전 팀의 우승은 그 팀의 전체 역량이 긍정적으로 결집되어 일구어낸 성과이기 때문이다. 즉, 감독만 바꾼다고 해서 팀의 우승이 자동적으로 보장되지는 않는 것이다.

이렇게 보면 이견은 나를 귀찮게 하는 것이 아니라 내가 보지도 듣지도 생각하지도 못하는 것을 일깨우는 것이다. 가정이지만 려왕이 소목공의 말에 귀를 기울여 소통에 관심을 두었더라면 왕좌에서 쫓겨나 먼 곳으로 추방되지는 않았을 것이다. 불통의 인물들은 꼭 추방되고서야 후회하지만, 그때는 이미 늦은 것이다.

노래에 실린 인생, 인생을 실은 노래

  본래 권위는 그 자체에 힘이 있으므로 애써 사람들에게 호소하지 않는다. 새로운 스마트폰의 세계를 연 스티브 잡스는 자신이 일구어낸 업적으로 세간의 주목을 받았다. 홍명보는 국민적 관심을 받았음에도 불구하고 국제 대회에서 뚜렷한 성적을 내지 못하던 남자 축구팀을 올림픽에서 3위에 올렸기에 찬사를 받을 만하다. 이러한 권위는 자연스럽고 당당하고 편한 권위이다. 하지만 우리 주위에는 질타, 오만, 불통으로 겨우 버티는, 부자연스럽고 억지스러우며 불편한 권위가 있다. 누구나 노력해서 일구어낸 것으로 권위를 서로 인정하고 인정받는 그러한 편한 사회를 만들어 보자.

  이 부분을 쓰면서 김민기의 「아침 이슬」(1970)과 정태춘의 「북한강에서」(1985)를 떠올리고 들었다. 두 노래 모두 분위기상으로 명랑 쾌활하지 않고 처연하다. 어떨 때는 비감하기도 하다. 하지만 듣고 또 들으면 슬픔이 짙어지기보다 희망이 새록새록 솟아나는 느낌이 든다.

  「아침 이슬」의 노랫말은 실제로 시골의 논길과 밭길을 걸어 본 사람이 지었으리라. 이슬은 햇빛이 비치면 사라지지만, 사라지기 전 그 짧은 순간의 이슬은 참으로 영롱하다. 그렇게 영롱한 이슬이 알알이 맺힌 설움으로 바뀐다. 그 설움이 이슬처럼 햇빛을 받아 눈 녹듯이 사라지는 그런 날이 지금쯤 우리 곁에 와 있을까? "긴 밤 지새우고 / 풀잎마다 맺힌 / 진주보다 더 고운 / 아침 이슬처럼 / 내 맘에 설움이 / 알알이 맺힐 때 / 아침 동산에 올라 / 작은 미소를 배운다 / 태양은 묘지 위에 / 붉게 떠오르고 / 한낮에 찌는 더위는 / 나의 시련일지라 / 나 이제 가노라 / 저 거친 광야에 / 서러움 모두 버리고 /

나 이제 가노라"

새벽에 길을 나서다 보면 자기가 낸 소리에 자기가 놀랄 때가 있다. 주위가 하도 조용하니 조그만 소리도 크게 들려서 그렇다. 「북한강에서」에서 말하는 신선한 새벽은 「아침 이슬」에서 알알이 맺힌 설움이 사라진 상태와 비슷할 것이다. 누구에 의해 짓밟히지도 않고 더럽혀지지도 않은 시간과 공간은 지친 영혼에게 많은 용기를 건넬 수 있다. "아주 우울한 나날들이 우리 곁에 오래 머물 때 / 우리 이젠 새벽 강을 보러 떠나요 / 강으로 되돌아가듯 거슬러 올라가면 / 거기 처음처럼 신선한 새벽이 있소 / 흘러가도 또 오는 시간과 / 언제나 새로운 그 강물에 발을 담그면 / 강가에는 안개가 안개가 천천히 걷힐 거요"

2부

유혹誘惑,
혹해도 좋지 아니한가

1장

초발심, 마흔에 가져야 할 첫 번째 마음

• 　　　　초발심은 우리로 하여금 뭔가를 시작하게 하는 힘이다. 달리 말해 시작의 시작이라고 할 수 있다. 다른 사람은 '내'가 행동으로 보여 주는 시작을 보겠지만 '나'는 그렇게 시작하기로 마음먹었던 이전의 결심을 알고 있다. 또 초발심은 우리가 시작했던 일에 뭔가 문제가 생겨서 주저앉더라도 새롭게 시작하도록 만드는 힘이기도 하다.

　연예인, 운동선수, 사업가, 정치인 등의 공통점이 무엇일까? 좀 싱겁지만 답은 모두 언론에 자주 얼굴을 비추는 사람들이라는 것이다. 이들은 주로 두 가지 목적으로 언론에 등장한다. 하나는 잘나갈 때 자신이 열심히 활동하는 모습을 자신 있게 보여 주고자 하는 것이고, 다른 하나는 문제가 생겼을 때 지난날의 과오를 반성하고 새로운 출발을 다짐하는 것을 보여 주고자 하는 것이다.

　이들은 주로 두 번째 경우에서 '초심初心', '초발심初發心'이라는 말을 즐겨 쓴다. 문제가 생긴 것도 초심$^{original\ resolution}$ 또는 초발심을 잃어버린 데서 비롯된 것이고, 새로운 출발은 잃어버렸던 초심 또는 초발심으로 돌아가는 데서 시작된다. 하긴 유명인들만이 아니라 보통 사람들도 하던 일이 이전처럼 뜻대로 풀리지 않으면 초심으로 돌아가 원점에서 다시 출발하곤 한다.

　초발심은 천태종과 화엄종에서 중시한다. 『화엄경』은 「범행품梵行品」과 「초발심공덕품」에서 초발심을 강조한다. 그중 「범행품」 말미에 나오는 표현, 즉 '초발심시변성정각初發心時便成正覺'(처음 마음을 일으킬 때가 곧 올바른 깨달음이다)가 널리 알려져 있다. 이 구절은 화엄종의 성불成佛, 즉 부처 되기와 관련 있는데, 이에 대한 논의는 매우 전문적이고 복잡하다. 다만 이는 화엄종의 큰 스승 법장(643~712)의 신만성불信滿成佛, 즉 '믿음이 가득 차면 곧 부처가 된다'는 성불론과 관련이 있다는 것 정도만 알아두자.

어떻게 부처(깨달은 자)가 될 수 있을까? 보통 사람은 유교에서 말하는 성인聖人과 마찬가지로 부처가 되려면 재능이 뛰어나고 학식도 풍부하며 계율도 엄격하게 지켜야 가능하다고 생각한다.

하지만 '초발심시변성정각'이란 선언은 그런 자격과 절차를 모두 뛰어넘는 것이기에 엄청난 파격이다. 어떻게 이러한 파격이 가능할까? 그것은 바로 초발심의 상태에 있기 때문이다. 오랫동안 마음을 정하지 못해서 빈둥거리던 사람도 뭔가를 결심하고 행하려 할 때면 사람이 싹 바뀐다. 흐리멍덩하던 눈에서는 빛이 나고, 느려 터졌던 몸은 빠릿빠릿하게 움직이고, 마지못해 건성으로 하던 대답은 우렁차고, 말하기 귀찮아하던 미래는 영롱한 무지개를 품고 있다. 사람이 이렇게 쉽게 변할 수 있을까, 아니면 잠깐 변하는 척하는 것일까? 그렇지 않다. 그이는 오로지 순수하게 하나만을 생각하며 완전히 새롭게 자신을 일으켜 세운 것이다. 이때 자신을 자신과 다른 사람 앞에 불러 세운 힘이 바로 초발심이다. 초발심은 그렇게 부끄러움을 많이 타던 사람으로 하여금 거리에 나가 당당하게 음식을 팔게 하고, 자신을 무시하는 사람에게도 웃음을 던지게 만든다. 이것은 우리가 완전히 자신을 믿고 새롭게 깨달았기에 가능한 일이다. 이것이라면 부처가 되기에 어찌 부족하다고 하겠는가?

춘추시대의 초나라 장왕莊王은 왕이 된 뒤 3년 동안 "마셔라, 부어라, 노래 불러라, 춤춰라!" 하며 지냈고, 신하들의 간언에도 꿈쩍하지 않았다. 아니, 간언하면 목을 벤다고 선언했다. 이런 상황에서도 나라를 걱정하는 사람들은 목숨을 걸고 그에게 간언했다. 이와 관련하여 재미있는 새 이야기가 있다. 이 새는 "삼 년 동안 날지 않지만 날면 하늘로 솟구칠 것이고,

삼 년 동안 울지 않지만 울면 세상 사람을 모두 놀라게 할 것이다."(此鳥不飛則已, 一飛沖天. 不鳴則已, 一鳴警人. 『사기』 「골계열전」. 『한비자』 「유노喩老」에도 같은 이야기가 다르게 표현되어 있다.) 3년의 뜸을 들인 장왕이 변신을 시도했을 때의 초발심은 그가 그 뒤에 시도 했던 개혁에 엄청난 힘이 되었다. 그는 이 힘을 바탕으로 춘추시대 오패 중의 한 사람이 되었던 것이다.

불교와 관련된 텍스트 중에는 사람이 발심해서 성불에 이른다는 『초발심자경문初發心自警文』이란 것이 있다. 이는 유교의 『소학』과 비슷하다. 김굉필은 학자들이 사서과 오경 그리고 성리학 서적 등 어려운 것을 읽지만 자신은 『소학』만으로 충분하다며 스스로 '소학동자'라고 자처했다. 이것에서 알 수 있듯, 중요한 것은 어려운가 쉬운가가 아니다. 무엇이든 철저하게 알고 철저하게 실천하는 것이 바로 깨달음의 길이자 경지이기 때문이다.

설경구(영호 역)가 주연했던 영화 〈박하사탕〉(1999)은 마지막 장면의 "나 다시 돌아갈래!"라는 대사로 유명하다. 박하사탕을 입에 넣으면 텁텁한 입안이 갑자기 맑아지는 느낌이 든다. 영호에게도 박하사탕과 같은 순임(문소리 분)을 사랑했던 순수한 시절이 있었지만 지금의 그는 더 이상 나빠질 수 없는 상황에 이르렀다. 영호는 살아가면서 자신을 더 이상 고칠 수 없다는 것을 깨달았고, 결국 처음부터 다시 시작하는 길을 선택하게 된다.

좀 가볍게 생각해 보자. 게임을 하다가 점수가 뜻대로 나오지 않으면 더 이상 게임을 진행하지 않고 리셋reset 키를 눌러서 리플레이replay를 하지 않는가? 다시 돌아가려는 영호와 리셋 키를 누르는 우리 모두 초발심을 다시 느끼고 싶어 하는 것이 아닐까? 의지, 매조지(매듭), 차분함을 통해서 초발심(설렘)을 다시 느껴보자.

의지, 뜻은 진실하게 마음은 바르게

‥

『대학』의 성의정심誠意正心

‘작심삼일’이란 말은 왜 있을까? 그만큼 처음 마음먹은 대로 하기가 쉽지 않기 때문이다. 연말연시에는 담배 판매량이 줄어들다가 어느 시점부터 이전 수준으로 회복된다고 한다. 많은 이들이 연초에 금연을 결심하지만 시간이 지나면 그 결심이 흐지부지되기 때문이다. 한편으로는 ‘모든 사람이 마음먹은 대로 모든 것을 실현한다면 근심 걱정이 없어져 재미없는 사회가 되지 않을까’라는 괜한 생각을 해 본다.

사람은 끊임없이 무엇을 하고 싶은 욕망을 드러내고 그 욕망을 위해 결심을 한다. 우리들의 욕망에도 종류가 아주 많아서 일의적으로 말할 수는 없다. 무협지 속의 복수는 그 인물로 하여금 그것만을 위해 평생을 살게 하는 강렬하고 지속적인 욕망이다. 금연과 다이어트는 건강과 미용을 위해서 누구나 한 번씩 갖는 욕망이지만 담배와 음식의 유혹에 넘어가고픈 욕망도 너무 강하다. 친구를 따라서 하게 되는 취미는 그 당시 바로 시작하지 않으면 큰일이라도 날 것 같지만, 관심이 식으면 언제 그랬냐는 듯이 차갑게 식어 버리기도 하는 욕망이다.

이처럼 욕망한다고 해서 모두 충족될 수 있는 것은 아니다. 처음 먹은 마음이 아무리 중요하고 강하다 해도 환경과 다른 욕망이 생겨나면 주저 앉기 십상이기 때문이다. 이때 욕망이 식지 않고 지속되려면 새로운 응원 군이 필요하다. 새로운 원군은 욕망에 대해 점점 약해지는 의지의 힘을 줄어들지 않게 할 수 있다. 자동차를 계속 굴러가게 하려면 휘발유가 떨 어지기 전에 다시 주유를 해야 하는 것과 같은 이치다.

이렇게 보면 최초의 결심(욕망, 바람 등)도 중요하지만 그것이 도중에 꺼 지지 않도록 계속 불을 지피려는 의지도 중요하다. 욕망과 의지가 결합되 어야만 처음의 결심이 마침내 빛을 발할 수 있기 때문이다.

이와 관련해서 우리는 『대학』과 이이의 『성학집요聖學輯要』를 들여다볼 만하다. 『대학』의 앞부분에는 의지와 관련해서 성의정심誠意正心이 나온다. "옛날에 밝음의 덕으로 온 세상을 밝히려면 먼저 제 나라를 다스려야 한 다. 제 나라를 다스리려면 먼저 제 집안을 가지런히 해야 한다. 제 집안 을 가지런히 하려면 먼저 제 몸을 닦아야 한다. 제 몸을 닦으려면 먼저 제 마음을 올바르게 해야 한다. 제 마음을 올바르게 하려면 먼저 제 뜻을 진실하게 해야 한다. 제 뜻을 진실하게 하려면 먼저 제 앎을 온전하게 해 야 한다. 제 앎을 온전하게 하려면 사태(사물)를 틀(전통)로 바라보는 데 달 려 있다."(古之欲明明德於天下者, 先治其國. 欲治其國者, 先齊其家. 欲齊其家者, 先 修其身. 欲修其身者, 先正其心. 欲正其心者, 先誠其意. 欲誠其意者, 先致其知. 致知 在格物.)

『대학』에서는 천하에서 몸까지, 몸에서 다시 뜻까지, 그리고 뜻에서 사 태까지 연쇄적인 관계를 쭉 풀어 가고 있다. 그중에서 주목할 만한 것은 성의와 정심이다. 뜻이 진실하지 않으면 우리는 자신이 무엇을 하고 있는

지도 잘 모른다. 만약 뜻이 불합리하고 부조리한 데 있다면 그 뜻은 처음부터 끝까지 진행될 수 없는 한계를 가진다. 강도는 완전 범죄를 꿈꿀 수 있지만 그것은 본인의 바람일 뿐이고 외부의 개입으로 중단될 수밖에 없다. 또 마음이 비딱하고 엇나간 사람은 자신이 뭔가를 하면서도 떳떳하지 못하고 다른 사람에게도 그렇게 할 것을 요구할 수 없다. 이렇게 보면 진실한 뜻과 올바른 마음은 자신이 하고자 하는 것을 끝까지 할 수 있게 하는 데 있어 가장 밑바탕이 되는 것이라고 할 수 있다.

　이이도 『대학』의 틀을 수용해서 『성학집요』 제1권에 '수기修己'를 다루며 제일 먼저 '입지立志'의 의의를 강조하고 있다. "제가 생각하건대 배움에는 뜻을 세우는 것보다 앞서는 것이 없습니다. 뜻이 바로서지 않고서는 공부를 이룰 수 없습니다. 그러므로 수기 조목의 제일 앞에 뜻을 세우는 항목을 두었습니다."(臣按, 學莫先於立志. 未有志不立, 而能成功者. 故修己條目, 以立志爲先.) 하고 싶은 것을 이루려면 목표의식을 강하게 세우는 것이 좋다. 공부를 한다면 왜 공부를 하고 싶은지 스스로 그 이유를 납득할 수 있어야 한다. 학창시절을 돌이켜 생각해 보면 공부에 뜻이 없다가도 잘생긴 남자 친구나 예쁜 여자 친구의 마음에 들기 위해 공부하기 시작하는 친구들이 있었다. 이렇듯 자신이 무엇을, 왜 하려고 하는지 그 동기와 목표가 분명해야 처음의 결심을 끝까지 잘 이끌어 갈 수 있는 것이다.

　여기서 잠깐, '뜻'으로 풀이되는 의意와 지志의 차이를 알아보자. 지금은 둘이 합쳐져서 '의지'라는 한 단어로 쓰이므로 의미의 차이가 없다. 하지만 예전에 '의'는 거짓과 진실의 맥락에서, '지'는 세우느냐 아니냐는 맥락에서 쓰였다. 즉, '의'는 남이나 유행을 쫓아 우르르 따라 하는 것인지 아니면 내가 참으로 하고 싶은 것인지, 또는 어쩌다가 한 번쯤 폼으로 하고 싶은 것인지 아니면 목숨을 걸고서라도 하지 않으면 안 되는 것인지와 관련된다. '지'는 자신이 스스로 하려 하는 것인지 남이 시키니 마지못해서 움직이는 것인지와 연관이 있다. 그중에서 진실하고 모든 것을 거는 의와 스스로 하려는 지가 결합된다면 우리가 못할 일은 없을 것이다. 금연하라는 딸의 잔소리에 아빠는 처음 얼마간은 담배를 끊을 수 있지만, 딸이 없는 곳에서는 다시 피우게 된다. 이 금연은 진실한 의와 자발적 지의 결합이 아니기 때문이다. 이렇게 보면 나쁜 환경에도 뜻을 굽히지 않고 힘든 상황에서도 뜻을 포기하지 않으며 처음의 결심을 끝까지 일구어내는 사람을 '의지의 한국인'이라고 표현하는 이유를 100퍼센트 이해할 수 있을 것이다.

매조지(매듭), 처음과 끝이 똑같듯이

:

순자의 종시여일終始如一

입시 면접을 하다 보면 면접장 문을 들어서거나 들어와서 쭈뼛거리고, 묻는 말도 알아듣지 못해 되묻는 학생들이 많다. 그 학생들도 집이나 편한 장소에서는 성큼성큼 걷고 큰 소리로 떠들 텐데, 왜 장소가 바뀌면 행동 방식이 달라지는 걸까? 아마도 면접에서 좋은 점수를 받고 싶은데 자칫 실수하거나 잘못 대답할까 싶어 그럴 것이다. 이렇게 처음 접하거나 중요한 일을 앞두면 우리는 긴장하여 신중하게 행동한다.

면접만이 아니다. 초등학교에 입학하기 위해 처음으로 학교에 가는 날, 중고등학교에 진학해서 처음 치르는 시험, 대학 입시 준비를 위해 처음 치르는 모의고사, 영어 성적을 얻기 위해 처음 치르는 시험 등은 모두 우리를 초긴장 상태로 몰고 간다. 시험이든 발표든 한 번이 두 번이 되고, 두 번이 세 번이 되고 나면 그제야 그것에 조금씩 둔감해진다. 옆에서 누가 준비하라고 성화를 해도 "뭘 그렇게 서두르냐?"라며 시큰둥해한다. 그러면서 자신이 만나는 좋지 않은 결과는 "다 재수가 없어서 그렇게 된 것"이라고 둘러댄다.

실패하기 위해서 뭔가를 하는 사람은 없다. 자신이 가진 능력을 100퍼센트 발휘해도 될까 말까 한데 실패할 걱정에 주눅 들어 움츠린다면 일이 잘될 리 없다. 또한 처음의 떨리는 긴장과 신중함으로도 최선의 결과를 얻기 어려운데 자꾸 데면데면하고 건성으로 한다면 그 일 역시 잘될 수 없을 것이다. 그렇기에 이쯤에서 더 늘어지고 변명을 하는 자신을 다그치고 돌아볼 필요가 있다. 우리가 처음으로 가졌던 생각을 다시 떠올려 보자.

『시경』의 「소아·하늘[小旻]」이란 시에서는 '일을 잘하려면 조심하는 것을 넘어서 아예 두려워하고 벌벌 떨듯이 하라'고 주문한다. "아무리 용감해도 맨손으로 호랑이 못 잡고 맨몸으로 걸어서 넓은 황하를 건너지 못하느니라. 사람은 눈앞의 한 가지 일만 알지 오래지 않아 닥쳐올 다른 일을 모르네. 세상은 두렵고 벌벌 떨 만한 것, 마치 깊은 연못을 건너듯 얇은 얼음을 밟는 듯."(不敢暴虎, 不敢馮河. 人知其一, 莫知其他. 戰戰兢兢, 如臨深淵, 如履薄冰.)

수심이 100미터나 1000미터쯤 되는 깊은 연못을 건널 때면 아무리 튼튼한 배를 타고 있다 하더라도 지레 겁을 먹게 된다. 혹여 빠지더라도 수심이 얕다면 헤엄쳐 나올 수 있지만 아주 깊으면 생명을 잃을 수 있기 때문이다. 또한 겨울에 얼음을 밟아 본 사람은 알겠지만, 얼음이 우리 몸의 무게를 충분히 견딜 수 있다면 그 위에서 쿵쿵 뛰어도 괜찮다. 하지만 살얼음은 밟는 순간부터 "찌이익!" 하며 갈라지는 소리가 나기 때문에 사람을 긴장시킨다. 깊은 연못과 살얼음 앞에서 우리는 자신의 전부를 내걸고 움직이지 건들건들 아무렇게나 움직이지 않는다. 하지만 시간이 갈수록 자세가 흐트러진다면 실패할 가능성이 커진다. 처음에는 100퍼센트 정신으로 임했어도 차츰 시간이 지나면 50퍼센트 정도의 정신으로 일을 하려고 하기에 그 일에서의 성공이 우리를 피해 가는 것이다.

'박빙의 승부'라는 말이 있다. 이 말도 위 예문의 여리박빙如履薄氷에서 나온 말이다. 프로야구 한국 시리즈의 경우처럼 박빙의 승부에서는 자그 마한 실수로 승패가 결정된다. 어제 진 팀이 오늘은 다시 처음 그대로의 100퍼센트 정신으로 경기해서 이기곤 한다. 『순자』 「의병議兵」은 특히 전 쟁은 일국의 운명을 좌우하니 그것을 얕잡아보지 말고 게으름 피우지 말 며, 제 욕심대로만 풀어 가면 그르치게 되니 주의해야 한다는 점을 일깨 워 주고 있다.

"심사숙고는 반드시 일에 앞서 하고 거듭 조심하며 끝까지 신중하기를 처음처럼 하여 끝과 처음이 한결같아야 한다. 이를 대길이라 한다. 모든 일의 성공은 반드시 조심하는 데 있고 실패는 반드시 만만하게 여기는 데 있다. 그러므로 조심함이 게으름을 이기면 길하고 게으름이 조심함을 이 기면 망치게 된다. 계획이 욕망을 이기면 순조롭고 욕망이 계획을 이기면 흉하게 된다."(慮必先事, 而申之以敬, 愼終如始, 終始如一, 夫是之謂大吉. 凡百事 之成也必在敬之, 其敗也必在慢之. 故敬勝怠則吉, 怠勝敬則滅. 計勝欲則從, 欲勝計 則凶.)

전쟁에는 반드시 시나리오가 있다. 수많은 사람의 생명과 직결되는 일 인데 아무런 준비 없이 감과 운수에 맡길 수는 없기 때문이다. 계획은 상 대가 내 작전대로 움직일 수밖에 없도록 만드는 것이고, 대책은 상대가 내 생각대로 움직이지 않을 때 내가 대응하는 방법이다. 계획과 대책을 세우면 전쟁을 시작하기 전에 그것이 벌어지는 양상을 미리 그려 볼 수 있다. 마치 적벽대전에서 제갈량이 조조군의 움직임을 손바닥에 올려놓 고 바라보았던 것과 같다. 축구 경기에서 유능한 수비수가 상대의 움직임을 미리 포착해서 자리를 선점하는 것 역시 이와 비슷하다.

여기서 순자는 다시 처음과 끝이 한결같도록 긴장의 끈을 놓지 않고 자신을 다잡을 것을 요구한다. 「하늘」 시와 마찬가지로 "이 정도쯤이면 괜찮지 않을까?"라며 자신을 과신하거나 "상대는 이 정도쯤 되지 않을까?"라고 얕잡아본다면 시작하기도 전에 이미 일을 그르치고 있는 것과 다름없음을 이야기하는 것이다. "처음처럼", "한결같이", "처음과 끝이 똑같이"라는 말은 잘나가다가도 처음 100퍼센트 정신을 잃어서 패배의 쓴잔을 마신 사람이 수도 없이 많다는 것을 반증하는 것이리라.

차분함, 늘 갖는 마음이 곧 도다

:

임제 의현의 평상심시도平常心是道

● 　　　한국 양궁은 올림픽에서의 효자 종목이다. 한국 양궁 선수들의 기량은 개인전과 단체전에 걸린 네 개의 금메달을 모두 딸 정도로 타의 추종을 불허한다. 오죽했으면 국제 대회보다 국내 대회가 더 어렵다는 말이 나올까? 그들의 훈련 내용을 속속들이 다 알 수는 없다. 간혹 들려오는 말에 따르면 시장, 공동묘지, 운동경기장에서도 훈련을 실시한다고 한다. 날씨가 맑든 궂든, 관중이 환호를 하든 야유를 하든 선수들은 어떠한 상황에서도 평정심을 잃지 않아야 하므로 이러한 연습을 하는 것이다.

보통 사람들도 준비를 많이 했고 실력도 좋은데 정작 실제 상황에서 제 기량을 절반도 발휘하지 못해 일을 망치는 경험들을 한다. 고등학교에서 대학교로 진학하려면 수능시험을 잘 치러야 한다. 단 한 번의 시험에 인생이 좌지우지되는 것이다. 실제 시험날에 떨려서 실수를 할까 봐 평소에 모의고사도 치른다. 군인들은 평소에 강도 높은 훈련을 하는데, 이 역시 실제 상황에서 당황하지 않고 제대로 잘 대응하기 위함이다. 프로야구 선수들이라면 당연히 뜬 공을 쉽게 잡아내고 땅볼도 잘 잡아서 제대로 처리할 수 있다. 그럼에도 이들은 끊임없이 훈련을 한다. 볼을 잘 받지 못해서가 아니라 어떠한 상황에서도 실수하지 않기 위해서이다. "연습은 실전처럼 실전은 연습처럼"이라고들 말하지 않는가!

막 연애를 시작한 사람이 기념일을 맞이해서 뭔가를 하려고 한다. 특별한 날이니 특별한 뭔가를 해야 한다고 생각한 것이다. 그런데 평소 데이트할 때는 잔에 물을 잘 따랐음에도 그날따라 물을 테이블에 흘리는가 하면, 그것에 더 당황해서 물을 옷에 쏟기도 한다. 평소대로 편하게 하면 문제가 생기지 않는데 평소와 달리 특별하게 하려다 보니 사단이 생기는 것이다.

삶도 운동경기와 마찬가지여서, 특별한 것을 찾아 무리할 때보다는 평소 하던 대로 할 때 그 안에서 재미와 행복을 느끼는 경우가 많다. 기념일에 한껏 기분이 부풀어서 외식하러 갔다가 일이 뜻대로 되지 않아 "그냥 집에서 밥 먹으며 오붓하게 이런저런 이야기나 했으면 더 좋았을걸" 하며 후회했던 경험이 한 번쯤 있을 것이다.

선불교의 임제 의현은 당나라 선승으로 임제종을 창시했다. 그는 사람이 특별히 뭔가를 잘하려고 의식하거나 애쓰지 않고 늘 하던 대로 하는 평상의 가치를 아주 높이 쳤다. 그는 부처를 만나면 부처를 죽이라는 '봉불살불逢佛殺佛'과 조사를 만나면 조사를 죽이라는 '봉조살조逢祖殺祖'를 설파할 정도로 깨달음에 있어 기성의 권위를 철저하게 부정한 것으로 널리 알려져 있다.

잠깐 『임제록』에 나오는 그의 말을 들어 보자. "불법은 이루려고 공을 들일 게 없다. 다만 평상(늘 하는 방식)대로 하면 아무 일이 없다. 똥을 누고 오줌을 싸며 옷을 입고 밥을 먹으며 힘들면 누워서 쉰다. 어리석은 이는 그런 나를 비웃지만 지혜 있는 이는 잘 이해한다. 옛사람들이 말했다. '무가치한 밖(외부)을 찾아나서 공부하는 것은 모두 멍청하고 바보 같은 놈이다.' 여러분이 어느 곳에 있든 그때마다 주인이 되면 자신이 서 있는 곳이 모두 진실한 곳이다."(佛法無用功處, 祇是平常無事. 屙屎送尿, 著衣喫飯, 困來卽臥. 愚人笑我, 智乃知焉. 古人云: 向外作工夫, 總是癡頑漢. 你且隨處作主, 立處皆眞.)

똥 싸고 오줌 누며 옷 입고 밥 먹는 것은 누구나 늘 하는 일이므로 특별할 것이 하나도 없다. 사실 따지고 보면 이 네 가지를 탈 없이 잘하는 것이 건강을 유지하는 길이고 행복해지는 방법이다. 이 이외의 외적 가치, 예컨대 성공과 출세를 좇아서 집에서 편히 잠자지 못하고 길에서 바삐 패스트푸드를 우걱우걱 씹어 먹고 똥오줌 참아 가며 약속 장소로 달려간다면 이는 건강을 해치고 행복과는 거리가 먼 길이다.

임제 의현은 이런 평상의 가치를 극대화해서 옛날 사람의 말을 빌려 '평상심시도平常心是道'로 표현했다. 즉, "사람이 도를 닦으면 오히려 도가 실행되지 않고, 온갖 나쁜 경계가 앞 다투어 일어난다. 별달리 꾸미지 않고 늘 하던 대로 하는 마음이 곧 도이다."(若人修道, 道不行, 萬般邪境, 競頭生. …… 古人云平常心是道.) 도는 이론과 권위를 앞세워 스스로 옳다는 것을 뽐내는 것도 아니고 저 멀리 하늘에서 반짝반짝 빛나는 것도 아니며 마음속 깊은 곳에 옹골차게 들어 있는 것 또한 아니다. 그것은 나와 너 그리고 우리 모두가 사람으로서 늘 해 왔던 일상의 움직임 바로 그 자체인 것이다.

우리는 행복을 특별한 그 무엇으로 생각하는 경향이 있다. 물론 놀이동산에 가고 맛있는 식당을 찾아가고 해외로 여행 다니는 것도 행복일 수 있다. 하지만 일찍 집에 돌아와 식구끼리 밥 먹고 그날 있었던 일을 이야기하며 서로 위로하고 격려하면서 웃음꽃을 피운다면 그보다 더한 행복이 어디에 있겠는가? 늘 하던 것을 하지 못하니 이제는 그것이 특별한 것이 되어 버렸지만, 이렇게 특별해진 것을 다시 하기 시작하면 늘 하는 것이 된다. 그리고 그렇게 하는 것이 바로 도인 것이다.

주로 밖에서 밥을 사 먹는 사람은 늘 "집 밥이 최고야!"라고 말하고, 외근이 잦은 사람도 집에 돌아와 옷을 벗고서는 "세상 어디에도 집보다 편한 데는 없어!"라고 한다. 이제 잊고 있던 평상의 소중한 가치를 돌아봐야 할 때이다.

노래에 실린 인생, 인생을 실은 노래

　초발심은 야구공과 닮았다. 야구 경기를 보다 보면 선수들이 땅볼을 가랑이 사이로 놓치거나 토스한 볼을 잡지 못하는 경우가 있다. 너무 쉽게 생각한 것이다. 실수는 이처럼 아차 하는 순간에 발생한다. 이는 실력이 모자라서가 아니라 기본을 지키지 않기 때문에 생기는 일이다.

　초발심은 처음에 먹은 마음을 뜻하지만 결코 처음이 지나면 없어져도 좋은 것이 아니다. 그렇기에 우리는 초발심을 늘 유지하면서 그것이 자신을 잘 이끌어 가게 해야 한다. 하지만 바빠 살다 보면 뭔가를 하면서도 자신이 왜 그것을 하는지 모르는 시간을 살게 된다. 심하게 말하면 기계처럼 산다고 할 수 있다. 이때가 바로 우리 자신을 돌아볼 시점이다. 그리고 불혹은 초발심을 챙겨 볼 절호의 시간이다.

　나도 몸이 지치고 마음이 헝클어지면 의지, 매조지(매듭), 차분함을 다시 들여다보고, 처음 시작했을 때 초발심이 준 설렘을 떠올리며 스스로를 다잡곤 한다. 살다 보면 놓치기 쉬운 것이 많은데 초발심도 그중 하나이다.

　이 부분을 쓰면서 나는 김광석의 「서른 즈음에」(1994)와 안치환의 「마흔 즈음」(2010)을 떠올렸다. 「서른 즈음에」를 보면 채운다는 말과 떠나간다는 말이 묘하게 대비되면서 '내가 지금 뭘 하고 있지' 라는 생각을 하지 않을 수가 없다. "또 하루 멀어져 간다 / 내뿜은 담배 연기처럼 / 작기만 한 내 가슴 속에 / 무얼 채워 살고 있는지 / 점점 더 멀어져 간다 / 머물러 있는 청춘인 줄 알았는데 / 비어 가는 내 가슴 속엔 / 더 아무것도 찾을 수 없네 / 계절은 다시 돌아오지만 / 떠나간 내 사랑은 어디에 / 내가 떠나보낸 것도 아닌데

/ 내가 떠나온 것도 아닌데"

「마흔 즈음」은 뜻대로 되지 않는 불혹의 몸과 마음을 잘 드러낸다. 머리와 목이 따로 논다. 그뿐만 아니다. 머리와 가슴 그리고 손발과 가슴도 따로 논다. "한 몸인 줄 알았더니 아니다 / 머리를 받친 목이 따로 놀고 / 어디선가 삐그덕 삐그덕 / 나라고 믿던 내가 아니다 / 딱 맞아떨어지지가 않는다 / 언제인지 모르게 삐긋하더니 / 머리가 가슴을 따라주지 못하고 / 저도 몰래 손발도 가슴을 배신한다 / 확고부동한 깃대보다 / 흔들리는 깃발이 더 살갑고 / 미래조의 웅변보다 / 어눌한 말이 더 나를 흔드네"

2장

무릇 군자란 용기 있는 자

●   "용기 있는 자만이 미인을 얻는다." 용기와 관련해서 가장 널리 쓰이는 말이다. 아마 좋아하는 사람이 있어도 좋아한다는 말을 잘 못하기 때문에 이런 말이 나왔으리라. 우리 주위에도 의외로 소심한 사람들이 많다. 겉으로 보면 활달하고 사교성이 많을 것 같은 사람도 정작 자신이 하고자 하는 것과 관련해서는 벙어리 냉가슴 앓듯 끙끙거린다. 혹자는 자신은 나서지 못하고 친구나 동료를 통해 말을 전달하는 방법을 쓰기도 한다.

우리는 잊고 살아가는 것이 많다. 용기도 그런 것들 중 하나이다. 흔히들 용기는 군인과 운동선수처럼 특수한 분야에 있는 사람들에게 필요한 것으로 여긴다. 군인의 용기는 전쟁에 나가서 죽음과 부상을 두려워하지 않고 앞으로 돌진하는 데 필요하다. 운동선수는 국내든 국외든 시합에 나가서 수많은 관중들 앞에서 겁내지 않고 용기 있게 자신의 실력을 드러내야 한다.

그런데 과연 용기는 특수한 분야의 사람들에게만 필요한 것일까? 그렇지 않다. 사람이라면 누구나 용기와 짝해서 앞으로 한 걸음씩 나아갈 수 있기 때문이다. 외국에 나가 본 경험이 없는 사람이 공항에서 수속을 밟거나 외국인들이 우리나라 사람들보다 더 많은 비행기를 탄다고 상상해 보라. 귓속은 죄다 알아듣지 못할 외국어 소리로 웅웅거리고 눈은 낯선 생김새와 장면들에 휘둥그레지면서 심장이 벌렁벌렁댄다. 승무원이나 옆 사람이 자신에게 말이라도 걸면 깜짝 놀란다. 이때도 용기가 있어야 진정되지 않을까?

패러글라이딩을 배운다고 가정해 보자. 눈으로만 보자면 하늘을 나는 것이 참으로 자유롭고 아름답게 느껴진다. 하지만 막상 자신이 장비를 장착하고 조종하면서 하늘을 날아야 할 때가 되면 땅 위에서 아무리 많이 연습했더라도 도약해야 할 지점에서면 다리가 잘 움직이지 않는다. 지상에서야 "누가 번지 점프를 못하겠느냐"라고 큰소리치던 사람도 막상 출발 지점에 올라가 아래를 내려다보면 갑자기 눈앞이 깜깜해진다. 이때도 용기가 있어야 하늘을 날고 아래로 뛰어내릴 수 있다.

살아가는 순간순간 용기가 필요하지 않을 때란 없다. 다만 용기를 내야 함에도 뒤로 빼며 다음으로 미루려고 할 뿐이다. 중국의 철학자 중에서도 '용기'와 관련해서 둘째가라면 서러워할 인물이 있다. 훗날 양명학의 창시자로 알려진 왕수인이 바로 그 사람이다. 그는 젊은 시절에 "모든 사물에는 리理가 깃들어 있다"라는 주희의 말을 스스로 확인하고 싶었다. 그래서 대나무 앞에 앉아서 그것을 한참 응시하느라 정신이 어질어질하고 멍해져도 참으며 일주일을 버텼다. 하지만 끝내 그는 대나무에 깃든 리理를 찾아내지 못하고 병을 얻었다.

그 뒤 왕수인은 과거에 합격하여 관직에 있을 때 당시 전횡을 일삼던 환관 유근과 정면으로 부딪쳤다. 이 일로 인해 그는 더 이상 베이징에 있지 못하고 오늘날 귀저우(귀주貴州)성 룽창(용장龍場)의 역승驛丞으로 좌천되었다. 오늘날에는 귀저우가 한국 관광객들이 많은 찾는 절경지로 널리 알려져 있지만, 당시 룽창 지역은 말만 명나라 국토일 뿐 실제로는 말도 통하지 않고 책을 읽거나 토론할 수조차 없는, 학문의 불모지나 다름없었다. 아니, 그에게는 지옥이었다고도 할 수 있다. 그곳에서 그는 토착 주민들과 함께 살게 되었는데 면역력이 약해서 걸핏하면 병에 걸렸다.

그는 이렇게 질병과 고독 속에서 36세가 된 해의 어느 날 밤, 큰 깨달음을 얻게 되었다. 이를 용장대오龍場大悟라고 한다. 자신이 그렇게 찾고자 했던 '리'가 저 높이 반짝이는 하늘, 케케묵은 책, 곳곳에 제자리를 차지하고 있는 사물에 들어 있는 것이 아니라 마음에 살아 숨 쉬고 있음을 깨달았던 것이다. 이렇게 깨달은 '리'는 자신의 마음에만 고이 숨겨져 가만히 있는 것이 아니라 살아서 펄쩍펄쩍 뛰놀며 사물, 책, 하늘과 통하는 것이었다.

인생을 살아가면서 누구나 한 번쯤은 "아, 이거구나!"라는 근본 체험을 하기 마련이다. 이 체험은 가만히 있는데 어느 날 갑자기 다가오는 것이 아니다. 다만 그것을 만나기 훨씬 이전부터 못 찾아서 아파하고 끈질기게 찾아 왔기에 마치 '선물'을 받은 것처럼 그것과 마주하게 되는 것이다. 왕수인도 대나무를 뚫어지게 관찰하는 미친 짓을 하고 그 뒤에도 "리가 어디에 있지?", "리가 도대체 뭐지?"라고 끊임없이 되물었기 때문에 룽창(용장)에서 큰 깨달음을 얻을 수 있었다.

무언가를 한두 번 하다가 안 되면 그것을 그냥 던지고 떠나고 싶어진다. 이때 "한 번 더 해 보자!"라며 자신을 불러 세우는 것도 용기이다. 게으름과 권태를 이겨내고 몸을 움직이려면 얼마나 힘든가? 몸이 무거우면 몇 사람이 들려고 해도 쉽게 되지 않는다. 그렇게 무거운 몸을 혼자서 벌떡 일으키게 하는 것이 용기 아니겠는가? 용기는 좀 버겁기는 하지만 내게 선물을 가져오는 놈이라고 할 수 있다.

이제 신뢰, 도전, 동고동락 등에서 생겨나는 용기를 만나 볼 차례이다. 이를 바탕으로 우리는 용기라는 녀석이 어디에 숨어 있다가 갑자기 모습을 드러내는지 알게 될 것이다.

신뢰, 죽을힘을 다해 싸워서 막으리

:

이순신의 **출사력거전**出死力拒戰

연애할 때 "오빠만 믿어!", "나 못 믿어?"라는 말을 한 번쯤 하지 않은 남자가 있을까? 사랑하는 사이인데 왜 믿음 타령을 할까? 사랑이 계속되려면 믿음이 밑에 깔려 있어야 하기 때문이리라. 믿음이 줄어드는데 사랑이 이어질 수는 없는 노릇이다. 상대는 나를 사랑한다고 하지만 그것이 진실인지 믿을 수 없다면 사랑은 깨지고 만다. 어른이든 아이든 남자든 여자든, 사람은 어려움을 헤쳐 나가야 하거나 위험이 따르는 일을 하게 될 때 믿음이 없는 상대와 함께하기 어렵다.

공자도 일찍이 사람 사이의 신뢰, 믿음을 강조한 것으로 널리 알려져 있다. 제자 자공이 정치 공동체의 요소를 묻자 공자는 식량, 군사력, 신뢰 세 가지를 꼽았다. 자공이 세 가지 중에서 어쩔 수 없이 버려야 한다면 어떻게 해야 하느냐고 물었다. 공자는 차례로 군사력과 식량은 포기할 수는 있지만 신뢰는 포기할 수 없다고 답했다. 신뢰가 없으면 함께 있어도 함께 있는 것이 아니기 때문이다.

지금 적의 공격에 맞서 힘껏 싸우고 있는데, 우리 중 누군가 기회를 봐서 도망을 칠 것 같다거나 장군이 적과 싸우는 척하다가 결국 투항하리라고 생각한다면 과연 누가 목숨을 내놓고 싸울 수 있겠는가? 그래서 공자는 신뢰가 일종의 접착제마냥 삶의 여러 국면에서 빠질 수 없고, 또 정치 공동체의 핵심 가치라 보았던 것이다.

이순신은 우리나라 역사에서 가장 존경을 받는 인물 중의 한 사람이다. 그가 왜와의 싸움에서 엄청난 공을 세웠다는 것은 누구나 알고 있는 사실이다. 그런데 그는 어떻게 한 번도 패하지 않고 싸움을 승리로 이끌 수 있었을까? 주위에 많은 장수와 신하가 있긴 했지만 제갈량처럼 온갖 책략을 끊임없이 내놓거나 힘으로 둘째가라면 서러워할 관중이나 장비 같은 이는 없었던 그였는데 말이다.

1597년, 선조는 삼도통제사였던 이순신에게 얼마 남지 않는 수군과 배를 포기하고 권율이 지휘하는 육군에 합류하라는 명령을 내렸다. 이에 이순신은 명령이 부당하다는 반론을 펼치며 장계를 올렸다.(『이충무공전서李忠武公全書』 9권 「행록行錄: 종자정랑분從子正郎芬」) 그는 먼저 적이 전라와 충청 지역을 함부로 하지 못했던 이유로 주사舟師의 존재를 들었다. 그러고는 열세이기는 하나 승리할 수 있다는 유명한 말을 남겼다. "지금 저에게 아직 전선 열두 척이 남아 있으니 죽기를 각오하고 온힘을 다 짜내서 적을 막아 싸운다면 오히려 해볼 만합니다."(今臣戰船尙有十二, 出死力拒戰, 則猶可爲也.)

이어서 수군水軍(해군)을 버린다면 적을 이롭게 하는 이적행위라고 지적했다. 이렇게 반대의 뜻을 분명하게 한 뒤 그는 다시 자신감을 내비친다. 자신은 왜와 해전에서 진 적이 없기 때문에 "전선이 비록 적다고 하더라도 제가 살아 있는 한 적은 우리를 감히 업신여기지 못할 것입니다"(戰船

雖寡, 微臣不死, 則賊不敢侮我矣)라고 한 것이다. 이렇게 이순신은 자기 자신마저 전력의 한 부분으로 간주하는 초강수를 두었다.

여기서 우리는 객관적인 상황이 불리하더라도 주눅 들지 않고 결국 승리를 이끌어내는 이순신의 자신감을 읽어낼 수 있다. 특히 선조의 명령마저 따를 수 없다며 독자적인 견해를 피력하는 데서는 전율마저 느끼게 된다.

이러한 자신감은 도대체 어디에서 오는 것일까? 앞에서 보았듯이 이순신은 자신의 존재가 적에게 어떻게 먹혀들고 있다는 것까지 계산하고 있다. 그러나 아무리 그렇다 해도 자신감만으로 선조의 명령을 거부한다면 과대망상이거나 자기확신이 너무 지나치다고 할 수 있다. 비밀의 열쇠는 『이충무공전서』에 실린 『난중일기』에서 찾을 수 있다.

『난중일기』를 보면 이순신은 여러 방면에서 아군과 적군의 동태를 끊임없이 수집하고 있었음을 알 수 있다. 그는 정보를 보고받은 뒤 다음과 같은 평가를 남겼다. "전부 다 액면 그대로 믿을 수 없다."(不可盡信) "길에서 떠도는 소리이니 믿을 수 없다."(路傳不可信) "사람의 말을 다 믿을 수 없다."(人言不可信矣) "함부로 전하는 말을 믿을 수 없다."(妄傳不可信也) "하지만 다 믿을 수 없다."(然不可信矣) "아직 모두 다 믿을 수 없다."(皆未可信)

이순신은 이처럼 적정賊情을 수집하면서 믿을 만한 정보와 믿을 수 없는 정보를 끊임없이 정확하게 분류했다. 그는 평소에 가급적 풍부하고 다양한 정보를 모으고 그중 최선의 것들을 조합해서 전략을 세웠다. 즉, 이순신은 배 열두 척에만 의존한 것이 아니라 막강한 정보와 정확한 판단력을 바탕으로 하여 이길 수 있다는 결론을 내린 것이다.

공자와 이순신은 믿는 대상이 다르다. 공자가 사람의 주관적인 믿음을 말한 반면 이순신은 정보의 객관적인 신뢰성을 이야기한다. 만약 이 두

가지가 결합하면 신뢰는 그 크기를 측정하기 어려운, 무한한 힘을 낼 수가 있다. 비록 군사력 자체는 열세이지만 상대의 움직임을 훤히 꿰뚫고 있고, 자신이 이끄는 병사들과 깊은 믿음을 나누는 장수는 전황을 얼마든지 자신에게 유리하게 끌고 나갈 수 있기 때문이다. 그렇다면 지금 당신은 무엇을 믿고 앞으로 나아가고 있는가?

도전, 높은 대나무 막대기 위에서 한 걸음 나아가리라

:

경잠의 백척간두진일보百尺竿頭須進步

● 　　　오늘날 정치권의 화두는 복지이다. 복지는 사실 행복과 고통 두 가지 차원에서 함께 생각해 볼 수 있다. 보통 복지라 하면 행복이 늘어난다는 점에만 주목하기 쉽다. 하지만 고통을 함께 나누는 측면 또한 무시할 수 없다. 복지의 실행은 자원이 화수분처럼 끊임없이 생겨나는 상황이 아니라 늘 부족한 상황에서, 어떤 우선순위에 따라 그 자원을 배분하느냐와 관련되기 때문이다. 자원이 풍족하다면 복지를 두고 골머리를 앓을 필요가 없다. 그냥 있는 돈을 펑펑 쓰면서 도움이 필요한 사람에게 모두 혜택을 주면 될 것이기 때문이다. 하지만 그렇지 않은 상황이라면 어떤 분야에서 혜택을 받아 행복이 늘어나는 만큼 다른 어떤 분야에서는 혜택을 받지 못하거나 오히려 손해를 봐서 고통이 늘어날 수 있다.

복지를 실천하자고 말하기는 쉽지만 국가 재정에 무리를 주지 않으면서 그렇게 하기란 쉽지 않다. 복지의 실천을 위해서는 기존의 자원을 재조정할 것인지 아니면 세금을 더 걷을 것인지를 결정해야 하는데, 이것은 모든 이해 당사자들로부터 강한 저항을 받으면 받았지 박수를 받기는 어려운 일이기 때문이다.

지금 우리 사회의 안전망 밖에 있는 사람들은 청년 실업, 상시적인 구조 조정, 비정규직에 대한 차별 등 다양한 문제들로 엄청난 고통을 겪고 있다. 이 문제의 해결을 개인에게 다 맡길 수는 없으므로 공동체가 나설 수밖에 없다. 이는 우리가 도전해야 할 문제 상황이라고 할 수 있다.

맹자는 이러한 문제 상황에서 갖추어야 할 미덕으로 자임自任과 선추善推를 높이 쳤다. 은나라 탕 임금과 보조를 맞추었던 재상 이윤伊尹은 세상 사람들 중 한 명이라도 성왕들이 말하던 혜택을 받지 못하면 마치 자신이 그들을 구렁텅이로 떠밀어 넣은 것처럼 걱정했다. 이어서 그는 세상의 문제를 해결하는 중대한 과제를 스스로 짊어지고 그것을 해결하고자 모든 것을 걸었다.(思天下之民, 匹夫匹婦, 有不被堯舜之澤者, 若己推而內之溝中, 其自任以天下之重如此. 「만장」 상7)

어떤 일을 맡는다는 것은 쉽지 않다. 그래서 대부분의 사람들은 자신이 못하니 그것을 다른 사람에게 떠넘기려고 한다. 그러다 보면 문제가 풀리기는 커녕 더 쌓여서 나중에는 특단의 방안이 나와야 하는 상황에까지 이른다. 때를 놓치면 호미로 막을 일을 가래로 막아야 한다. 이때 자신의 힘과 여건을 헤아려 보는 것이 필요하다. 이와 관련해서 맹자는 불능不能과 불위不爲를 구별할 것을 주문했다. 한강을 한걸음에 뛰어넘는 것은 참으로 할 수 없는 일이다. 반면 피곤해하는 가족의 어깨를 주물러 주는 것을 안 한다면 그것은 하지 않으려는 것이다. 정치인을 보면 후보 시절에 모든 문제를 다 해결하겠다고 했던 이가 당선 후에는 할 수 없다고 말을 바꾸는 경우가 있다. 유권자의 잘못도 크다. 불능과 불위를 잘 따져 보지 않고 표를 던졌으니 말이다.

그렇다고 약간의 어려움을 핑계로 모든 것을 할 수 없다고 한다면 어떠한 문제도 해결할 수 없다. 맹자는 좀 현실적인 방법을 제시한다. 먼저 쉬운 것에서부터 시작하고 그다음에는 조금 어려운 것을 해 보자는 것이다. 우리 집에서 우리 이웃으로, 다시 우리 이웃에서 우리 마을로, 우리 마을에서 우리 지역으로, 우리 지역에서 우리 나라로, 우리 나라에서 이웃 나라로, 이웃 나라에서 전 세계로 나아가는 식이다. 맹자는 이를 선추善推, 즉 강물에 던진 조약돌의 파문이 점점 커지듯이 범위를 넓혀 가는 것이라고 말했다.(古之人所以大過人者, 無他焉. 善推其所謂而已矣.『맹자』「양혜왕」상7)

이렇게 하나씩 넓혀 가다 보면 문지방처럼 턱 걸리는 곳이 있다. "도대체 내가 왜, 어디까지 해야 하는 걸까?"라는 의문이 드는 것이다. '백척간두진일보百尺竿頭進一步'라고 알려진 이야기가 실려 있는『경덕전등록景德傳燈錄』을 들여다보자. 송나라 도원道原 스님이 부처와 조사들의 어록과 행적을 묶은 이 책에는 당시 장사長沙에서 활동하던 경잠景岑의 일화가 있다. 경잠은 초현대사招賢大師나 장사화상長沙和尙으로 불리기도 했다. 그는 각지를 돌아다니면서 설법을 했다. 한 번은 설법이 끝났는데 어떤 스님이 못 알아들어 서로 질문과 대답을 주고받게 되었다. 그러다가 경잠이 하나의 게구偈句를 제시했다.

"아찔할 정도로 높은 백 척의 대나무 끝에서 흔들리지 않는 사람, 비록 경지에 들었다고 할 수 있지만 아직 참이라고 할 수 없네. 백 척의 대나무 끝에서 앞으로 한 걸음 내딛어야 온누리가 모두 내 한 몸이리라."(百尺竿頭不動人, 雖然得入未爲眞. 百尺竿頭須進步, 十方世界是全身.)

백척간두에 올라선다는 것 자체가 말이 되지 않는다. 하지만 올라서 본다. 흔들리는 대나무보다 내 마음이 더 크게 흔들릴 것이다. 떨어지면 큰

일이기 때문이다. '어떻게 하면 떨어지지 않을까?' 하며 노심초사하고 자신의 동작 하나하나를 대나무의 움직임에 맞추려 한다. 여기에서는 나와 대나무 그리고 대나무의 밖이 서로 날카롭게 대립하고 있다. 대나무는 내가 어떻게 해서라도 꼭 잡아야 하는 곳이고 그 밖은 결코 나아가서는 안 되는 위험 지대이다. 이로써 생과 사가 갈리고 행과 불행이 나뉘며 선과 악이 갈라지는 등 모든 것이 차갑게 대립하게 된다. 이 세계는 더 이상 합쳐질 수 없는 조각조각으로 뿔뿔이 흩어진다. 그러나 그렇게 잡고 밀던 곳에서 그냥 한 걸음 나아가 보라. 아무 일도 생기지 않는다. 그런 사람은 세계가 곧 나의 몸이라는 체험을 하게 된다. 내 몸이 가장 커지는 상태가 곧 세계인 것이다.

물에 빠져 허우적거리는 장면을 생각해 보라. 빠져 죽지 않으려고 온갖 발버둥을 다 친다. 그러다 문득 발장구를 멈추고 서 보니 물은 무릎에밖에 차지 않는다. 얼마나 멋쩍은가? 낙하산도 마찬가지이다. 떨어지면 죽을 것 같지만 맨몸으로 자유낙하를 하면서 추락의 속도에 익숙해지고 생명줄과 로프가 끊어지는 충격으로 낙하산이 펴진다. 이때 하늘은 위험한 곳이 아니라 우리가 뒹구는 침대 위의 이불과도 같다. 혹 우리도 괜히 겁먹고 움츠려 들어서 '극'소심하게 살고 있는 것은 아닐까? 괜한 걱정과 불신은 내려놓고 어려운 일에 도전할지어다!

동고동락, 먼저 아파하고 다음에 즐기리

:

범중엄의 선우후락先憂後樂

우리나라 사람은 유독 친구와 함께 어울리기를 좋아한다. 쇼핑을 가도 혼자 가지 않고 친구를 불러내서 같이 움직인다. 영화를 보러 갈 때도 친구와 함께한다. 이렇게 함께 어울리다 보니 '친구 따라 장에 간다'거나 '친구 따라 강남 간다'는 말이 생겨났나 보다. 혼자 하는 것보다 둘이 하는 것이 편할 수 있다. 둘이서 물건을 보면 자신에게는 보이지 않는 그 물건의 단점을 친구가 볼 수 있다. 또 최초의 평가자가 되어서 옷이 어울리는지 어떤지도 서로 봐 줄 수 있다. 이처럼 함께한다는 것은 귀찮고 어려운 일도 마음을 내서 하게 하는 든든한 버팀목이 된다.

춘추전국시대와 송나라 당시에 세상 사람이 동고동락하는 행복한 세계를 만들자고 외쳤던 사람들이 있었다. 춘추전국시대는 위기와 기회의 시대였다. 같은 시대였음에도 지킬 것이 많은 이에게는 위기로 보였고 가진 것이 없는 이에게는 기회로 여겨졌다. 기회를 찾는 사람 중에는 인간성은 좋지 않지만 능력이 출중한 사람이 많았다. 평화로운 때였다면 교도소를 들락거렸겠지만 혼란스러운 시절이었기에 그들은 시대의 총아가 되곤 했다. 장군이자 병서의 저자로 알려진 오기吳起도 능력은 좋지만 인간성이 좋지 않아 논란거리가 되었다. 오기는 원래 위衛나라 출신으로 병법을 배워서 어떤 나라에서든 출세하고자 했다. 그는 어머니의 장례에도 참석하지 않을 정도로 성공에 모든 것을 건 인물이었다.

마침내 그는 위魏나라에 가서 꿈에도 그리던 장군이 되었다. 하지만 그는 장군이 되었다고 우쭐거리지 않았다. 그는 병사들과 같은 옷을 입고 같은 밥을 먹었으며, 누울 자리에 깔개를 놓지 않았고 다닐 때에도 말을 타지 않았으며 식량을 직접 옮기는 등 병사들과 고통을 함께했다.(起之爲 將, 與士卒最下者同衣食, 臥不設席, 行不騎乘, 親裹贏糧, 與士卒分老苦. 卒有病疽者, 起爲吮之. 『사기』 「손자오기열전」) 이렇게 병사들의 마음을 얻은 오기는 위에 대한 진秦과 한韓의 위협을 누그러뜨릴 수 있었다.

비위생적인 상황에 있다 보니 하루는 병사 중에 한 사람이 종기로 고생을 했다. 오기는 한치의 머뭇거림도 없이 입으로 병사의 종기를 빨아 고름을 짜냈다. 이 소식을 들은 그 병사의 어머니가 펑펑 울기 시작했다. 주위 사람들은 "장군이 그렇게 아들을 아끼는데 왜 우느냐?"라며 의아해했다. 그러자 어머니는 자신의 남편, 즉 그 병사의 아버지도 오기로부터 똑같은 치료를 받는데 "전쟁에서 뒤를 돌아보지 않고 앞서 싸우다가 마침내 적의 공격에 죽었다"라고 말했다. 아비가 그렇게 죽었는데 자식도 그렇게 되지 않을까 염려했던 것이다. 이를 연저지인吮疽之仁, 즉 '종기를 빠는 사랑'이라고 한다.

남편을 잃고 자식을 군대에 보낸 어머니 입장에서 보면 오기는 위험스럽기 그지없는 사람이다. 하지만 시대의 입장에서 보면 이야기가 달라진다. 전국시대에는 귀족 위주의 춘추시대와 달리 보병이 전력에서 차지하는 가치가 매우 커졌다. 이때 병사들로부터 용기를 끌어내서 승리를 얻으려면 장군은 이전과 다른 리더십을 갖춰야 했다. 오기는 이러한 시대의 변화를 정확하게 읽어내서 승리를 거둘 수 있었던 것이다.

오기처럼 극단적으로는 하지 않더라도 주위 사람과 동고동락同苦同樂하지 않는 도전은 성공하기가 어렵다. 함께 하는 사람들의 마음을 얻어야만 도전을 향한 베이스캠프를 꾸릴 수 있기 때문이다. 고통이 있으면 피하고 즐거움만 독차지하려고 한다면, 즉 피고독락避苦獨樂한다면 도전은 고사하고 사람들의 냉대와 외면을 받을 수밖에 없다.

당나라 다음에 있었던 오호십국의 혼란을 끝내고 송나라는 마침내 통일을 이루어냈다. 송나라의 유학자들도 새 시대를 이끌어 갈 포부를 피력하기 시작했다. 그중 범중엄의 선우후락先憂後樂, 즉 괴로움을 먼저하고 즐거움을 뒤에 누린다는 말이 유명하다. 이는 중국의 4대 누각 중의 하나인 악양루를 중건하고 그것을 기념하여 지은 글에 나온다.(「악양루기岳陽樓記」) 나도 일전에 이곳을 찾아서 그 앞에 동서로 다니는 배를 보며 범중엄의 기상을 느껴 본 적이 있다. 네 자로 줄이기 이전의 온전한 말은 이렇다. "세상 사람들이 괴로워하기 전에 가장 먼저 괴로워하고, 세상 사람들이 다 즐거워한 다음에 마지막으로 즐거워하겠다!"(先天下之憂而憂, 後天下之樂而樂歟!) 쉽지 않은 말이다. 보통 괴로운 일은 남들이 다 하고 난 다음에 제일 뒤에 하고, 즐거운 일은 남들이 맛보기 전에 가장 먼저 하려고 한다. 학교 다닐 때 예방접종 주사를 맞았던 기억을 떠올려 보시라. 주사 바늘을 보자마자 친구 등 뒤에 숨어서 어떻게 하면 안 맞을까 고민하다가 그것이 불가능해지면 제일 나중에 맞겠다고 버티지 않았던가!

송나라의 장재張載도 범중엄에 못지않은 기상을 펴 보인 적이 있다. "하늘과 대지를 위해서 마음을 일으켜 세우고, 힘겹게 살아가는 민을 위해 도를 굳게 세우며, 지나가 버린 성인을 위해 끊어진 학문을 잇고, 만세를 위해 태평을 열겠다."(爲天地立心, 爲生民立道, 爲去聖繼絕學, 爲萬世開太平. 『군사록』, 「위학爲學」) 범중엄과 장재는 모두 『중용』에 나오는 성기成己와 성물成物의 사고를 공유하고 있다. 유학자는 자신을 구원하는 성기成己와 만물을 구원하는 성물成物을 모두 추구해야 하기 때문이다. 이들의 세계에서는 사람과 사람 그리고 사람과 자연이 동고동락하며 서로의 울음을 닦아 주고 웃음을 함께하며 끊임없는 도전을 멈추지 않는다. 이제 우리도 동고동락하며 행복한 공동체를 위해 도전해야 하지 않을까?

노래에 실린 인생, 인생을 실은 노래

용기는 어렵게 생각할 때 무진장 무거워진다. 혼자의 힘으로 들 수 없을 정도로 무겁고 또 버겁다. 그래서 피하려고 한다. 반면 가볍게 생각하면 용기는 참으로 가볍다. 흥겨운 마음으로 경쾌하게 걸을 수 있다. 누가 보면 하나도 긴장하지 않은 듯하다. 용기가 가벼워지려면 자신을 속이지 않고 자신과 남을 비교하며 움츠리지 않아야 한다.

용기는 여러 곳에서 키울 수 있다. 사람마다 다를 수 있지만 나는 신뢰, 도전, 동고동락 중에서 도전을 하면서 용기를 낸다. 시시한 일은 하던 대로 하지만 도전해야 할 일은 내 있는 힘을 모두 모아서 해야 하기 때문이다. 마흔은 새로운 일을 시작하기에는 늦은 시기가 아니라 그렇게 하기 위해서 용기를 내야 할 시기이다. 100세 인생을 사는 데 있어 지금 가진 재주와 이력은 도움이 될 수 있겠지만 결정적인 것은 아니기 때문이다.

이 부분의 원고를 쓰면서 오석준의 「웃어요」(1993)와 김수철의 「나도야 간다」(1989)가 생각나서 들어 봤다. 「웃어요」를 듣다 보면 찡그린 표정을 짓기 어렵다. 그렇게 노골적으로 웃어 보라는데도 밉지가 않다. "웃으면 복이 온다"는 말도 생각난다. "세상 사람들은 언제나 / 삶은 힘들다고 하지만 / 항상 힘든 것은 아니죠 / 가끔 좋은 일도 있잖아요 / 웃어요 웃어 봐요 / 모든 일 잊고서 / 웃어요 웃어 봐요 / 좋은 게 좋은 거죠 / 외롭다고 생각 말아요 / 혼자 살다 혼자 가는 거죠 / 다시 돌아올 수 없는 것이 / 그게 바로 인생이에요 / 웃어요 웃어 봐요 / 모든 일 잊고서 / 웃어요 웃어 봐요 / 좋은 게 좋은 거죠"

「나도야 간다」를 들으면 시간이 멈추는 느낌이다. 뭔가 바쁜 일이 없고 한가하기 그지없다. 그런 조용한 세계에 나비가 나타나고 종이비행기를 접어서 날린다. 이들을 따라 물끄러미 쳐다만 보던 나도 조용히 몸을 움직인다. "봄이 오는 캠퍼스 잔디밭에 / 팔베개를 하고 누워 편지를 쓰네 / 노랑나비 한 마리 꽃잎에 앉아 / 잡으려고 손 내미니 날아가 버렸네 / 떠난 사랑 꽃잎 위에 못다 쓴 사랑 / 종이비행기 만들어 날려 버렸네 / 나도야 간다 나도야 간다 / 젊은 나이를 눈물로 보낼 수 있나 / 나도야 간다 나도야 간다 / 님 찾아 꿈 찾아 나도야 간다"

·

3장

진심을 다한 마음에 하늘도 감동하리

·

　　　　　　　　살다 보면 억울하고 답답한 일을 겪기 마련이다. 사실이 아닌
데도 오해를 받고 누명을 써서 미움받고 처벌까지 당하면 사람이 미치고
팔짝팔짝 뛸 만하다. 아무리 사실이 아니라고 말해도 주위 사람들은 들은
척도 하지 않는다. 믿는 친구를 찾아가 하소연해도 미심쩍어하니 마음은
타 들어간다. 마지막으로 가족에게 말해 보지만 그들마저 반신반의한다
면 그 사람은 온 세상에 혼자 내팽개쳐진 가엾은 신세가 된다.

　조봉암은 1959년 간첩죄와 국가보안법 위반으로 사형에 처해졌다. 당
시에도 야당 탄압이니 정적 제거니 하는 말이 많았다. 그러다가 2011년
에 그는 재심에서 무죄 판결을 받았다. 실로 52년 만에 누명을 벗은 것이
다. 그 사이에 가족이며 친지 그리고 친구들은 사실이 아닌 허위에 갇혀
서 모진 세월을 살았다. 그들이 어디엔들 가서 항의를 하지 않고 이의를
제기하지 않았겠는가? 하지만 우리 사회는 그들의 입을 막고 그들의 말
을 믿지 않았다.

　유신정권 시절에는 막걸리를 마시며 대통령을 욕하거나 정부를 비방하
던 사람들이 구속되는 사례가 있었다. 그래서 국가보안법을 막걸리보안
법이라 희롱하기도 했다. 맥락과 의도 등을 따지지 않고 단순히 이야기를
했다는 이유만으로 위험인물이 되었다. 군사정권 시절에는 툭하면 민주
인사를 보안사로 연행, 없는 일조차 있게끔 만들어서 간첩으로 둔갑시켰
다. 국가보안법은 법이 아니라 원하지 않는 사람을 처벌할 수 있는 공장
기계였다.

　이때 고문을 당해서 허위자백을 한 사람이 법정에 나와서 또는 면회인
을 통해 자신이 고문당했음을 이야기해도 진실은 제대로 밝혀지지 않았

다. 김근태가 가혹한 고문을 당하면서도 기억한 사실을 통해 '고문기술자' 이근안을 찾아내기까지, 고문은 있어도 없는 것으로 여겨져 왔다. 그 사이에 고문을 당했던 이들은 어디에 가서 무슨 말을 해도 믿어 주지 않으니 세상이 벽처럼 느껴졌을 것이다.

역사와 정치 이외에 우리 주위에서도 억울한 일이 비일비재하게 일어난다. 학창 시절을 돌아보면 교실에서 돈이 없어지는 일이 종종 있었다. 물론 훔친 사람이야 있겠지만 사실이 밝혀지기까지 괜한 오해를 받은 사람들은 참으로 억울하다. 가정에서도 화병은 깨져 있는데 자기가 깼다고 하는 사람이 없을 경우에는 서로가 서로를 의심하게 된다. 직장생활에서도 사소한 '뒷담화'가 확대되는 바람에 인간관계까지 불편해지는 경우가 종종 일어난다. 또한 사랑하는 연인과 꽤 오랫동안 교제했는데 관계가 진전되지 않기도 하고, 업체끼리 거래를 트기 위해서 꽤나 공을 들여도 상대가 반응을 보이지 않는 경우 또한 있다.

혐의를 받는 사람이 자신의 누명을 벗고, 사랑을 키우고 싶은 사람이 관계를 진전시키고 싶다면 어떻게 해야 할까? 길은 단 하나, 자신이 실제로 한 것과 본마음을 그대로 드러내는 것이다. 그리고 기다리는 수밖에 없다. 그것이 나에게 분명한 만큼 상대에게도 전달되어 진실이 진실의 자리로, 거짓은 거짓의 자리로 찾아갈 때까지 말이다.

좋은 사회란 따로 있는 것이 아니다. 당하지 말아야 할 것을 당하지 않고, 억울하게 당했다면 그것을 바로잡을 길이 있고, 그 과정에서 사실이 밝혀지며 억울함을 씻을 수 있는 곳이라면 그곳이 좋은 사회이고 천국이다. 그런 곳에는 흑색선전이 있어도 발붙일 수가 없고 질투가 있어도 힘을 얻지 못하며 거짓이 있어도 통하지 않는다. 이렇게 보면 우리가 지금 좋은 사회에 살고 있는지 한 번 물어볼 일이다. 우리나라의 근현대사에서 억울하게 간첩 누명을 뒤집어썼던 사람이나 국가보안법 위반자라 낙인 찍혔던 이들의 혐의가 벗겨지고 있는 것을 보면 참으로 다행스럽다.

삼국지의 유비는 제갈량을 자기 진영으로 모시기 위해서 나이 차이에 아랑곳하지 않고 삼고초려三顧草廬를 했다. 한 번 청하는 것으로 안 되니 두 번 청하고, 두 번으로 안 되니 세 번 청한 것이다. 이로써 유비의 진심은 제갈량에게 전달되었다. 『중용』 20장에 보면 사람이 뭔가 해 보려 하는데 잘되지 않을 때의 어려움에서 벗어나는 길이 제시되어 있다. "뭔가 하려고 해도 뜻대로 되지 않으면 그렇게 되도록 해 보라. 술술 풀려 나가지 않는다면 이 정도면 되겠지 단정하거나 결코 그만두지 말라. 다른 사람이 한 번 해서 잘하면 나는 백 번을 하고, 다른 사람이 열 번 해서 잘하면 나는 천 번을 한다."(有弗行, 行之. 弗篤, 弗措也. 人一能之, 己百之. 人十能之, 己千之.)

한 번 해서 안 되면 "나랑 인연이 없는가 보다"라며 그만둘 수 있다. 이것은 내가 그렇게 하고 싶은 일이 아니라 그냥 한 번 해 본 일에 불과하다. 하고 싶은 생각과 마음이 모이고 모여서 더 이상 그만둘 수 없을 때, 바로 그때가 나의 진심이 겨우 전달될 수 있는 시간이다. 그 전에 그만둔다면 진심이었다고 하더라도 상대에게 전달될 수 없는 것이다. 속담에서도 "열 번 찍어서 안 넘어가는 나무 없다"라고 하지 않는가?

진정성은 어디에서 생기고 또 어떻게 다른 사람에게 믿음을 주는 것일까? 진심, 단절, 동심을 통해 진정성의 정체를 만나 보자.

진심, 내가 좋아하는 길을 따르리라

:

공자의 종오소호從吾所好

•   날씨가 쌀쌀해지면 아이와 엄마는 아침마다 씨름을 한다. 엄마는 날씨가 춥다며 겉옷이라도 하나 걸치고 가라고 하지만, 아이는 거추장스럽다며 한사코 입지 않으려고 한다. 엄마는 이에 지지 않고 감기 걸릴지 모른다며 기어코 겉옷을 들고 문밖으로 나오며 아이의 손에 쥐어 준다. 그것을 받아들고 가는 아이도 있지만 끝내 가지고 가지 않는 아이도 있다. 온라인 커뮤니티 게시판에 '내가 겉옷을 입는 이유'라는 게시물이 올라와서 그 사람이 사람들의 관심을 끌다가 언론에 기사화되기도 했다. 이 조사(?)에 따르면 겉옷을 입는 가장 큰 이유는 '엄마가 춥다고 해서'라고 하니, 그래도 아이들은 엄마의 말을 잘 듣는 편인 듯하다.

    '평안 감사도 저 싫으면 그만이다'라고 한다. 감사라면 관찰사로서 중앙이 아닌 외직의 최고 벼슬이다. 업무는 고달프겠지만 자신의 정치적 포부를 실험해 볼 수 있는 좋은 기회이기도 하다. 하지만 감사로 나가느냐 마느냐 하는 것은 전적으로 당사자의 뜻에 달려 있는 것으로, 그 사람이 싫다고 하면 아무리 좋은 자리나 기회라 해도 어쩔 수 없다. '엄마가 하라는 대로 하는 아이'라도 겉옷 정도에 대해서는 엄마의 말을 받아들이겠지만 진학, 결혼 등에 대해서라면 제 생각대로 하려고 할 것이다.

일을 하다 보면 지칠 줄 모르고 오랫동안 잘할 때도 있지만, 조금 하다가 주리를 틀며 딴 짓을 하게 되는 경우도 있다. 물론 이유는 다양할 것이다. 월급이 적거나 동료가 마음에 들지 않거나, 기분이 좋지 않아서 그럴수도 있다. 이런저런 현실적인 이유로 하던 일을 제대로 끝내지 않고 중도에서 제쳐 놓는다면 우리는 자신이 그 일을 즐겨 하는지 아닌지를 자문해 볼 필요가 있다. 하기 싫은 숙제(공부)를 하는 아이는 조금만 시간이 지나도 엉덩이를 들썩거리며 안절부절못하지만 재미있는 게임을 하는 아이는 옆에서 누가 불러도 대답조차 하지 않는 것을 본 적이 있을 것이다. 이처럼 하고 싶은 것을 원해서 하는 것과 하기 싫은 것을 억지로 하는 것 사이에는 엄청난 차이가 있다. 그것이 바로 진정성이 있느냐 없느냐를 나누는 기준이다.

춘추시대의 공자도 젊은 시절에 인생의 방향을 어디로 정할까를 두고 고민한 적이 있었다. 그때 그가 기준으로 세운 것도 바로 진정성이다. "부자 되는 것을 추구할 수 있다면 비록 채찍을 잡는 역할조차도 나는 마다하지 않을 것이다. 만약 그렇게 할 수 없다면 나는 내가 좋아하는 것을 따르리라."(富而可求也, 雖執鞭之士, 吾亦爲之. 如不可求, 從吾所好. 『논어』「술이」)

공자의 말에서 좋아한다는 뜻으로 쓰인 '호好'는 참으로 흥미로운 글자이다. 好는 여자 여女(계집 여가 절대 아니다!)와 자식 자子로 되어 있다. 이를 어머니와 자식으로 보기도 하고 여성과 남성으로 보기도 한다. 어떻게 보건 둘은 떨어질 수 없고 늘 함께 붙어 있으려고 하는 관계이다. 아이는 잠깐이라도 엄마를 보지 못하면 금방 울음을 터뜨린다. 불안해서 그렇다.

집 안에서도 아이는 엄마를 졸졸 따라다닌다. 화장실에 가면 화장실에 따라가고, 부엌에 가면 부엌 근처에서 논다. 사랑하는 연인은 말할 필요도 없다. 떨어져 있게 되면 전화기를 붙들고 산다. 나는 연인이 실제로 밤새 통화를 했다는 이야기를 들은 적 있다. 아마 그달 그들의 통화료는 엄청 나왔을 것이다. 요즘은 카카오톡(카톡)을 활용해서 실시간으로 상대를 체크한다. 이렇듯 좋아하면 떨어질 줄 모르고, 옆에 없거나 잠시라도 보지 못하면 금세 안달이 나서 확인하려 한다.

우리가 이처럼 호^好의 일을 하게 될 때는 누가 하라마라 하지 않아도 혼자 척척 알아서 해낸다. 어려운 일이 생겨도 힘겨워하지 않고 밤을 새워서라도 끝장을 낸다. 이 모든 바탕에는 자신이 지금 하는 일을 원하고 있다는 진정성이 깔려 있다. 이런 진정성을 가지고 무엇을 하면 옆에서 보는 사람은 그이에게서 아름다움, 심지어 경건함까지 느끼게 된다. 진정성이 있기에 매사에 잘하려고 하고, 그렇게 하다 보니 하는 일 하나하나에 혼이 들어 있다. 이 혼을 느끼는 사람이라면 그것을 함부로 대할 수 없는 것이다.

누구도 흉내 낼 수 없는 이러한 진정성은 불가능이 없는 숭고한 상태로 나아가기도 한다. 안데르센의 『인어공주』에서 왕자를 보고 반한 인어공주는 자신의 아름다운 목소리를 마녀에게 주고 인간의 몸을 가지려 한다. 셰익스피어의 『로미오와 줄리엣』은 가문의 반대에도 불구하고 현세에 이루지 못한 사랑을 내세에 이루기 위해 죽음을 불사하는 두 주인공의 이야기이다. 〈춘향전〉의 춘향은 도령을 사랑하기에 형벌의 고통마저 달게 받는다. 아마 악마와의 거래였더라도 기꺼이 받아들였을 것이다.

자신은 지금 과연 그토록 원하는 일을 하고 있는 중인지 생각해 보자.

하지 않으면 몸이 근질근질하고 못하게 하면 답답해서 미칠 정도로 강렬하게 바라는 일을 하고 있는가? 하고 있으면 시간 가는 줄 모르고 주위에 누가 와도 전혀 눈치채지 못한 채 계속 그렇게 빠져 있을 수 있는가?

단절, 눈밭에 서서 팔을 자르다

:

혜가의 설중단비雪中斷臂

한 초등학생이 집에서 TV로 프로야구 한국 시리즈를 본다. 그런데 야구에 흥미를 느끼게 된 이 학생이 다음날 프로야구 구단을 찾아가 야구선수가 되고 싶다고 하면 어떻게 될까? 나도 간혹 이와 비슷한 상황에 놓인다. 학부생이나 후배가 상의할 게 있다며 나를 찾아오곤 하기 때문이다. 동양철학 수업을 듣다 보니 재미있더라면서 대학원에 진학해서 공부하고 싶다고 한다. 이런 경우가 생길 때마다 한 번 해 보라며 적극적으로 권해야 할지 아니면 공부하기가 어려우니 한 번 더 생각해 보라고 해야 할지, 여간 고민되는 것이 아니다.

옆에서 보면 마냥 화려하게 보이는 연예인도 알고 보면 보통 어려운 일을 하는 게 아니다. 특히 유명세를 얻은 이가 광고를 찍으면 큰돈을 받기는 하지만 좋은 사진(장면)을 얻기 위해 몇 날 며칠을 들여서 같은 동작을 수십 번 반복해서 찍는다. 야구 선수도 공을 잘 잡아내기 위해서, 야구를 처음 배운 이래 수백 번 수천 번 운동장을 구르고 넘어지면서 구슬땀을 흘린다. 철학 공부를 위해서는 한국어만이 아니라 고전어(한문, 그리스어,

산스크리트어 등)을 포함한 다양한 외국어를 배워야 하고 인문사회는 물론 자연과학 분야까지 두루 섭렵해야 한다. 몇 년을 두고 생각해도 풀리지 않는 문제를 고민하다 보면 차라리 올림픽처럼 경기가 있어서 단번에 승부를 보았으면 좋겠다는 생각이 들기도 한다(물론 다른 사람이 보기에는 교수라는 직업이 방학도 있고 수업도 조금만 하면 되니 남부러울 게 없다고 짐작할 수도 있을 것이다). 하긴 직장인이든 자영업자든 세상에 쉬운 일을 하며 사는 사람이 어디에 있을까?

자신의 일이 힘들다고 생각하는 부모는 자식이 그 일을 하지 않기를 바란다. 지금의 40~50대 중에는 농촌 출신이 많지만 농사를 짓는 사람은 드물다. 그만큼 농업이 힘들 뿐만 아니라 소득도 불안정하므로 부모는 자식에게 농사 짓기를 권하지 않고 다른 일을 하기를 바랐던 것이다.

불교는 원래 인도에서 생겨났다가 중국으로 전해졌다. 중국에서 불교는 독특하게 선종禪宗의 형태로 발전하게 되었다. 그 과정에서 초조 달마 대사를 비롯해서 혜가(이조)의 계보가 만들어졌다. 계보에는 밋밋한 계승 관계가 아니라 특별한 인연과 의미를 담고 있는 흥미로운 고사가 많다. 달마는 면벽구년面壁九年 이야기, 달마와 혜가는 혜가단비慧可斷臂, 오조 홍인과 육조 혜능은 육조도정六祖搗精의 주인공이다. 각각의 이야기는 불교 사찰의 벽화에 나오는 소재로 널리 쓰이고 있다. 제천 월악산 신륵사 극락전은 〈혜가단비도慧可斷臂圖〉만이 아니라 다양한 벽화와 깔끔하며 고아한 단청으로 널리 알려진 사찰이다. 이러한 사자전승과 계보는 선종의 깨달음과 불법이 얼마나 일상적이면서도 엄숙한 것인지를 여실히 보여 준다.

신광神光은 공자와 노자, 장자와 주역을 두루 섭렵하고 불법마저 익혀서 나름대로 이치를 깨치고 모르는 것이 없는 스님이었다. 그는 소림사의 달마대사가 범상치 않는 불력을 가졌다는 소식을 듣고서 그를 찾아가 가르침을 청했다. 그때가 12월 9일로 추운 날이었는데, 그날따라 비와 눈이 엄청 내렸다. 신광은 달마대사가 있는 곳에서 굳게 서서 움직이지 않고 밤을 지새웠는데, 그 사이 눈이 무릎 넘게 쌓였다.

이러한 태도에 나름 진정성을 느낀 달마는 도대체 뭘 알고 싶어 하는 것인지 신광에게 물었고, 신광은 울면서 불교의 최고 가르침을 달라고 청했다. 달마는 그러한 불법은 없으며 수행에 정진하면 그만이라고 대답했다. 이에 신광은 몰래 칼로 자신의 왼쪽 팔뚝을 잘라서 달마 앞에 보였다. 그제야 달마는 신광이 보통내기가 아니라는 것을 알고 제자로 받아들여서 이름을 혜가慧可로 바꾸었다.(夜天大雨雪. 光堅立不動, 遲明積雪過膝. ……潛取利刀自斷左臂, 置于師前, 師知是法器.『경덕전등록』권3)

이 고사가 바로 설중단비雪中斷臂이고 사찰 벽화에 즐겨 등장하는 〈혜가단비도〉의 소재가 되었다. 신륵사의 벽화를 보면 소림굴에서 면벽하는 달마대사를 가리키는 '소림굴달마대사小林窟達磨大師'와 신광선사가 팔뚝을 잘라서 믿음을 전한다는 '신광선사단비전신神光禪師斷臂傳信' 글귀와 함께 연꽃 위에 잘린 왼쪽 팔뚝이 놓여 있다.('혜가단비'는 지거智炬의 『보림전寶林傳』권8에 실려 있는, 법림法琳이 쓴 『혜가비慧可碑』의 문장에 들어 있다. 반면 도선道宣의 『속고승전』권16「혜가전」에는 혜가가 도적을 만나 팔뚝을 자른 것으로 되어 있다. 그 뒤 도원道原의 『경덕전등록』 등에서 법림의 주장을 받아들이고 도선의 주장을 부정하면서 '설중단비'의 구법 이야기가 널리 퍼지게 되었다.)

사실 우리는 무엇을 하고 싶다고 할 때 '꼭 하고 싶다기보다는 그저 한 번쯤 해봤으면 좋겠다' 혹은 '이것저것 해 보면 경험이 많아지니 좋을 것이다'라는 마음 자세를 가지기도 한다. 그러다가 자기가 하고 싶다던 일을 해 봤는데 예상 외로 어렵다고 느껴지면 뒤도 돌아보지 않고 줄행랑을 친다. 달마는 신광의 설중단비에서 법을 위해 몸을 돌아보지 않는 불퇴전 不退轉의 진정성을 보았다. 이것은 그만큼 자신의 중요한 것까지도 희생하면서 바란다는 것이자 과거의 중요한 것과 단절하고 새것을 하겠다는 의미이다.

〈육조도정도六祖擣精圖〉는 홍인이 혜능에게 별다른 가르침을 주지 않고 혜능더러 장작 패고 방아를 찧도록 했는데, 혜능이 몸이 가벼워 방아를 제대로 찧지 못하자 등에 돌을 메고 일하는 모습을 그리고 있다. 그렇게 8개월을 보내자 홍인은 혜능에게 깨달음의 노래를 읊게 하고 만족스럽게 생각하며 그날로 자리를 물려주었다. 혜능은 깨달음을 얻고자 하였지만 그것에 짓눌리지 않고 묵묵히 자신의 일을 여덟 달 동안 해냈다. 8개월은 그저 의미 없이 지나간 시간이 아니라 일상에서 깨달음을 찾는 수행이었던 것이다.

'얻으려면 잃어야 한다'라는 말이 있다. 이 말은 세상사를 모두 주고받는 거래로 보라는 것이 아니다. 우리에게는 '내 것은 하나도 잃지 않고 다른 것들은 모두 해내겠다'는 이상한 수집벽이 있다. 그러면서 일이 제대로 풀리지 않는다고 조바심을 내고 짜증을 부린다. 지금 가진 것으로부터 한 걸음 비켜서고 앞으로 가지려는 것으로부터도 한 발 비켜섬을 아는 순간, 새로운 것은 어느 새 내 안에 깃들게 된다. 이렇게 떠나보낼 것을 자연스럽게 떠나보내는 것, 쉽지 않지만 생각해 볼 일이다.

동심, 진실한 마음을 가진 아이처럼

:

이지의 동심진심童心眞心

흔히 '사람의 본성은 착하다'라고 풀이되는 성선설은 맹자의 대표적인 주장이다. 인간은 스스로 완전하기 때문에 도덕적 선과 구원을 위해 절대신에게 의지할 필요가 없다는 것이 성선설이 주는 메시지이다. 사실 기독교나 이슬람교의 입장에서 보면 신의 존재를 부정하는, 불경스럽기 그지없는 말이기도 하겠다. 맹자의 성선설을 들으면 일반 사람들은 금세 의문이 든다. "갓난아이나 어린아이를 보라. 말도 못하고 울음으로 자신의 의사를 나타내고 또 안 되는 것을 아무리 타일러도 알아듣지 않고 무조건 떼만 쓰는데, 성선이라면 웃기지 않는가?"

맞는 말이다. 현실의 아이를 보면 사람이 성선이란 게 도무지 믿기지 않는다. 물론 패륜범죄나 연쇄살인마를 봐도 성선설을 믿을 수가 없다. 그러나 성선은 현실에서 만나는 구체적인 개개인이 보이는 이러저러한 행태를 두고 하는 말이 아니다. 만일 맹자가 현실에 버젓이 악인이 있는 것을 모르고 성선을 말했다고 생각한다면 그것은 우리가 맹자의 지성과 상식을 너무 무시하는 것이다. 우리는 대중교통을 이용할 때 나이 많은 어르신이나 임산부를 보면 자리를 비켜 주고, 위험한 거리에서 아이가 놀고 있으면 안전한 곳으로 데려다 준다. 맹자는 사람의 이러한 면을 보고서 성선이라고 믿었던 것이다.

그래서 동양철학에서는 아이를 '사람이기는 하지만 부족한 것이 많기 때문에 계발해야 하는 존재'로 보지 않고, 오히려 물들지 않은 온전한 상태를 간직하고 있는 존재로 여긴다. 반면 어른은 사회생활을 하면서 닳고 닳아 순수성을 잃어버렸다고 본다. 맹자와 노자는 서로 철학을 달리하지만 갓난아이의 마음을 가리키는 적자지심赤子之心이야말로 사람이 소중히 간직하고 지켜야 할 것으로 보았다는 점에서는 생각이 같았다.

맹자와 노자 이후에는 어린아이의 순수한 마음이 철학의 주제로 등장하지 못했다. 대신 하늘과 땅을 닮은 마음을 가리키는 천지지심天地之心, 도를 닮은 마음을 가리키는 도심道心, 사심이 없어 해맑고 이기심이 일어나지 않아 고요한 마음을 가리키는 허정지심虛靜之心 등이 주목을 받았다. 결국 천지지심, 도심, 허정지심은 적자지심에 비해 비교할 수 없을 정도로 추상화되고 보편화되었다. 이를 통해서 사람의 마음을 보다 엄밀하고 정확하게 설명할 수는 있었지만 구체적인 사람으로부터는 멀어지는 결과를 낳았다. 즉, "갓난아이의 마음으로 살라"라는 말은 "하늘과 땅을 닮은 마음으로 살라"라는 말에 비해 사람들이 어떻게 해야 하는지를 분명히 안내해 주는 명시적 특성을 갖는다. 아울러 후자의 말은 구체적인 사람이 느끼는 경험적 마음을 초월한, 별도의 근원적 마음이 있다고 생각하게 만든다.

명나라에서 다시금 어린아이의 마음을 소중히 여기는 이가 나타났다. 이지李贄(1527~1602)가 바로 그 사람이다. 그의 호는 탁오卓吾로 널리 알려져 있지만 스스로 끊임없이 다른 이름으로 불리기를 원할 정도로 호가 많았다.

그는 성인의 말씀과 『논어』 등 경전의 가치를 기계적으로 외우고 무비판적으로 답습하는 세태에 맞서서 자신의 마음을 진리의 기준으로 내세우는 등 쉬지 않고 시대와 불화를 일으키다가 만년에 혹세무민의 혐의로 투옥되었다. 이후 희망이 없음을 알고 76세에 자살로 생을 마감했다.

그는 오늘날 읽어도 감동이 전해지는 「동심설童心說」을 지어서 기성의 가치에 물들지 않은 어린아이의 마음을 회복해야 한다고 역설했다. 그의 몸에서 사자후처럼 터져 나오는 소리를 들어보자.

"아이의 마음은 바로 참된 마음이다. 아이의 마음이 올바르지 않다면 참된 마음조차 올바르다고 할 수 없다. 아이의 마음이란 거짓을 버려 순수하고 참되어서 제일 처음으로 들게 된 생각의 본마음이다. 아이의 마음을 잃어버리면 곧 참된 마음을 잃어버리게 된다. 참된 마음을 잃어버리면 곧 참된 사람을 잃어버리게 된다. 사람이면서 진실하고 온전하지 않으면 결코 처음에 든 마음으로 돌아가지 못한다. 아이는 사람의 처음이고, 아이의 마음은 마음의 처음이다. 처음의 마음을 어찌 잃어버릴 수 있을까! 어떻게 아이의 마음을 느닷없이 잃어버리게 되는 것일까? 바야흐로 자라기 시작하면서 듣고 보는 것이 귀와 눈을 통해 마음에 들어와서 마음의 주인 노릇을 하게 되면서 아이의 마음을 잃어버리게 된다. …… 이미 듣고 보는 것과 도리로 마음을 삼으면, 말하는 것이 모두 듣고 보는 것과 도리의 말이지 아이의 마음에서 저절로 나오는 말이 아니다. 비록 말이 공교롭다고 하더라도 나에게 무슨 관계가 있겠는가? 거짓된 사람이 거짓의 말을 빌려서 거짓의 일을 하고 거짓의 문장을 짓는다면 올바르겠는가?"(夫童心者, 眞心也. 若以童心爲不可, 是以眞心爲不可也. 夫童心者, 絶假純眞, 最初一念之本心也. 若失却童心, 便失却眞心. 失却眞心, 便失却眞人. 人而非眞全, 不復有初矣. 童子者, 人之初

也. 童心者, 心之初也. 夫心之初曷可失也! 然童心胡然而遽失也? 蓋方其始也, 有聞見從耳目而入, 而以爲主於其內, 而童心失. …… 夫旣以聞見道理爲心矣, 則所言者, 皆聞見道理之言, 非童心自出之言也. 言雖工, 於我何與? 豈非以假人言假言, 而事假事文假文乎?)

지금 읽어도 속이 시원해진다. 외국에 가면 어린이, 청소년, 어른 순서로 그 나라말을 잘 익힌다. 어른은 체면을 차리고 이것저것 따지느라 말문이 천천히 트이는 반면, 어린이는 하고 싶은 대로 말하고 떠들기 때문에 거칠 것이 없다. 또한 아이를 입학시킬 때는 부모가 외국어를 더듬거리며 그와 관련된 행정을 보지만 1년만 지나도 아이 혼자 척척 알아서 일을 처리하고 부모에게는 말할 기회조차 주지 않는다. 언어를 습득할 때는 어른의 마음보다 어린아이의 마음이 훨씬 낫다. 이것도 이지가 말하고자 하는 동심이다. 어른은 사회적 지위, 완전한 언어, 세련된 표현 등에 물들어 있기 때문에 말을 쉽게 건네지 못한다. 그러니 말문이 늦게 트일 수밖에 없는 것이다.

아이들에게 "(무엇을) 왜 하느냐?"라고 물으면 흔히 "그냥!"이라고 대답한다. 어른은 아이가 말하기 싫어서 일부러 그렇게 대답한다고 생각하고 계속 추궁한다. 물론 어떤 이유가 있어 뭔가를 하는 경우가 많지만, 그냥 이유 없이 하는 경우도 적지 않다. 다만 어른이 이유 있는 행동은 납득하고 이유 없는 행동을 납득하지 못할 뿐이다. 그렇게 길들여져 있기 때문이다. 하지만 어른도 주말에 집에서 TV채널을 이리저리 돌리거나 집 밖의 공원을 흐느적흐느적 산보할 때 "왜 그렇게 하느냐?"라고 물으면 딱히 대답할 말이 없을 것이다. 말 그대로 "그냥 한 것"이기 때문이다. 이때 이유를 찾아서 갖다 대는 것은 거짓이고 이유를 못 찾아 당황해하거나 말을 얼버무리는 게 진실이다.

노래에 실린 인생, 인생을 실은 노래

진정성은 내가 나를 만나는 데이트의 현장이다. 데이트 하면 보통은 자신이 아닌 다른 사람과 만나는 것을 생각한다. 그러다 보니 진짜 데이트, 즉 내가 나를 만나는 것은 자꾸 뒤로 미루게 된다. 어느 날 더 이상 만남을 뒤로 미룰 수 없을 때가 되어서야 내가 씩씩거리며 만나자고 한다. 만나지 않으면 더 이상 못 살 것 같기 때문이다.

그때가 바로 내 삶의 위기이다. 제발 이러지 말자. 수시로 자신과 만나면서 이런저런 이야기를 나누자. 그러려면 우리는 지금보다 훨씬 더 외로워지고 고독해져야 한다. 휴대폰을 끄자! 카카오톡을 끊자! 아니, 자신에게 전화를 걸고 자신과 카카오톡을 신청하라!

헛된 맹세, 공약空約 등 말이 넘쳐 나는 세상이다. 이것은 어떤 한 사람 혹은 어떤 단체의 잘못이 아니라 우리 모두의 잘못이다. 진정성을 헤아리고 그것에 어울리는 반응을 보여야 한다. 진심, 단절, 동심 등에서 오는 내면의 목소리를 들어 보면 좋겠다.

이 부분의 글을 쓰면서 노사연의 「만남」(1989)과 이문세의 「광화문 연가」(1988)를 듣곤 했다. 옛날에는 「만남」을 들으며 '운명적인 사랑이란 어떤 것일까'라고 생각하곤 했다. 노사연은 예능 프로그램에 나오면 목소리가 팡팡 터지지만 이 노래를 부를 때는 전혀 다르다. 소리가 새어 나가지 않도록 음을 모아 아끼듯이 조곤조곤 부르기 때문이다.

"우리 만남은 우연이 아니야 / 그것은 우리의 바램이었어 / 잊기엔 너무 한 나의 운명이었기에 / 바랄 수는 없지만 영원을 태우리 / 돌아보지 마라 /

후회하지 마라 / 아 바보 같은 눈물 보이지 마라 / 사랑해 사랑해 너를 너를 사랑해"

「광화문 연가」를 들으면 이문세의 특이한 목소리와 함께 덕수궁과 광화문은 서울의 어떤 한 곳이 아니라 수많은 사람들이 걸었고 앞으로 또 누군가가 걸어갈 곳으로 바뀐다. 또 세월 따라 지나가 버린 과거의 기억을 오늘로 오롯이 되살려 놓는다. 아마도 그때가 진정이었기 때문이리라.

"이젠 모두 세월 따라 / 흔적도 없이 변하였지만 / 덕수궁 돌담길엔 아직 남아 있어요 / 다정히 걸어가는 연인들 / 언젠가는 우리 모두 / 세월을 따라 떠나가지만 / 언덕 밑 정동길엔 / 아직 남아 있어요 / 눈 덮인 조그만 교회당 / 향긋한 오월의 꽃 향기가 / 가슴 깊이 그리워지면 / 눈 내린 광화문 네거리 / 이곳에 이렇게 다시 찾아와요"

4장

·

공감하라 그리고 이해하라

·

•　　　부모와 자식 사이는 자녀가 사춘기에 들어서 조금씩 엇나가기 시작한다. 이전에는 부모가 뭐라고 하면 자식은 별다른 말없이 그대로 따랐다. 하지만 사춘기가 되면 자신의 생각이 자라기 시작한다. 물론 이 시기의 생각이 뚜렷한 이유와 명분을 가지고 있는 경우도 있지만 막연히 이게 아니라 저게 좋다는 식의 느낌에 지나지 않는 경우도 있다. 어쨌든, 미리 무언가를 결정한 부모가 이전과 마찬가지의 방식으로 통보하면 자식은 옛날과 달리 그대로 따르지 않는다. 부모는 "다 너를 위해서 미리 생각해 봤다"라고 말하지만 자식은 "왜 나와 상의하지 않느냐?"라며 항의한다. 이때 부모와 자식이 제대로 대화를 할 수 있다면 사정이 좀 낫지만, 그렇지 않다면 부모의 통보와 자식의 항의가 끊임없이 되풀이되면서 둘의 사이는 서서히 나빠지기 시작한다.

　　사회생활을 해 봐도 부모와 자식의 역할 방식이 되풀이되곤 한다. 직원들이 며칠을 고생해서 만들어 놓은 기획안도 의사결정권자의 말 한마디에 뒤집어지거나 갑자기 없던 일이 되어 버리기 일쑤이다. 애초부터 기준과 범위가 분명하게 제시되었더라면 그런 시행착오를 범하지 않아도 되었을 텐데 말이다.

　　이렇게 보면 우리 사회는 적어도 의사결정의 방식과 구조에서 후진적인 형태를 드러내고 있다. 물론 모든 것이 그렇다는 말이 아니다. 교육이나 산업 등 선진적인 분야에서는 기존의 관행을 벗어나 자율성을 가진 팀제로 운영되는 곳이 많다. 반면 행정, 정치, 기획 등 전체를 조율하는 기능을 보면 여전히 명령에 죽고 산다는 군대 조직처럼 경직된 의사결정 구조를 가진 곳이 많다. 회의를 한다고 해도 분위기가 자유롭지 않으니 리더와 오너의 훈시를 듣는 행사장과 같다.

리더와 오너의 지시가 없으면 조직은 개점휴업의 상태를 보인다. 섣불리 무슨 일을 했다가는 큰일이 나기 때문에 윗분의 지시를 기다리는 것이다. 교육 현장에서도 상급 기관의 정책 결정이 늦어지는 이유를 물어보면 "청와대의 지시가 없어서"라는 말을 쉽게 한다. 그 말인즉슨 지금은 놀고 있다는 뜻이다. 그러다가 윗분의 짧은 지시가 떨어지면 조직은 하루아침에 그럴싸한 독트린을 만들어내야 한다. 이런 조직에서의 유능한 사람이란 짧은 지시에 담긴 무한한 의미를 윗분의 마음에 쏙 들게 뽑아내는 사람이다. 이런 이들은 조직을 이런 구조로 움직이면서 그것을 '효율적인 의사결정 구조'라고 칭하고, 하위 단위에서 뜨겁게 토론한 뒤 상급 단위로 토스하는 식으로 문제의 위험요소를 걸러내면서 지루한 과정 끝에 해답이 나오는 구조를 비효율적이라며 냉소한다.

이처럼 혼자 외롭게 결정하는 자와 시키는 대로 움직이는 자의 도식으로 의사결정이 이루어지다 보니 잘될 때는 미친 듯이 잘되고 안 될 때는 바닥을 모를 듯이 추락한다. 대기업의 오너가 하루아침에 신규 시장 진출을 지시하면 타당성 조사는 뒷전이고 모든 사람이 그 지시의 수행을 위해서 발 벗고 나선다. 그러다가 사업이 호기를 만나서 잘되면 오너와 리더의 천재성 덕분이 되고, 악재를 만나서 실패하면 보좌진이 무능한 탓이 된다.

이제 이러한 의사결정의 방식과 구조는 달라져야 한다. 왜냐하면 그런 방식과 구조에서는 조직에 문제가 생겨도 매뉴얼조차 제대로 작동하지 않기 때문이다. 독선적이고 오만한 의사결정은 공감과 공명의 의사결정으로 바꿔야 한다. 이때 모든 사람은 직급이 다를지언정 함께 문제 해결의 길을 찾아가는 공동의 탐구자가 되어야 한다. 내가 조직에서 행복한 이유는 윗분이 나를 알아줘서가 아니라, 조직 내에서 스스로 내 존재감을 확인할 수 있기 때문이다. 윤태호는 웹툰 〈미생, 아직 살아 있지 못한 자〉에서 신입사원이 회사에서 자신의 존재감을 찾아 가는 과정을 생생하게 그리고 있다.

우리는 왜 공감과 공명의 가치를 알고 있으면서 독선과 오만의 문화에서 빠져나오지 못하는 것일까? 바로 '리더의 고독한 결정'이라는 오래된 신화에 사로잡혀 있기 때문이다. 일찍이 공자는 『논어』에서 독선과 오만의 리더십을 말한 적이 있다. "민은 고분고분 따라오게 할 수는 있지만 왜 그러는지 알게 할 수는 없다."(民可使由之, 不可使知之.「태백」) 알아 봤자 시끄러운 일만 생기니 민과 함께 토론해서 결정하는 것보다 민의 윗분이 조용히 고독하게 결정하는 것이 낫다는 것이다.

상앙도 『상군서』에서 고대의 격언을 인용하면서 다음과 같이 말했다. "남들보다 뛰어난 행동을 하는 사람은 원래 세상으로부터 비난을 당하고, 홀로 미래를 알아차리는 사고를 가진 사람은 반드시 인민 대중에게 비웃음을 당하기 마련이다. 그래서 격언에서 말한다. '어리석은 사람은 일이 이루어진 뒤에도 뭐가 뭔지 모르고 지혜로운 사람은 뭔가 일이 싹트기 전에도 잘 헤아린다.' 점을 잘 쳤던 정치가 곽언의 법에서는 다음처럼 말하고 있다. '완전한 덕을 다루는 사람은 세속에 영합하지 않고 큰 공을 세우는 사람은 대중과 함께 꾀를 내지 않는다.'"(夫有高人之行者, 固見負於世. 有獨知之慮者, 必見驚於民. 語曰: '愚者闇於成事, 知者見於未萌. 民不可與慮始, 而可與樂成.' 郭偃之法曰: '論至德者不和於俗, 成大功者不謀於衆.'「갱법」)

공자와 상앙은 사상적으로 서로 다른 길을 가는 사람이었지만 '리더의 고독한 결정'에 대해서는 입을 맞춘 듯 같은 말을 하고 있다. 이러한 문화가 오랫동안 핏속에 흐르다 보니 리더와 오너의 짧은 지시에 각주를 달고 해석하는 문화는 발달했지만 그들과 계급장 떼어 놓고 자유롭게 일전을 벌이는 데는 낯설다. 우리나라에서 의회민주주의가 꽃을 피우지 못하는 것에는 다 이유가 있다. '리더의 고독한 결정'이라는 조직 문화가 변하지 않는 한 국회의원은 지시를 기다릴 것이다. 국정감사를 나가서 '복지부동'의 근무 태도를 호되게 비판하는 그들이지만, 알고 보면 그들 자신도 복지부동하고 있는 것이다.

어디에서 공감을 느낄까? 심복, 관찰, 선견지명의 실마리를 발판으로 삼아서 이야기꽃을 피워 보자.

심복, 놓아 주었다가 붙잡았다가

:

제갈량과 맹획의 칠종칠금七縱七擒

• 　　명절이 되면 그간 따로 살던 친척들이 한곳에 모인다. 가만히 있자니 밋밋하고 TV를 보고 있자니 뭣하다. 이때 거침없는 소리가 나온다. "놀면 뭐하냐? 고스톱이나 한 판 벌이자." 이기고 지기를 반복하다 보면 어느 새 판세가 한쪽으로 기울기 시작한다. 이때 진 사람은 자신이 상대보다 실력이 없어서가 아니라 '왠지 운이 안 따라 줘서' 졌다고 생각한다.

중학교 시절에 나는 수업이 끝난 뒤 친구들끼리 라면 내기 축구 경기를 하곤 했다. 서로 체격 조건이 엇비슷하고 해 오던 가락이 거기서 거기라 실력이 비등비등하다. 우리 팀이 이기더라도 상대가 우리보다 약하다고 생각하지 않는다. 반대의 경우도 마찬가지이다.

이처럼 실력이 엇비슷한 이들은 만나기만 하면 서로 으르렁거린다. 이전의 전적을 가지고 누군가 자신이 한 수 위라고 하면 다른 사람도 이에 질세라 자신에게 유리한 증거를 들먹이며 자신이 낫다고 주장한다. 두 사람 또는 두 팀 사이에는 공감이 있을 수가 없다. 이러다 보니 승자는 여유가 없고 패자는 결과에 승복하지 않는다.

반드시 승부의 세계가 아니더라도 이런 삶의 방식에 길들여지면 함께 느끼고 함께 생각하기보다는 따로 느끼고 따로 생각하는 경향이 강해진다. 기껏 단합대회를 한다고 운동회나 등산, 골프 경기 등을 준비해도 모두가 하나가 되지 못하다 결국 끼리끼리 뭉쳐 헤어지는 것을 확인하는 경우가 많다.

그럼에도 상대에 흔쾌히 승복하는 상황이 있다. 바로 양측의 실력이 압도적으로 차이가 나서 약자가 강자에 대한 도전을 완전히 포기할 때 그렇다. 이를 심복心服이라고 한다. 이와 관련해서 유명한 이야기가 바로 제갈량과 맹획孟獲 사이의 칠종칠금七縱七擒이다. 유비의 사후 제갈량이 어린 후주 유선을 보좌할 당시, 촉은 북쪽의 위와 맞서고 남쪽의 남만南蠻 세력을 견제해야 했다. 즉, 제갈량이 섣불리 위에 공세를 취하는 중에 남만이 촉의 배후를 치기라도 하면 큰일이 나는 상황이었던 것이다. 당시 촉은 두 전선에서 두 전투를 동시에 수행할 수 있는 형편이 아니었다. 따라서 제갈량으로서는 위와 일합을 겨루기 위해 반드시 남만의 공세를 억눌러야 했다.

이런 맥락에서 제갈량은 남쪽 정벌을 단행하고, 그 지역의 영수 맹획과 전쟁을 벌이게 되었다. 제갈량의 목적은 단순히 승리하는 것이 아니라 남만이 촉의 배후를 교란시키지 않도록 그들의 침략 의지를 완전히 꺾어 버리는 것이었다. 이에 제갈량은 한 차례 전투에 이기고서 남정南征의 종식을 선언하지 않고, 싸울 수 있는 만큼 맹획에게 기회를 줘서 그로 하여금 도저히 촉을 이길 수 없겠다는 생각이 들게끔 만들어야 했다.(亮笑, 纵使更战. 七縱七擒, 而亮狄遺獲. 獲止不去, 曰: 公天威也! 南人不夏反矣. 『삼국지』)

어찌 보면 칠종칠금은 무모하고 온정적인 대책으로 보이지만 실제로 그 나름의 이유가 있었던 것이다. 이 때문에 제갈량은 맹획을 일곱 번이나 사로잡았어도 쉽게 처형이냐 강화냐를 결정하지 않고 그때마다 풀어 주었다. 수학적으로 따지면 맹획을 잡았으나 놓아 주지 않은 마지막 '종'이 있으므로 '칠종칠금'은 '팔종칠금'이 되어야 한다.

이 이야기에 따르면 칠종칠금 끝에 맹획은 더 이상 촉에 대한 대항 의지를 품지 않고 완전히 투항했다. 즉, 압도적인 힘의 차이 앞에 완전한 복종을 선언한 것이다. 이를 두고 훗날 풍몽룡馮夢龍(1575~1646)은 『유세명언喩世明言』에서 제갈량이 칠종칠금을 통해 맹획을 "마음으로 복종시킨 것이지 힘으로 복종시킨 것이 아니다"(但復其心, 不復其力)라고 미화하기에 이르렀다.

하지만 이 칠종칠금의 고사는 사실 제갈량과 관련이 없다. 『삼국지 촉지』 「제갈량전」에 보면 "제갈량이 군사를 이끌고 남쪽 정벌을 떠났다가 그해 가을에 모두 평정했다"(亮率衆南征, 其秋悉平)라고 되어 있다. 다만 이 부분의 주석에서 배송지裴松之는 동진 습착지習鑿齒의 『한진춘추漢晉春秋』를 인용하며, 제갈량의 남정南征이 건흥 3년(225)에 남중南中, 즉 오늘날 윈난, 쓰촨, 귀저우의 경계 지역에서 진행한 군사 행동으로 보았다. 그때 제갈량은 맹획을 대상으로 칠종칠금을 했다는 이야기가 있었다고 한다. 『한진춘추』는 삼국시대의 역사 기술에서 촉한 정통론을 주장하는 대표적인 서적으로서 『삼국지』보다 후대에 쓰였다. 그 뒤에도 칠종칠금과 제갈량의 관련성은 『태평어람』, 『책부원구』, 『태평환우기』, 『삼국연의』 등에 재수록되면서 확대 재생산되었다. 그러나 촉과 남만의 관계에서의 주인공은 제갈량이 아니라 『삼국지』 「장의전」에 나오는 장의張嶷이다. 그는 남만 지역의 4개 현에서 일어난 반란을 진압하여 촉의 배후를 안정시키는 데 결정적인 공을 세웠다. 그러므로 칠종칠금은 본래 장의의 이야기였으나, 훗날 제갈량의 명성이 더해지면서 그의 이야기로 각색된 것이라 할 수 있다.

칠종칠금과 제갈량의 관계가 사실이 아니더라도 칠종칠금의 심복 문화가 동아시아의 조직 문화에 커다란 영향을 끼친 것은 힘이 있을 때까지 도전하다가 더 이상 가능하지 않으면 반항 의지를 완전히 접고서 깨끗하게 승복하는 것이다. 이러한 문화에서 심복心復은 수족처럼 일하는 심복心腹이 된다. 대한제국이 일본의 식민지가 되었을 때, 필력을 드날리던 유명한 문인들은 일본을 위해 글을 썼다. 심지어 패전이 임박해지는 즈음에는 조선의 학생들은 대일본제국을 수호하는 학도병이 되고 인민은 황실을 수호하는 전쟁에 물자를 대자는 글을 쓰고 강연을 했다. 그들도 맹획처럼 압도적인 대일본 제국에 심복을 했다가 황실을 위해 수족처럼 일하는 심복이 되었던 것이다.

물론 심복한다고 모두 수족 같은 심복이 되지는 않는다. 맹자는 승복을 두 가지로 나누었다. "힘으로 약한 사람을 복종시키면 마음으로 복종하는 것이 아니라 힘이 모자라기 때문이다. 덕으로 다른 사람을 복종시키면 속마음으로 기뻐하면서 진실하게 복종하게 된다. 마치 70명의 제자가 공자에게 복종하는 경우와 비슷하다."(以力服人者, 非心服也, 力不贍也. 以德服人者, 中心悅而誠服也, 如七十子之服孔子也.「공손추」상3) 역복은 물리력에 바탕을 둔 폭력의 행사를 말하고 덕복은 인격에 바탕을 둔 감동의 확산을 말한다. 역복은 지배와 복종의 제도적인 질서로 이어지지만 덕복은 상호계발에 바탕을 둔 대칭적인 관계 설정이다. 앞으로 우리 사회는 역복의 심복을 벗어나 덕복의 심복으로 바뀌었으면 한다.

관찰, 깊은 곳을 재어 보고 속마음을 헤아리다

:

귀곡자의 측심췌정測深揣情

• 　　　사람의 성격은 학습과 업무 추진에 많은 영향을 준다. 취업을 준비하는 사람들은 다들 영어 때문에 골머리를 앓는다. 외국에 살았거나 어학연수를 해 본 경험이 있다면 좀 편하겠지만 그렇지 않으면 영어를 듣고 말한다는 것이 여간 어렵지 않다. 이러다 보니 영어 스트레스를 엄청나게 받는다. 나는 영어를 잘하려면 먼저 자신의 성격과 습관을 잘 알아야 한다고 본다.

기상과 취침 시간이 일정하고 계획대로 잘 움직이는 자율형이 있다고 하자. 이런 사람은 영어를 익히기 위해 굳이 학원을 다니거나 외국에 나가지 않아도 된다. 동영상을 보거나 주위의 외국인을 만나는 등 여러 가지 조건을 활용해서 영어를 배울 수 있기 때문이다. 물론 자율적 특성에 적극적인 측면까지 결합된다면 더더욱 혼자서 잘할 수 있다. 반면 부모님이 잔소리해야 일어나고 생활 습관이 뒤죽박죽이라면 혼자 알아서 영어를 공부할 수가 없다. 이런 이들은 학원의 새벽반은 불가능하겠지만 오후반이라도 등록해서 숙제와 시험 등 외적인 강제를 받아야만 한다. 타율형에다가 소극적인 측면이 결합하면 영어를 배우기가 참으로 어렵다.

흔히 어학연수가 좋다고 하지만 그것도 소극적인 사람에게는 아무런 소용이 없다. 외국에 나가서도 집과 학교만을 왔다갔다 할 터이니 외국 생활의 장점을 살릴 수가 없기 때문이다. 그래서 나는 영어만이 아니라 자신에게 부족한 것을 배우고 싶다면 먼저 자신의 특성을 잘 관찰하여 고칠 수 있는 부분을 과감하게 고쳐야 한다고 생각한다. 그렇지 않으면 계속 실패를 거듭하게 될 것이기 때문이다. 즉, 돈은 돈대로 들어가고 시간은 시간대로 들이고 고생은 고생대로 하면서도 배운 것은 쥐꼬리보다 적어지는 것이다.

사실 우리는 자신을 잘 안다고 생각하지만 의외로 잘 모르고, 친한 사람을 잘 안다고 여기지만 모르는 것이 뜻밖으로 많다. 심한 경우 우리는 변해 가는 자기 자신이 낯설게 느껴지기도 하고 친한 사람도 기대와 다르게 행동하면 가끔 남처럼 여겨진다. 그러고는 서로 "왜 나에게 많은 것을 보여 주지 않았을까?"라는 의구심을 갖는다. 사실은 보여 준 것은 많았지만 서로 눈여겨본 것이 적은 것인데 말이다.

전쟁의 경우도 손자는 "지피지기知彼知己, 백전불태百戰不殆", 즉 상대의 전력을 알고 아군의 전력을 알면 백 번을 싸우더라도 아군이 위험스런 상황에 놓이지 않는다고 말했다. 지피지기를 하려면 상대와 나를 관찰해야 한다. 나를 안다는 것은 나를 주관적이고 희망적으로 관찰한다는 것이 아니라 나를 남처럼 객관화시켜 놓고 장점과 단점을 냉정하게 살핀다는 것이고, 남을 안다는 것은 남을 괜히 과대 또는 과소평가하지 않고 있는 그대로 헤아린다는 것이다. 손자 시절에도 간자間者를 활용해서 적의 동태와 전력을 파악하고자 했다.

우리네 인생이 전쟁은 아니라고 하더라도, 나를 알고 남을 안다면 괜한 오해나 쓸데없는 의심을 하지 않아도 된다. 다들 자기 관점, 생각, 감정 등에 빠져서 자꾸 그쪽으로 자신과 상대를 몰아가다 보니 의심이 생기고, 의심이 커져서 오해를 낳고, 오해가 풀리지 않아서 자연히 다툼이 생기는 것이기 때문이다.

제자백가 중에서 공자, 손자, 귀곡자鬼谷子, 장자, 한비자 등은 사람에 대한 관찰에 많은 관심을 보였다. 불안한 시대를 살아가는 만큼 미묘하고 미세한 움직임을 포착하는 것이 중요하기 때문이다. 또한 사람을 주제로 생각을 하고 글을 쓰다 보면 독심술 비슷하게 사람의 마음을 읽는 능력이 생기기도 한다.

그들 중에서 귀곡자는 양권췌정量權揣情, 즉 변화하는 힘의 강약과 허실을 양화하고 미묘한 속마음의 움직임을 헤아리는 방법을 통해 지피지기하고자 했다. 췌정의 일단을 들어 보자.

"반드시 목표물이 아주 기뻐할 때 그이에게 접근하여 바람을 부추겨서 키워 준다. 그에게 바람이 있다면 반드시 자신의 속마음을 숨기지 못하고 말하게 된다. 반드시 목표물이 아주 두려워할 때 그이에게 접근하여 싫음을 살살 부추겨서 키워 준다. 그에게 싫음이 있다면 반드시 자신의 속마음을 숨기지 못하고 말하게 된다. 이처럼 속마음의 바람과 싫음을 통해 반드시 변화를 알아차릴 수 있다. 나의 작전에 감동받은 목표물임에도 그 변화를 알아차릴 수 없다면 일단 그를 내버려 두고, 더 이상 말을 건네지 말고 대상을 바꿔 목표물과 친한 사람에게 물어서 목표물이 무얼 믿고 편안한지 알아낸다. 속마음은 안에서 바뀌면 반드시 밖으로 모습이 드러나기 때문에 늘 반드시 드러난 것을 바탕으로 숨어 있는 것을 알아낸다. 이

를 깊은 곳을 헤아려서 속마음을 살핀다고 한다."(必以其甚喜之時, 往而極其
欲也, 其有欲也, 不能隱其情. 必以其甚懼之時, 往而極其惡也, 其有惡也, 不能隱其
情. 情欲必知其變. 感動而不知其變者, 乃且錯其人勿與言, 而更問所親, 知其所安.
夫情變於內者, 形見於外, 故常必以其見者, 而知其隱者. 此所謂測深揣情.「췌摣」)

　지금으로부터 2000년 전의 사람이 한 말이라고 하기에는 섬뜩할 정도
이다. "그래그래, 맞아" "어쩜 그럴 수 있지!"라고 손뼉을 치면서 목표물의
마음을 훤히 꿰뚫어 보는 한 편의 첩보 영화를 보는 것 같다. 우리야 간자
처럼 살아갈 필요가 없으니 주위를 따뜻하게 가꾸기 위해서 사람들의 마
음을 헤아리는 기술을 터득해 보자. 귀곡자의 말이 그렇게 어려워 보이지
는 않는다. 귀곡자의 측심췌정에 탁월한 사람은 우리 주위에도 많다.

선견지명, 대비하면 걱정거리가 없으리

:

부열과 위강의 유비무환有備無患

글로벌 경제, 지구촌, 세계화는 양면성을 가지고 있다. 노력하기에 따라 경제 영토가 넓어진다는 측면에서 보면 이러한 현상은 분명 기회이다. 내가 만든 제품을 우리나라만이 아니라 세계 어디에든 팔 수 있으니 말이다. 반면 위험성과 우연성의 증가에 따라 개인과 국가의 경제적 기반이 언제 어떻게 바뀔지 몰라 불안도 커지는데, 이는 분명히 위기이다. 유럽과 미국의 경기 침체, 일본의 장기 불황, 중국의 경제 성장세 둔화 등으로 우리나라의 경제 여건이 나빠지고 있는데, 이러다가 어느 날 갑자기 1997년과 같은 국가부도 사태가 재연될 수도 있다.

1997년의 위기로 우리나라 사람들은 전쟁만이 아니라 경제 위기 또한 인간의 삶을 참혹하게 만들 수 있다는 것을 새삼 뼈저리게 느꼈다. 국민 개개인이 미래의 위기에 대비해야겠지만 산업계와 정부의 정책결정권자들 역시 낙관적인 장밋빛 희망, 선심성 공약이 아니라 현재의 문제를 정확하게 진단하여 미래의 안전을 준비할 때 시민들의 지지를 받을 수 있다. 이러한 지지는 공감으로 이어지고 공감은 우리 공동체를 행복하게 만드는 거대한 자본이 될 것이다.

1997년 이후로 우리는 '소 잃고 외양간 고친다'는 격언을 실행했다. 이제는 '소를 잃기 전에 외양간을 고치는' 준비를 해야 할 때이다. 상나라가 번영기를 지나서 국력이 쇠퇴해질 즈음에 고종^{高宗} 무정^{武丁}이 즉위했다. 그이는 삼년상을 치른 뒤에 갑자기 침묵을 지키며 아무런 말을 하지 않았다. 신하들이 여러 차례 간언을 해도 묵묵부답이었다. 그러던 어느 날 갑자기 그의 꿈에 상제가 나타나 그를 도울 현자를 보여 주었다. 고종은 꿈 속의 인물을 그림으로 그렸고 전국에서 그와 닮은 사람을 찾아 나섰다. 그러다 부암^{傳巖}에서 길 닦는 공사를 하던 열^說이 초상화와 닮았음을 본 고종은 그를 부열^{傳說}이라 이름 짓고 재상으로 삼아 자신을 보필하게 했다. 이때 부열이 고종에게 다음을 간언했다.

"치안의 관리는 여러 실무자에 맡긴다. 관직은 사적으로 친한 사람에게 미치지 않고 능력자에게 주고, 작위는 악덕한 자에게 미치지 않고 현자에게 준다. 선을 고려해서 움직이고 움직임은 시의를 따진다. 자신의 선을 내치비면 선을 잃고 자신의 능력에 우쭐해하면 공을 잃게 된다. 모든 일마다 미래의 대비를 해야 한다. 미래의 대비가 있으면 걱정거리가 없다."
(惟治亂在庶官. 官不及私昵, 惟其能. 爵罔及惡德, 惟其賢. 慮善以動, 動惟厥時. 有其善, 喪厥善, 矜其能, 喪厥功. 惟事事, 乃其有備. 有備無患. 「열명^{說命}」 중)

부열의 발언은 정부가 각 부처에 필요한 사람을 발표할 때마다 나오는 평가와는 정반대이다. 부열은 능력과 실력 그리고 도덕성과 인품을 관직과 작위 부여의 기준으로 삼으라 했지만 현실에서는 사적 관계와 보은을 중시한다. 인사는 현재를 조율하고 미래를 대비하는 가장 중요한 요소이다. 인사가 적절하지 못하면 현재의 문제가 발생해도 문제인 줄 모르고 미래에 어떤 일이 생길지 또한 전혀 예상하지 못한다. 문제에 앞서 대비를 해 놓고 문제가 생기면 여유 있게 대처하는 것이 아니라 늘 문제를 뒤따라가면서 운수와 예산 타령을 해 댄다.

『좌씨전』에서도 진晉나라 위강魏絳은 부열이 고종에게 했던 말을 도공悼公에게 되풀이하고 있다. "『서경』에 보면 편안하게 지낼 때 닥쳐올 위기를 생각하라고 한다. 미리 생각하면 대비 방법이 나오고 대비 방법이 있으면 걱정거리가 없어진다. 감히 이에 따라 교훈을 찾는다."(書曰: 居安思危. 思則有備, 有備無患. 敢以此規. 양공 11년)

창업을 꿈꾸는 사람도 많고 정치 지도자를 꿈꾸는 사람도 많다. 꿈을 꾸기에 앞서 지금 필요한 것이 무엇이며 앞으로 무슨 일이 일어날지 예상할 수 있는지 스스로 자문자답해 볼 일이다. 이어서 그것의 해결책을 찾아서 가져야 한다. 이것 없이 리더와 오너가 되기를 바란다면 차라리 혼자 꿈속을 헤매는 것이 낫다. 그렇지 않고 계속 꿈을 꾼다면 다른 사람의 소중한 꿈마저 짓밟을 수 있기 때문이다. 자신을 냉엄하게 돌아볼 일이다.

『서경』과 『좌씨전』에서의 요구가 다소 추상적이라면 『관자』에는 조금 구체적인 방안이 나와 있다. 그의 이야기를 들어 보자. "한 해 살아가는 계획으로 곡식 심기보다 좋은 것은 없다. 십 년 살아가는 계획으로 나무 심기보다 좋은 것이 없다. 평생 살아가는 계획으로는 사람 키우기보다 좋은 것이 없다. 한 번 심어서 한 번 거두는 것은 곡식이요, 한 번 심어서 열 배 거두는 것은 나무요, 한 번 키워서 백 배 거두는 것은 사람이다."(一年之計, 莫如樹穀. 十年之計, 莫如樹木. 終身之計, 莫如樹人. 一樹一獲者, 穀也. 一樹十獲者, 木也. 一樹百獲者, 人也.「권수權修」)

『관자』의 '종신'은 '백 년'으로 바꿔서 말하기도 한다. 아래에 '백 배 거둔다'는 말이 나오므로 바꿔도 자연스럽다. 1997년 국가부도 사태가 지나갔지만 그 이후에도 세계 경제의 침체와 불황에 따라 위기의 목소리가 주기적으로 들려온다. 하지만 아직도 『관자』의 말처럼 국가, 정부, 기업, 언론 등에서 '수인^{ᄈᄉ} 프로젝트'를 실시한다는 말은 없다. 지금의 사람으로 충분한 모양이다. 그렇다면 왜 위기의 소리가 있을 때마다 호들갑 떠는 소리가 크고 불안해하는 목소리가 높은가? 호들갑과 불안마저도 팔아 먹을 상품인가?

노래에 실린 인생, 인생을 실은 노래

공감은 우리가 한 번씩은 같은 곳을 바라보며 비슷하게 느끼고 있음을 확인하는 것이다. 같은 곳 혹은 가까운 곳에 있으면서 서로 다르게 느끼는 것만큼 사람을 슬프고 무기력하게 만드는 일도 없다. 그때 벽을 느낀다. 절망을 느낀다. 상황이 아무리 어려워도 공감할 수 있다면 희망이 있는 것이다.

요즘 위기라는 말이 심심찮게 들려온다. 역사적으로 보면 수많은 정치 지도자들이 있었지만 위기를 막지 못해 고통으로 이어진 경우가 많다. 조선 시대의 임진왜란도 '만일의 경우'를 예측하고 대비했더라면 상황이 달라졌을 것이다. 결국 선견지명이 있는 지도자가 없었던 것이다. 오늘날도 마찬가지이다. 고통을 되풀이하지 않으려면 심복, 관찰, 선견지명 등에서 얻을 수 있는 공감의 가치를 되새겨봐야 한다.

이 부분을 쓰면서 안치환의 「내가 만일」(1995)과 송창식의 「왜 불러」(1986)를 들었다. 「내가 만일」을 들으면 내가 사랑하는 사람을 위해 무엇을 할 수 있을까를 생각해 보게 된다. 안치환은 하늘이 되고 시인이 되고 구름이 되어 큰 기쁨과 사랑을 노래하고 싶어 한다. 나는 하늘이 되지도 시인이 되지도 구름이 되지도 못하지만 대신에 우산이 되어 갑자기 내리는 소나기를 피하게 하고 한 잔의 차와 커피가 되어 피곤하고 지친 영혼을 달래 주고 싶다.

"내가 만일 하늘이라면 / 그대 얼굴에 물들고 싶어 / 붉게 물든 저녁 저 노을처럼 / 나 그대 뺨에 물들고 싶어 / 내가 만일 시인이라면 / 그대 위해 노래하겠어 / 엄마 품에 안긴 어린아이처럼 / 나 행복하게 노래하고 싶어 / 세상에 그 무엇이라도 / 그대 위해 되고 싶어 / 오늘처럼 우리 함께 있음이 / 내겐 얼마나 큰 기쁨인지 / 사랑하는 나의 사람아 / 너는 아니 이런 나의 마음을"

「왜 불러」를 들으면 연극을 보는 느낌이 든다. 송창식도 목소리를 바꿔 가면서 자신의 마음을 닫았다 열었다 한다. 끝까지 들어도 가사처럼 자신을 부르지 말라는 뜻인지 아니면 자신을 불러 달라는 말인지 들을 때마다 판단이 달라진다. (이랬다저랬다 하며 수시로 마음이 바뀌는 사람과 그때마다 마음이 철커덩철커덩 내려앉는 사람이 눈앞에 선하게 그려진다.)

"왜 불러 왜 불러 / 돌아서서 가는 사람을 / 왜 불러 왜 불러 / 토라질 땐 무정하더니 왜 / 자꾸자꾸 마음 설레게 해 / 아니 안 되지 / 들어서는 안 되지 / 아니 안 되지 / 돌아보면 안 되지 / 한 번쯤 불러 주는 그 목소리에 / 다시 또 속아선 안 되지 / 안 들려 안 들려 / 마음 없이 부르는 소리는 / 안 들려 안 들려 / 아무리 소리쳐 불러도 / 아 이제 다시는 나를 부르지도 마"

·

5장

의미 있는 삶 외에 무엇이 더 필요한가

·

• 　　　잘난 사람과 못난 사람, 부자와 빈자 모두 가지고 있는 공통
점이 있다. 모두 사람이라는 것, 그래서 언젠가는 모두 죽는다는 것이다.
이것은 그 누구도 피할 수 없는 진실이다. 앞서 예를 든 피그말리온 신화
를 다시 이야기해 보자. 피그말리온은 자신이 만든 조각상 갈라테이아를
사랑하여 이룰 수 없는 사랑에 신음했다가 아프로디테의 도움을 받아 인
간이 된 갈라테이아와 결혼했다. 내가 피그말리온이라면 갈라테이아를
인간이 되게 하여 늙어서 죽게 했을까, 아니면 조각상의 상태로 영원한
아름다움을 가진 젊은 상태로 있게 했을까 생각해 본다. 피그말리온의 사
랑의 열병을 이해하지 못하는 바도 아니지만 사랑하는 존재를 늙고 병들
어 죽게 하는 것도 몹쓸 짓이다.

　철학과 종교는 부분적으로 유한한 인간이 그 유한성으로 인해 겪는 고
통과 절망에 응답해야 하는 책임을 지니고 있다. 종교는 탄생과 죽음 그
리고 결혼 등 인생의 중요한 길목마다 독특한 의례를 통해서 인간을 축복
하고 위로하는 기능을 수행한다. 더 나아가 종교는 전생과 현생 그리고
내생을 통해 사람들로 하여금 삶과 죽음이 서로 맞물리고 엇갈리는 경계
를 통찰하도록 만든다. 철학은 행위보다 의미를 통해서 사람들로 하여금
삶과 죽음의 근본 사건을 성찰하도록 만든다.

　동아시아 문화에는 유대교, 기독교, 이슬람교와 같은 유일신 또는 절대
신 개념이 없다. 그렇다고 동아시아 문화에 신이 없는 것은 아니다. 조상신
도 있고 자연신도 있으며 기능신도 있고 처녀귀신과 총각귀신도 있다. 즉,
다신교 전통이라고 할 수 있다. 중매를 주관하는 여와가 있고 출산과 육아
를 주관하는 삼신할미가 있으며 토지와 곡식의 성장을 주관하는 사직신이

있다. 동해 바다를 지키는 동해신이 있고 백두산을 지키는 백두산신이 있고 마을 앞의 강을 지키는 강신이 있다. 하지만 이들은 모두 각각의 기능과 지역을 벗어나서 다른 역할을 할 수 없다. 특히 천지의 개벽, 심판, 구원을 할 수 있는 권능은 어느 신에게도 없다. 이들은 자신의 권능 안에서 자신이 관할하는 사람이 잘되도록 지켜 주는 신, 즉 보호신의 역할만을 할 뿐이다.

그렇기에 동아시아 사람들에게는 신의 구원에 의지해서 영생할 수 있는 길이 없었다. 이에 따라 동아시아에서는 대체로 현세의 쾌락을 중시하는 흐름이 강하다. '개똥밭에 굴러도 이승이 좋다'는 말에서 알 수 있듯, 현세를 지옥으로 보고 그것에서 탈출해야 한다고도 생각하지 않았고 어떻게 해서든지 현세의 삶을 지속시키고자 했다. 이러한 삶의 지속 욕구가 강렬했던 것만큼 육체의 한계를 초월하는 불사의 약을 찾는 염원이 강하게 나타났던 것이다. 사람들은 신선神仙이 되어서 불사의 세계에 들어가고자 했다. 진제국의 시황제와 한제국의 무제는 절대 권력의 힘을 통해 불사의 꿈을 추구했던 대표적인 인물이라고 할 수 있다.

하지만 불사의 약을 찾는 꿈은 결국 꿈으로 끝나고 현실이 될 수 없었다. 꿈이 끝났다고 해서 영생을 향한 욕망마저 없을까? 사람들은 자신이 죽는다는 사실을 받아들이면서도 그 한계를 넘어서 살아갈 수 있는 길을 찾고자 했다. 그중의 하나가 효孝이다. 페미니즘의 입장에서 보면 효는 남성의 가부장 권위를 지키려고 하는 이데올로기에 지나지 않을 것이다. 하지만 동아시아 문화적 관점에서 보면 효는 사람(남성)이 후손을 통해서 자신의 생물학적 죽음을 넘어서 세대를 이어 갈 수 있는 길이다. 제사와 성묘 등의 의식 그리고 족보의 제작 등은 죽은 조상을 잊지 않고 주기적으로 되살리는 의례이다. 이 길을 통해서 사람은 죽어도 죽지 않을 수 있었다. 즉, 사람은 홀로 태어나 사는 것이 아니라 머나먼 조상으로부터 이어지는 혈연의 고리를 통해서 태어나 살아가는 것이다.

효 이외에도 동아시아 문화에서 사이불후死而不朽, 즉 죽더라도 썩어서 사라지지 않는 길이 있다. 『좌씨전』에서는 이를 삼불후三不朽라 하며 세 가지의 길을 제시하고 있다. 이 말은 노나라의 목숙穆叔과 진나라의 범선자范宣子의 대화에서 나온다. "가장 좋은 것은 덕행을 베푸는 것이고 그 다음은 업적을 세우는 것이고 그 다음은 훌륭한 말을 남기는 것이다. 비록 죽은 지 오래되었다고 하더라도 사라지지 않기 때문에 이를 불후라고 한다. 가문을 이어서 종묘를 지켜 대대로 제사가 끊어지지 않게 하는 것은 어느 나라에도 없는 것이 아니다. 지위와 돈이 많다고 해서 불후라고 하지 않는다."(太上有立德, 其次有立功, 其次有立言. 雖久不廢, 此之謂不朽. 若夫保姓受氏, 以守宗祊, 世不絕祀, 無國無之. 祿之大者, 不可謂不朽. 양공 24년)

자신이 살면서 몸소 했던 행위는 비슷한 상황을 헤쳐 나가는 하나의 모범 또는 모델이 되고, 어려움에 빠진 사람에게 커다란 도움을 주며, 자신이 한 말은 다른 사람에게는 되새겨볼 만한 격언이 될 수 있다. 이러한 세 가지의 길은 한 사람이 죽어도 썩어서 사라지지 않는 것이다. 우리는 지금도 공자니 플라톤이니 정약용이니 마르크스니 하는 죽은 사람들의 책을 보면서 그들의 말을 기억하고자 한다.

현대인은 고대인이 염원하던 그러한 영생을 바라지 않는다. 그렇지만 오늘 의미 있는 삶은 영생을 대신해서 나름의 의의를 갖는다고 할 수 있다. 이를 위해서 이름(역사), 창조, 봉사의 길에 귀를 기울여볼 만하다.

이름, 몸은 죽어도 이름은 죽지 않으리

:

이순신의 사이불사死而不死

요즘 졸업식에서도 예전만큼 많지는 않지만 간혹 우는 학생을 찾아볼 수 있다. 많게는 6년, 짧게는 3년을 같은 곳에서 보내면서 학교와 선생님, 친구와 정이 많이 쌓였으니 어찌 헤어지는 날 슬프지 않겠는가! 그래서 헤어질 때 늘 "잊지 말자!"는 약속을 하는 것이리라. 하지만 사람이 나빠 거짓말했던 것이 아니라 사는 데 바쁘다 보니 과거의 인연은 잊고 산다. 문득 어떤 일이 생각나 누군가를 떠올리려 해 봐도 헤어진 지 오래된 터라 이름도 얼굴도 기억나지 않는 경우가 많다. 간혹 동창회처럼 옛 친구들을 만나는 모임에 가서 이런저런 이야기를 주고 받다보면 잊어버린 친구의 이름이 생각나기도 한다.

이처럼 죽은 사람이 아니라 살아서 헤어진 사람도 시간이 지나면 기억에서 점차 희미해지다가 나중에는 기억조차 나지 않는다. 의도적으로 그러려고 한 것은 아니지만 결과적으로 그렇게 되는 것이다. 하기야 어떻게 모든 것을 다 기억하면서 살아갈 수 있을까? 한편으로는 지난 일을 잊고 또 다른 한편으로는 새로운 일을 기억하면서 살아가는 것이 보통 사람들의 삶이라 생각된다.

그런데 산 사람도 잊어버리는 우리는 죽은 사람을 마치 어제 본 것처럼 또렷이 기억하기도 한다. 특히 가까운 과거가 아니라 1000년 2000년 전에 살던 사람까지 떠올릴 때도 있다. 물론 그 사람을 직접 만났기 때문이 아니라 교육을 통해 배워서 기억하게 된 것이다. 우리는 왜 어떤 사람은 죽었는데도 계속 불러내서 기억하고 어떤 사람에게는 관심조차 가지지 않을까? 이것은 그 사람이 과거에 살아왔던 삶과 관련이 있다.

동아시아 문화에서는 한 사람이 여러 가지 이름으로 불린다. 그 종류로는 아명, 초명, 별명, 자, 별호, 자호, 묘호, 시호 등이 있다. 그중 시호는 사람이 죽고 난 뒤 그의 평소 행실을 고려해서 짓는 이름이다. 이순신 하면 충무공이라고 하는데, 충무가 이순신의 시호이다. '충무'는 무인으로서 가장 영예로운 이름이라고 할 수 있다. 문인의 시호를 보면 이황은 문순文純이고 이이는 문성文成이며 정약용은 문도文度이다. 뜻은 다르지만 모두 학문적 성취를 높이 치고 있다. 그런데 시호에 이렇게 꼭 좋은 이름만 있는 것은 아니다. 과거 왕의 시호를 보면 유왕幽王과 난왕赧王이 있는데, 이는 각각 어두운 왕, 얼굴 붉히는 왕이라는 뜻이다. 살아서는 부귀영화를 누렸겠지만 역사가 계속되는 한 이들은 영원히 부끄러운 이름으로 불릴 것이다. 나는 이를 '신의 심판'을 대신하는 '역사의 심판'이라고 부른다.

이처럼 동아시아 문화에서는 유일신이 없었지만 역사의 기록을 통해서 개개인의 삶을 평가했다. 조선시대의 당쟁도 살아 있는 사람의 입장에서 보면 권력 투쟁이지만 죽은 사람의 입장에서 보면 신원伸冤 운동이라고 할 수 있다. 역사에서 집권당이 반대당의 인물을 평가할 경우에는 그를 부정적으로 기술한다. 따라서 집권당파가 바뀌면 자신들을 부정적으로 기술

한 역사의 평가를 바로잡아야 했다. 그렇게 하지 않으면 역적으로 평가된 집안은 대대로 역적의 자손이 되기 때문이다.

동아시아의 사람들은 자신의 이름이 어떤 맥락에서 다루어지는지에 관해 엄청나게 예민해한다. 이런 문화는 오늘에도 그대로 이어지고 있다. 사법부의 판결도 중요하지만 언론에 의한 여론의 평판도 개개인에게 무시하지 못할 정도로 커다란 영향을 끼친다. 누군가가 어떤 혐의로 여론에서 불리하게 다루어져 유무죄의 사실과 상관없이 '물의'를 빚었다면 현직에서 물러나기도 한다. 이것도 이름에 의한 역사의 심판과 연결되는 문화라고 할 수 있다.

이름을 통해 영원히 살아남은 사례를 살펴보자. 조선 시대의 남명 조식은 지리산 자락에서 학문의 틀을 세워 후진을 양성했지만 조정의 출사 요구를 받아들이지 않았다. 그는 「무제無題」라는 시에서 백이숙제를 '역사의 심판'의 영예로운 인물로 노래하고 있다. "불사의 약을 먹어 장생을 구하더라도 백이숙제만 못하리라. 한 번 수양산의 고사리 캐 먹고서 만고에 걸쳐 여전히 죽지 않았네."(服藥求長年, 不如孤竹子. 一食西山薇, 萬古猶不死)

백이와 숙제는 고죽국의 왕자들이었는데 아버지가 왕위를 동생인 숙제에게 물려 주려 하자 두 형제는 왕좌에 연연해하지 않고 자신들의 권리와 권력을 깨끗하게 포기한 뒤 수양산에서 고사리를 캐 먹으며 살다가 죽었다. 공자는 두 사람의 위대한 양보가 고죽국의 정치적 소용돌이를 막았다면서 그들을 위대한 인물로 평가했다. 조식의 시에서 보듯 공자 이래로 좋은 평가가 이어지면서 그들은 오래 전에 죽었지만 역사에서 계속 살아 있는 인물로 부활하고 있다.

고상안高尙顔(1553~1627)은 1594년 삼가현의 현령으로서 수군을 선발하는 시험관으로 참여한 적이 있었다. 당시 그는 영남우수사 원균, 호남우수사 이억기, 호서(충청) 수사 구사직, 통제사 이순신 등을 만나게 되었는데, 그때 각 인물의 품평을 남겼다. 『태촌집泰村集』권4에 보면 이순신을 평가하는 부분이 나온다. 앞부분에서는 그의 관상을 말하는데 입술이 말린 형(건순褰脣)이라 복장福將이 되지 않으리라 예상했다고 한다. "노량해전에서 죽는 날에 군사 기밀을 엄격하게 지켜서 죽은 통제사가 산 고니시 유키나가를 쫓아냈으니 나라의 수치를 조금 씻어냈다고 할 수 있다. 전란에서 그가 세운 공이 최고이고 이름이 만고에 길이 알려지고 있으니 죽었어도 죽지 않은 것이다."(雖然身死之日, 規畫軍機, 以死統制, 走生行長, 少雪國恥. 功紀太常, 名流萬古, 死而不死也. 「총화叢話·인물품평人物品評」)

우리가 지금도 이순신을 기억하듯 우리 후손들 역시 그를 기억할 것이다. 고상언의 말대로 이순신은 몸은 죽었지만 이름은 죽지 않아 영원한 생명을 갖게 된 것이다. 연산군과 광해군은 임금이었지만 그에 어울리는 대접을 받지 못하고 유배지에서 쓸쓸히 죽어 갔다. 시대가 달라진 지금도 그 평가는 계속 이어지고 있다. 당신은 지금 몸담고 있는 곳에서 어떤 방식으로 이름이 불리고 있는지 알고 있는가?

창조, 옛것을 본받아 새것을 창조하다

⋮

박지원의 **법고창신**法古創新

나는 강연을 하고 난 뒤에 꼭 질문을 받는다. 모임에 따라 질문이 끊임없이 이어지기도 하고 한두 차례 질문이 있은 뒤에 잠잠해지는 경우도 있다. 질문을 받다 보면 사람들이 참으로 별의별 것을 다 궁금해하고 내가 미처 생각하지 못한 것도 알고자 한다는 생각이 든다.

물음을 던진다는 것은 자신이 가진 앎의 방식으로 해결되지 않는 것이 있다는 뜻이다. 자신의 생각이 뻥 뚫린 고속도로마냥 쭉 이어진다면 혼자서 즉문즉답이 된다. 인생이든 생업이든 첨단 분야든 살다 보면 질문이 없을 수가 있다. 간혹 예전의 어떤 질문에 대해 찾지 못했던 답을 책 속에서 발견하는 경우가 있다. 그때는 참으로 기뻐서 옆에 그 책의 저자가 있다면 절이라도 하고 싶어진다. 답을 찾아 그렇게 헤맸지만 물음만 머릿속을 돌고 돌 뿐 앞으로 한 걸음도 나아가지 못했던 것이 그 사람을 통해서 훌쩍 나아갈 수 있기 때문이다.

과거는 현재를 살아가는 우리에게 엄청난 자원을 제공해 준다. 과거에 숱한 사람이 생각하고 찾아낸 것을 우리는 고생하지 않고 그대로 떠먹는 경우가 많다. 하지만 과거의 사람이라 해서 미래의 모든 일을 다 알 수는 없다. 과거에 질문은 있었지만 아직도 대답이 나오지 않았거나, 아예 질문조차 되지 않았던 것이 지금 문제가 되기도 한다. 이것은 누가 해결해야 하는가? 지금을 살아가는 우리 자신이 길을 찾아서 해답을 내놓아야한다. 각 분야마다 그렇게 문제를 해결한 사람은 그 해답이 유효하고 정당한 만큼 죽지 않고 살아 있게 된다. 그 사람의 대답에서 오류가 발견되어 더 이상 정답으로 통용되지 않는다면 그 사람은 그 분야의 지나간 역사에서 한 쪽을 차지하게 될 뿐이다.

역사적으로 보면 상앙은 춘추전국시대에 살면서 성왕들의 제도를 고칠 것인가 아니면 그대로 따를 것인가를 두고 가장 깊이 고민한 사람이었다. 『상군서』의 첫 편에서 상앙은 효공 앞에서 변법의 실시를 앞두고 토론을 벌인다. 감룡甘龍 등 세 대부는 새 제도를 제대로 검증해 보지 않고 옛 제도를 쉽게 고쳐서는 안 된다는 논리를 펼치고, 상앙은 상황의 변화에 따라 그때마다 제도를 고쳐야 한다고 주장하고 있다. 상앙의 이야기를 따라가 보자.

"각각 시대에 합당하게 법을 입안하고 상황에 따라 예제를 만들었다. 예법은 시대에 따라 제정하고 제도와 명령은 각각 시의에 부합되게 한다. 무기와 갑옷, 기기와 설비는 제각각 용도에 편하게 만든다. 따라서 나는 다음처럼 생각한다. 세상을 다스리는 것은 꼭 한 가지 길만 아니고 나라를 편하게 하는 것은 반드시 옛것을 본받지 않아도 된다. 은의 탕과 주의 무가 왕 노릇하게 된 것은 옛것을 따르지 않아 흥성했기 때문이고 은과 하가 멸망한 것은 기존의 예를 바꾸지 않았기 때문이다. 그렇다면 옛것을 반대한다고 반드시 그르다고 할 수 없고 옛날의 예를 따른다고 대부분 옳다고 할 수 없다."(各當時而立法, 因事而制禮. 禮法以時而定, 制令各順其宜. 兵甲器備, 各便其用. 臣故曰: 治世不一道, 便國不必法古. 湯武之王也, 不修古而興. 殷夏之滅也, 不易禮而亡. 然則反古者未必可非, 循禮者未足多是也. 「경법更法」)

그 뒤 상앙은 이 문제를 다시금 '세사변이행동이世事變而行道異'(「개색開塞」)로 정리했다. 즉, 세상의 일이 변하면 실행하는 원칙이 달라져야 한다는 것이다. 우리나라는 근대화와 산업화 과정에서 관 주도의 경제 성장, 관치 금융, 선성장 후분배, 수출 주도의 산업 시스템, 재벌의 경제력 집중, 하청 시스템 등으로 대표되는 박정희 모델로 버텨 왔다. 그런데 이제는 사회 경제만이 아니라 정치 문화 등 모든 분야에서 그 한계가 드러나고 있다. 새로운 시스템을 짜야 할 즈음이다. 이렇게 새로운 시스템을 짜낸다면 그것도 창조인 것이다.

박지원은 조선 후기의 닫힌 사회를 살면서 새로운 글짓기를 고민했다. 1000년 뒤의 사람이 1000년 전의 사람처럼 글을 쓸 수는 없었기 때문이다. 그는 박제가의 문집에 서문을 쓰면서 문장을 짓는 원칙을 법고창신法古創新으로 풀어 가고 있다.

"문장을 어떻게 지어야 할까? 논자들은 반드시 옛것을 본받으라고 말한다. 그 결과 마침내 세상에서는 옛것을 베끼고 흉내 내면서도 부끄러워하지 않는다. 그렇다면 새것을 창조하면 괜찮은가? 그 결과 마침내 세상에서는 기이하고 황당한 문장을 지으면서 두려워할 줄 모른다. 법고를 내세우는 자는 옛 전통에 얽매이는 게 병통이고 창신을 내세우자는 상도에 어긋나는 게 문제이다. 진실로 옛것을 본받으면서 변통할 줄 알고, 새것을 창작하면서 전아하다면 오늘날의 문장이 바로 과거의 문장과 같은 것이다."(爲文章如之何? 論者曰: 必法古. 世遂有儗摹倣像, 而不之恥者. …… 然則刱

新可乎? 世遂有怪誕淫僻, 而不知懼者. …… 法古者, 病泥迹. 刱新者, 患不經. 苟能法古而知變, 刱新而能典, 今之文, 猶古之文也.『연암집』「초정집서楚亭集序」)

　당시입법當時立法, 법고창신法古創新은 공자의 온고지신溫故知新과 마찬가지로 새 시대를 열어 가는 고민의 흔적이다. 우리 주위에는 복사기와 확성기로 미래를 열려는 사람이 있다. 옛것을 복사기로 계속 찍어 내고 확성기로 큰 소리 내어 되풀이하려는 것이다. 반면 지도와 나침반을 가지고 미개지를 찾아가는 사람도 있다. 복사기와 확성기의 소리만 요란하다면 우리는 더 오래 숨죽이며 새로운 새벽을 기다려야만 할 것이다.

봉사, 정수리가 닳아서 발꿈치까지 이른다

:

묵자의 마정방종 摩頂放踵

자식을 키우면서 한 번씩 어리석은 질문을 해 본다. "지금도 엄마 아빠가 좋아?" "점수를 주면 몇 점 줄 수 있어?" 어릴 때는 엄마 아빠를 졸졸 따라다니며 무조건 좋다고 했지만 10대가 되면 금방 답이 나오지 않는다. 그리고 "아빠 엄마가 너희들에게 뭘 해 줬니?"라고 물어도 반응은 비슷하다. 부모는 주고 자식은 받는 것이라고들 하지만, 사실 아이들은 자신이 부모로부터 뭘 받는지 의식하지 못한다. 오히려 자신들이 뭔가를 해 달라고 했을 때 부모가 이런저런 이유로 그것을 해 주지 못한 것을 더 잘 기억한다.

40~50대에게 "사오십 년 살면서 국가로부터 무엇을 받았습니까?"라고 묻는다고 가정해 보자. 40~50대는 부모와 자식 관계에서의 자식처럼 대답하기를 머뭇거릴까, 아니면 질문을 받자마자 줄줄 꿰며 대답할까? 나는 자식과 마찬가지로 대답을 찾기가 어려우리라 생각한다. 오히려 40~50대는 여성이건 남성이건 국가를 위해 한 것은 많지만 받은 것은 없다고 여길 것이다. 여성이라면 직장생활하면서 세금을 냈고 출산과 오랜 육아에 청

춘을 바쳤다고 할 것이고, 남성이라면 자신이 꼬박꼬박 세금을 냈고 군대를 다녀왔으며 그 뒤에도 예비군과 민방위를 마쳤다고 할 것이다.

과연 우리가 공동체로부터 받은 것이 없을까? 아니다. 참으로 많다. 주말이나 휴가철에 여행을 가면 도로를 이용하게 된다. 내가 낸 세금이 그 도로를 건설하는 데 들어갔을 것이다. 하지만 그 돈으로는 겨우 몇 미터의 도로만을 깔 수 있지 전체를 건설할 수는 없다. 내가 공동체의 일원이니까 도로를 달리는 혜택을 누리는 것이다. 국립공원의 산에 올라 보라. 경사로에는 계단이 놓여 있어서 정상까지 쉽게 오를 수 있다. 산행 중 누가 다치기라도 해서 119에 도움을 청하면 자신의 일인 양 달려와서 병원으로 후송해 준다.

이렇듯 우리는 알게 모르게 국가로부터 다양한 도움과 혜택을 받고 있다. 내가 낸 세금으로 더 많은 사람들이 혜택을 받아서 행복을 느낀다면 그것은 정녕 좋은 일임과 동시에 옳은 일이기도 하다. 40~50대는 그간 나를 위해 살아온 삶을 서서히 정리하고 다른 사람들과 함께 어울리며 살아가는 삶을 준비해야 할 시기이다.

남을 위한 삶 하면 동양 철학자 중의 묵자를 빼놓을 수가 없다. 『맹자』에 보면 양주와 묵자를 비교하는 내용이 있다. "양주는 나를 위한 삶을 주장하므로 터럭 하나를 뽑아서 세상을 이롭게 한다고 해도 아무것도 하려 하지 않는다. 묵자는 나와 남을 구분하지 않고 아울러 사랑하자고 주장하므로 정수리부터 갈아 닳아져서 발꿈치까지 이르는데도 세상을 이롭게 한다면 뭐든 하려고 한다."(楊朱取爲我, 拔一毛而利天下, 不爲也. 墨翟兼愛, 摩頂放踵, 利天下, 爲也. 「진심」상 26)

여기서 양주가 나은지 묵적墨翟(묵자의 본명)이 나은지 따질 계제는 아니다. 맹자의 비교를 통해서 보면 두 사람의 삶은 서로 겹치는 지점이 없을 정도로 멀어져 있다. 양주는 자신을 위한 삶에 집중해 있고 묵적은 나만큼 남을 위한 삶에 푹 빠져 있다. 처음에 묵자의 삶을 표현한 마정방종摩頂放踵을 봤을 때는 무슨 뜻인지 선뜻 이해되지 않았다. 그러곤 "어떻게 그럴 수 있지?"라며 고개를 저었다. 하지만 나이가 듦에 따라 허리가 굽고 키가 줄어드는 사람을 보면서 마정방종의 진짜 의미를 이해하게 되었다. 수사적인 과잉은 있지만 마정방종은 실제로 일어나는 일인 것이다. 아울러 마정방종이 나와 남의 관계에서 내 몫을 줄이고 남 몫을 늘이려는 것까지 나타냄을 깨달았다.

우리는 묵자처럼 마정방종하는 봉사의 삶을 살 수 있을까? 묵자의 삶에 대해 우리가 의문을 품는 것처럼 당시에도 그것을 의아해하는 사람이 있었다. 『장자』에서 마정방종하는 묵자의 삶에 대해 회의하는 목소리를 들을 수 있다.

"노래할 때 노래하지 않고 곡할 때 곡하지 않으며 즐길 때 즐거워하지 않으니 과연 합당한가? 살았을 적에 부지런하고 상례 치를 적에 각박하다면 그 길은 너무 몰인정하여 사람을 근심스럽고 슬프게 만든다. 그런 행위는 따라 하기 어렵다. 아마 그런 주장은 성인의 길이라 할 수 없고 세상 사람들의 마음에 거슬리니 세상 사람들이 감당하기 어려울 것이다. 묵자 홀로 감당할 수 있다 하더라도 세상을 어떻게 하겠는가? 세상과 떨어지는 만큼 왕의 길에서도 멀어진다."(歌而非歌, 哭而非哭, 樂而非樂, 是果類乎? 其生也勤, 其喪也薄, 其道轂, 使人憂, 使人悲, 其行難爲也. 恐其不可以爲聖人之道, 反天下之心, 天下不堪. 墨子獨能任, 奈天下何? 離於天下, 其去王也遠矣. 「천하」)

마정방종과 비슷한 표현이 분골쇄신粉骨碎身이다. 뼈와 몸이 으깨져서 가

루가 될 정도로 일을 한다는 것이다. 아이를 여럿 낳은 어머니는 안다. 아이를 낳은 철이 오면 뼈마디가 쑤시고 허리가 꺾여서 움직이기조차 어려워진다. 공사장에서 무거운 짐을 지거나 이삿짐센터에서 일했던 사람은 몸이 성한 구석이 없다. 온몸이 타박상과 근육통에 시달리니 아픈 곳마다 파스를 덕지덕지 붙인다. 비가 오는 날이면 앉았다 일어서도 뼈마디에서 우두둑 하는 소리가 나고 허리를 펼 때도 아이구 하는 소리가 절로 난다. 이런 것이 마정방종이고 분골쇄신이다.

　40~50대는 자식이나 가족을 위해서 그렇게 살아왔다. 남을 위해서 그렇게 살 수 있을까? 없다면 장자처럼 묵자를 이해하지 못할 것이고, 있다면 맹자가 한 말의 의미에 고개를 끄덕일 것이다.

노래에 실린 인생, 인생을 실은 노래

의미는 원래 사는 것도 파는 것도 아니다. 그런데 이제는 그것마저 이미지로 사고파는 시대가 되어 가고 있다. 의미는 주는 것으로 부족하고 느낄 때 행복해진다. 의미는 느끼는 것으로 부족하고 만들 때 충만해진다. 의미가 충만한 삶은 그다지 많은 돈을 필요로 하지 않는다. 나는 40~50대라면 의미를 만드는 나이라 생각한다. 의미를 찾느라 혹하지만(흔들리지만) 의미를 만드느라 불혹하게(흔들리지 않게) 된다.

나는 이름(역사), 창조, 봉사 중 창조에서 의미를 찾고 싶다. 그렇다고 거창한 업적을 남기겠다는 뜻은 아니다. 내가 속한 분야에서 지금까지 밝혀 내지 못했던 점을 밝히는 것이 나 자신이 가장 잘할 수 있는 것이기 때문이다. 사람마다 길은 다르겠지만 자신이 하는 것을 통해 의미가 깊어진다면 우리 개인과 주위의 삶은 지금보다 훨씬 따뜻해질 것이다.

이 부분을 쓰면서 양희은의 「이루어질 수 없는 사랑」(1987)과 이소라의 「바람이 분다」(2004)를 떠올리며 들어 보았다. 「이루어질 수 없는 사랑」을 들으면 사랑의 양면성을 느끼게 된다. 사랑만큼 내 마음대로 하고 싶은 것도 없지만 사랑만큼 내 뜻대로 되지 않는 것도 없다. 이 때문에 사랑은 사람을 지치게 하고 급기야 남이 아니라 자신만을 사랑하기로 다짐하게 된다. 이 노래를 들으면 묵자를 이해하지 못하겠다던 장자의 목소리를 확인하는 듯하다.

"너의 침묵에 / 메마른 나의 입술 / 차가운 네 눈길에 / 얼어붙은 내 발자국 / 돌아서는 나에게 / 사랑한단 말 대신에 / 안녕 안녕 / 목 메인 그 한 마디 /

이루어질 수 없는 / 사랑이었기에 음~ / 미워하며 돌아선 / 너를 기다리며 / 쌓다가 부수고 / 또 쌓은 너의 성 / 부서지는 파도가 / 삼켜 버린 그 한 마디 / 정말 정말 / 너를 사랑했었다고 / 이루어질 수 없는 / 사랑이었기에 음~"

「바람이 분다」를 들으면 여성이 머리를 왜 자르는지 알 것 같다. 이 노래를 듣고서 반자(아내)의 머리카락이 짧아진 것을 본다면 그날은 잠을 쉬 이루지 못할 듯하다. 의미와 허무는 격렬하게 싸운다. 의미가 살아나면 허무는 물러나고, 허무가 살아나면 의미는 죽는다.

'바람이 분다 / 서러운 마음에 / 텅 빈 풍경이 불어온다 / 머리를 자르고 / 돌아오는 길에 / 내내 글썽이던 눈물을 쏟는다 / 하늘이 젖는다 / 어두운 거리에 / 찬 빗방울이 떨어진다 / 무리를 지으며 / 따라오는 비는 / 내게서 먼 것 같아 / 이미 그친 것 같아 / 세상은 어제와 같고 / 시간은 흐르고 있고 / 나만 혼자 이렇게 / 달라져 있다 / 바람에 흩어져 버린 / 허무한 내 소원들은 / 애타게 사라져 간다'

6장

미처 보지 못한 세상의 아름다움

• 　　　20대에 시작된 노화는 40대가 되면 숨길 수 없어진다. 같은 노화라도 그 뜻이 다르다. 20대의 노화는 성숙의 상징이기도 하지만 40대의 노화는 퇴화의 전조로 비친다. 노화를 늦추기도 급급하니 아름다움은 꿈조차 꾸기 어려운 먼 세상의 이야기로 보인다. 나이 들면 노련미가 생긴다고는 하지만 그것은 실제로 아름답다는 뜻이 아니라 나이 들어가는 것을 위로하는 말로 들린다.

40대는 왜 그렇게 아름다움에 자신이 없는 것일까? 20~30대가 아니라는 이유로 그렇게 주눅이 들 필요가 있을까? 전혀 없다. 아름다움이라고 해서 반드시 육체적인 것만을 가리키지는 않기 때문이다.

안도현의 「너에게 묻는다」라는 시를 읊어 보자. "연탄재 함부로 발로 차지 마라 / 너는 / 누구에게 한 번이라도 뜨거운 사람이었느냐 / 자신의 몸뚱아리를 / 다 태우며 뜨끈뜨끈한 / 아랫목을 만들던 / 저 연탄재를 / 누가 발로 함부로 찰 수 있는가? / 자신의 목숨을 다 버리고 / 이제 하얀 껍데기만 남아 있는 / 저 연탄재를 / 누가 함부로 발길질 할 수 있는가?" (『외롭고 높고 쓸쓸한』, 문학동네) 한 번 더 읽어 보자. 아름답지 않은가? 연탄으로 난방을 해 보지 않은 사람이라면 모르겠지만 해 본 사람은 연탄을 갈 때 연탄에 이글거리는 불빛이 얼마나 뜨거운지 알고 있다. 그 느낌이 시를 통해서 오롯이 되살아나고 '나'를 과거의 어느 시점으로 데려가 시간 여행을 하게 한다. 그렇게 되살아난 나의 과거는 어떠한 상황에서 내가 무너지지 않고 버틸 수 있는 힘의 근원이라는 점을 다시금 확인하게 만든다. 시 하나의 힘은 그토록 강하다.

또 〈육조도정도〉의 그림을 떠올려 보라. 선종 육조 혜능이 오조 홍인을 찾아갔다가 정작 불법은 듣지 못하고 8개월 내내 물 긷고 방아를 찧었다. 그림에는 체중이 얼마 나가지 않는 혜능이 등에 돌을 지고서 방아를 찧고 있다. 벽화에 따라 홍인이 그 모습을 지켜보고 있는 경우도 있고 그렇지 않은 경우도 있다. 불교의 벽화야 인상파처럼 색채가 그리 강렬하지도 않고 극사실주의도 아니라 혜능의 모습과 작업의 실상이 여실히 나타나 있지는 않다. 대충 그린 듯한 그림, 도드라지기보다 묻히는 느낌을 주는 색채, 입체감을 준다기보다 정적인 느낌을 주는 구도 등등 회화로서는 결격 사유가 많다. 하지만 그 그림을 들여다보면 볼수록 나는 '내'가 진정으로 바라는 것을 위해서 무엇을 했는지 자꾸만 돌아보게 된다. 내가 나의 그런 모습을 만나게 될 때 다시 〈육조도정도〉의 어설픈 그림을 보면 갑자기 그 그림의 색채가 환히 살아나고 구도가 하나하나 움직이며 바뀐다. 이 순간에 아름다움을 느끼지 않을 수 있겠는가?

이제 우리가 잘 아는 이중섭의 작품 〈황소〉를 떠올려 보라. 섬세하다기보다는 굵은 선 위주로 간단히 터치한 듯한 느낌을 준다. 들여다봐도 이게 왜 황소인지, 또 황소를 왜 이렇게 그렸는지 이해가 되지 않는다. 실제로 현실에 있는 황소를, 기회가 된다면 우리에 갇혀서 한우로 자라는 소가 아니라 멍에를 메고 일하는 소를 찾아가 보라. 소가 움직일 때마다 근육은 새로운 떨림과 움직임을 드러낸다. 그때 황소의 근육은 긴장과 경직을 수반한 채 울룩불룩해진다. 바로 이 울룩불룩한 근육이 소가 일할 수 있는 힘을 상징한다. 다시 그림 속의 황소를 보라. 열린 입에서 새어 나오는 거친 숨소리, 솟구친 꼬리를 아래로 내리칠 때 나는 소리, 뒤로 뻗어 버티고 자세를 잡으면서 밀려나지 않으려는 뒷발, 내게 무슨 말을 건네는 듯한 선량한 눈망울 등등이 살아난다. 내가 고삐에 달린 줄로 엉덩이를 내리치기만 하면 황소가 화폭 밖으로 걸어 나올 듯하다. 아름답지 않은가?

아름다움은 몸만이 아니라 그림, 음악, 시 등을 통해서 다양하게 만날 수 있다. 아름다움이 늘 우리를 비껴나 있었던 것이 아니라 우리가 아예 아름다움을 제쳐 놓았던 것이다. 아름다움은 우리를 아름다운 세계로 이끌 뿐 아니라 또 참과 선함의 세계로도 데리고 간다. 단풍의 아름다움은 "아!" 하는 감탄사와 함께 끝나는 것이 아니다. 아름다움으로 인해 우리는 기뻐하거나 슬퍼하고, 따뜻해지거나 차가워지며, 빨리 움직이거나 천천히 쉬어 가고, 성숙하거나 변화하며, 답을 알지 못해 답답했던 일을 깨닫기도 한다.

아름다움만큼 우리 자신을 돋보이게 하는 것은 없다. 우리는 개개인 그 자체로 충분히 아름답다. 다만 스스로 아름답지 않다고 생각할 뿐이다. 정녕 저 혼자 아름답지 않다고 생각한다면 자신을 산과 숲속의 적당한 곳에 가져다 놓아라. 스스로 한 폭의 그림 속으로 들어가면 아름다운 대상으로 다시 살아나게 된다. 우리 스스로 노래를 부르고 시를 지어 보자. 우리 자신을 닮았지만 40대의 주름을 전혀 드러내지 않는 노래와 시가 아름답게 울려 퍼질 것이다.

활기, 감흥, 자연에서 어떻게 아름다움을 느낄 수 있을까? 전시장과 공연장을 다녀와서 내 이야기를 3분 이상 할 수 있다면 좋겠다. 그것도 아름다움과 관련지어서 말이다.

활기, 기세와 리듬이 살아서 움직인다

:

미술의 기운생동 氣韻生動

유아 시기의 아이들은 그림을 그릴 때 입체를 잘 표현하지 못한다. 그들은 선을 쭉쭉 그어 놓고는 "이게 엄마 아빠야!"라고 예쁜 목소리로 말한다. 부모의 눈으로 보면 전혀 자신과 비슷하지 않지만 아이의 눈에는 닮아 보이는 모양이다. 다른 예술과 달리 그림은 대상을 화폭에 재현시킬 수 있다. 오늘날 극사실주의 작품들은 사물을 사진 이상으로 섬뜩하리만치 정확하게 재현해 낸다. 이는 그림이 다른 예술에 비해 갖는 탁월한 강점이라고 할 수 있다.

대상을 모사할 때 우리는 잘 그린 것과 못 그린 것의 차이를 쉽게 알아차릴 수 있다. 『한비자』「외저설좌상」에 보면 재미있는 이야기가 있다. 화가는 귀신과 개 중에서 어떤 것을 그리기가 더 어려울까? 한비자는 귀신보다 개를 그리기가 어렵다고 생각했다. 그 이유에 대한 그이의 대답이 흥미롭다. 개는 모든 이들이 다 알고 있는 대상이므로 자칫 잘못 그리면 사람들이 그것을 찾아내서 "개를 그린다더니 고양이를 그렸네!", "이게 개라니, 개랑 하나도 닮지가 않았네" 하며 지적한다. 반면 귀신을 본 적은 없으므로 아무렇게나 그리더라도 누구 하나 "잘못 그렸네!"라는 소리는 하지 않는다. 서로 공통된 기준이 없기 때문에 누가 맞고 누가 틀렸다고 할 수 없기 때문이다.

훗날 송나라 구양수는 한비자의 주장을 정면으로 부정했다. 귀신을 어떻게 그리느냐에 따라 사람의 반응은 여러 가지로 다를 수 있다. 어떤 이는 코웃음을 치면서 그것도 그림이냐고 놀릴 수도 있는 반면, 어떤 이는 그림을 보는 순간 깜짝 놀라 벌벌 떨면서 걸음을 제대로 떼지 못할 수도 있다. 예컨대 오도자吳道子의 〈지옥변상도地獄變相圖〉는 먼저 음산한 분위기로 사람을 압도하고 괴이한 묘사를 통해서 공포를 자아낸다. 여름철에 공포 영화를 보면 오싹한 느낌이 든다. 물론 영화는 음향 효과를 활용하여 그런 느낌을 자아내지만 오도자의 그림은 소리가 없이도 그와 같은 효과를 거둘 수 있다. 전하는 이야기에 따르면 오도자가 경공사景公寺 중문 동쪽 벽에 〈지옥변상도〉를 그리자 사람들이 그걸 보고서 무서워하며 고기를 먹지 못했다고 한다.

동아시아의 그림에서는 무엇을 가장 높이 쳤을까? 또 어떤 그림이 가장 뛰어난 작품이라고 생각했을까? 이와 관련해서 사혁謝赫이 『고화품록』에서 논한 육법六法을 살펴볼 만하다. "비록 그림에 여섯 가지 원칙이 있다고 해도 모두 다 갖춘 경우는 적다. 옛날부터 지금까지 각각 한 가지 분야에 뛰어났을 뿐이다. 그렇다면 여섯 가지 원칙이란 무엇인가? 첫째가 기운생동이고, 둘째가 골법용필이며, 셋째가 응물상형이고, 넷째가 수류부채이며, 다섯째가 경영위치이고, 여섯째가 전이모사이다."(雖畵有六法, 罕能盡該. 而自古及今, 各善一節. 六法者何? 一氣運生動是也, 二骨法用筆是也, 三應物象形是也, 四隨類賦彩是也, 五經營位置是也, 六傳移模寫是也.)

전이모사는 앞선 시대에 살았던 뛰어난 화가의 그림을 베끼거나 그의 기술을 자기 것으로 습득하는 것을 말하고, 경영위치는 화면의 구도를 잡아서 대상을 제자리에 배치하는 것을 말한다. 수류부채는 대상의 종류에 따라 채색을 어울리게 하는 것, 응물상형은 사물의 꼴에 따라서 화폭에 본뜨는 것을 말하며, 골법용필은 붓을 자유롭게 사용하여 골기가 두드러지게 나타나도록 하는 것을 말한다.

기운생동은 동아시아 회화사에서 가장 중요한 가치로 여겨져 왔다. 기는 하나하나의 사물이 생명력을 갖게 되는 에너지를 의미하고 운은 사물의 연관으로 인해 풍기는 고상한 분위기와 음악적 정취를 뜻한다. 따라서 기운은 화폭에 그려진 대상이 실제로는 생명이 없는 물질의 질감에 불과하지만 화가의 재창조를 통해서 살아 있는 생명력을 갖추면서 고상하고 음악성이 흐르는 분위기를 자아내는 것을 말한다. 화가가 기운을 불어넣은 그림은 화폭을 넘어 그것이 그려지지 않은 무한한 자연으로 확대되어 간다. 이렇게 확대 과정을 거치면 그 그림의 세계는 핏기 없이 죽은 느낌이 아니라 기와 운을 통해서 살아서 움직이는 느낌을 준다.

기운생동의 의미를 온전히 느끼고 이해하기는 어렵지만, 그렇다고 그것이 전혀 느낄 수 없을 정도로 고원한 것도 결코 아니다. 프로야구의 한국 시리즈에서 한 팀이 초반부터 7~8점의 대량 득점을 하고 상대팀이 이렇다 할 공격을 보여 주지 못하면 경기는 진행되지만 어쩐지 맥이 빠진다. 이미 승부가 기운 뒤라 선수는 힘이 나지 않고 관중은 흥이 나지 않으며 감독도 이렇다 할 반전의 길을 찾지 못하는 것이다. 반면 점수가 엎치락뒤치락할 경우에는 이와 정반대의 상황이 펼쳐진다. 선수의 한 동작 한 동작에는 절도와 파워가 넘치고, 관중은 손에 땀을 쥐며 순간순간에 몰입

한다. 경기장은 선수들의 동작 하나에 따라 거대한 생명체가 숨을 내쉬듯 술렁이다가 가라앉고 가라앉았다가 순식간에 달아오른다. 중계방송을 하는 캐스터는 흥분을 억누르는 모습이 역력하다. 이것이 바로 기운생동의 현장이라고 할 수 있다.

낡고 떨어진 옛 사진을 처음 다시 보는 순간에는 모든 것이 어렴풋하고 희미하다. 하지만 시선이 머무는 자리를 따라 기억이 되살아나면 희미한 색에는 윤기가 흐르고 무뚝뚝한 인물은 말을 걸 태세로 입을 씰룩거리며 조용하던 배경은 졸졸 흐르는 시냇물과 바람이 부는 계곡을 되살려낸다. 기운생동이 있기 때문이다. 그림도 그렇다는 것이다. 봄가을 간송미술관에서 펼치는 전시회에 가 볼 일이다. 그곳에서 기운생동을 주는 그림 한 점을 만난다면 '나'는 더없는 기쁨을 느끼리라. 화가가 그림에 회화적으로 재창조했던 기운생동을 보는 '내'가 고스란히 다시 재현할 수 있을 것이기 때문이다. '나'에게 있어 그런 그림은 무엇일까?

감흥, 손은 휘휘 발은 덩실덩실

:

음악과 춤의 수무족도 手舞足蹈

우리나라 사람들은 참으로 잘 논다. 뒤풀이 자리로 노래방에 가면 다들 가수 뺨칠 정도로 노래를 잘 부른다. 잘 부르는 노래를 들으면 저절로 손뼉을 치고 발로 박자를 맞추게 된다. 참으로 신통한 일이다. 어느 순간에 '내'가 다른 사람의 노래와 춤에 동화되어서 "얼쑤, 지화자" 추임새를 넣듯이 함께 움직이고 있는 것이다.

그림은 마법처럼 원래 텅 빈 화면에다 다른 곳에 있던 것을 살아 있는 채로 옮겨 놓는다. 그림이 마음에 들면 저절로 감탄의 소리를 내뱉을 수는 있지만 노래(음악)처럼 특별한 행동을 취하지는 않는다. 노래와 춤은 사정이 다르다. 개인의 취미와 정서에 맞지 않는 음악과 춤은 한순간이라도 듣고 보는 것이 어렵다. 반면 자신과 맞는 춤과 음악이라면 한순간도 가만히 있지 못하고 움직이게 된다. 처음에는 어깨를 들썩거리다가 손과 발을 놀리고 급기야 일어서서는 음악에 맞춰 함께 노래 부르고 춤을 추게 된다. 이처럼 춤과 음악은 그림과 달리 이런 신체적 반응을 유발하는 강력한 힘을 가지고 있다.

이러한 반응은 고대인이라고 해서 다르지 않았다. 『예기』 속의 「악기」
는 우리가 일련의 과정을 통해 노래에서 춤으로 넘어가는 모습을 잘 표현
하고 있다. 오늘날의 말로 하면 마치 한 편의 몰래카메라 동영상을 보는
느낌이다.

"노래는 말하는 것으로 길게 말하는 것이다. 사람이 기쁘면 자연히 말
하게 된다. 말로 해도 제 마음이 부족하다면 길게 말하게 된다. 길게 말해
도 제 마음이 부족하다면 쭉 늘이며 감탄하게 된다. 쭉 늘이며 감탄해도
제 마음이 부족하다면 자신도 모르는 사이에 손이 허공을 휘휘 휘젓게 되
고 발이 땅을 사뿐사뿐 겅중겅중 쿵쾅쿵쾅 밟게 된다."(手舞足蹈. 歌之爲言
也長言之也. 說之故言之. 言之不足, 故長言之. 長言之不足, 故嗟歎之. 嗟歎之不足,
故不知手之舞之, 足之蹈之也.)

일반적으로 우리나라 사람은 내성적이어서 자신을 잘 드러내지 않는다
고 한다. 하지만 한 번 흥이 돋으면 앞서 보이던 얌전함은 어디론가 사라
지고 전혀 다른 사람이 되어 활달히 놀게 된다. 술자리의 차수를 늘려 가
듯이 감흥도 노래에서 손발의 춤으로 극대화되는 것이다.

「악기」와 비슷한 내용이 『시경』의 「모시서毛詩序」에도 실려 있다. 차이가
있다면 「악기」는 춤과 음악을 위주로 말했지만 「모시서」는 시에서 출발
한다는 것이다. 아무래도 『시경』이 시를 담고 있는 만큼 「모시서」도 시를
빼놓고 말할 수 없었기 때문이리라.

"시는 사람의 뜻이 나아가는(드러나는) 것이다. 마음에 있으면 뜻이고 말
로 드러나면 시이다. 감정이 속에서 움직여서 말로 드러난다. 말로 해도
제 마음이 부족하다면 쭉 늘이며 감탄하게 된다. 쭉 늘이며 감탄해도 제
마음이 부족하다면 길게 노래하게 된다. 길게 노래해도 제 마음이 부족하

다면 자신도 모르는 사이에 손이 허공을 휘휘 휘젓게 되고 발이 땅을 사뿐사뿐 경중경중 쿵쾅쿵쾅 밟게 된다."(詩者, 志之所之也. 在心爲志, 發言爲詩. 情動於中而形於言, 言之不足故嗟歎之, 嗟歎之不足故永歌之, 永歌之不足, 不知手之舞之, 足之蹈之也.)

「모시서」와 「악기」는 내용이 대동소이하다. 중요한 것은 둘 다 고요한 마음에 파문이 일어서 특정한 감정이 생기고, 그 감정은 자신을 다양한 방식으로 표현하게 만든다는 점이다. 이 표현의 과정에서 시와 노래 그리고 음악과 춤은 각각 다르기는 하지만 결국 하나로 묶여서 사람을 움직이게 한다. 이때 사람을 움직이는 힘은 감흥이다.

음악을 듣고 춤을 보고서도 아무런 감흥이 일어나지 않는다면 그 사람은 차갑기 그지없는 사람이다. 이런 이들은 음악을 끝까지 듣지 못하고 도중에 자리를 박차고 밖으로 뛰쳐나갈 수도 있다. 반대로 감흥이 있다면 엉덩이와 어깨는 물론 손과 발, 나아가 몸 전체가 반응을 하게 된다. 이렇게 감흥이 일어 한바탕 몸을 신나게 움직인 사람은 이전과 전혀 다른 사람이 되어 있다. 이전에는 짜증나고 힘겹고 피곤하고 무료했으나 이후에는 신나고 흥겹고 힘차고 재미있다. 즉, 음악과 춤은 사람의 기분과 감정을 전환시키고 활력을 샘솟게 하며 차분히 자신을 돌아보게도 한다. 춤과 음악 역시 그림과 마찬가지로 사람을 웃고 울리는 마법과 같은 힘을 가지고 있는 것이다.

운동장의 파도타기 응원을 보라. 처음부터 끝까지 이렇게 해라 저렇게 하지 마라 지휘하는 사람도 없는데 한 번 파도가 일기 시작하면 사람들은 저절로 흥에 겨워 그 흐름에 가세하게 된다. 그렇게 시합을 응원하고 나면 뭔가 쌓여 있던 마음도 후련해진다.

이제 응원하는 것에만 머물지 말고 공연장을 찾아서 자신을 신나게 표현하는 기회를 가져 보자. 우리는 지금까지 자신을 너무 억누르며 살아오지 않았는가.

자연, 옷을 풀어 헤치고 다리를 쫙 벌린 채

:

예술가의 해의반박解衣槃礴

●　　　　부모가 아이를 유치원이나 학교에 보낼 때 꼭 실랑이하는 단골 주제가 있으니, 바로 옷차림이다. 부모는 외투를 입고 단추를 채우고 옷을 여미라고 하지만 아이는 외투를 벗고 단추를 풀고 옷을 펄럭이며 뛰어다닌다. 아이가 부모를 이해하지 못하기 때문이 아니라, 부모의 말대로 하면 동작이 굼뜨고 거추장스러워지거나 맵시가 안 나기 때문이다.

장소와 상황에 따라 예절이 중요한 만큼 그런 것을 고려하지 않은 채 개인마다 하고 싶은 대로 할 수는 없는 노릇이다. 2009년이던가 어느 호텔에서 한복 전문가의 한복이 드레스 코드와 맞지 않는다며 출입을 제한해서 논란이 된 적이 있다. 각자는 나름의 주장과 그에 따른 이유가 있을 수 있다. 이 사건으로 "호텔에 가려면 한복을 입지 말아야 하나 보다"라는 말도 나왔는데, 이는 떠들썩한 사건의 전개에 비해 빈약한 교훈을 얻은 것이라 할 수 있다.

로버트 프랭크^{Robert Frank}의 『리치스탄^{Richistan}』이란 책에도 슈퍼리치의 옷차림과 관련된 일화가 소개되어 있다. 어떤 슈퍼리치가 아들과 함께 반바지에 슬리퍼 차림으로 거리를 산책하던 중 문득 자동차를 사고 싶어서 고급차 매장에 들어가려고 했다. 판매원은 그렇게 허름한 차림의 사람이 차를 살 리는 없다고 판단해서 출입을 제한시켰다. 점원에게 쫓겨나면서 슈퍼리치는 아들에게 "양복은 부자에게 고용된 사람들이나 입는 옷이야"라고 말했다고 한다.(권성희 특파원, 〈'싼 옷' 입은 부자, 점원이 쫓아내자 하는 말〉, 《머니투데이》, 2012.10.26 기사)

나도 사실 정장을 달가워하지 않아서 1년 중 양복을 입는 날은 명절날, 제삿날, 행사날, 첫 강의하는 날 등 손에 꼽을 정도이다. 강사일 때는 지금보다 훨씬 더 많이 양복을 입었다. 당시 군인이 군복을 입듯이 강사는 양복을 입는다 해서 양복을 작업복이라고 불렀던 기억이 난다.

옷을 그냥 옷이라 보면 간단하지만 예절, 신분과 연관시키면 복잡해진다. 옷 입는 것이 일이고 옷 하나하나가 상징이 되기 때문이다. 영화 〈광해, 왕이 된 남자〉에도 보면 광대와 왕의 옷이 다르고 정사를 볼 때와 뒷구멍으로 놀러갈 때의 옷이 다르다. 예술가는 어떻게 옷을 입을까? 흔히 예술가라 하면 '묶은 머리', '꾀죄죄한 용모' 등의 이미지를 떠올리기에 우리는 예술가와 정장은 어울리지 않는다고 생각한다.

『장자』에서는 예술가와 옷을 주제로 재미있는 이야기를 들려주고 있다.

"송나라 원군이 궁중의 화가들로 하여금 그림을 그리게 하였다. 이에 여러 화공들이 모두 화원에 도착했다. 지시를 받고 읍(인사)을 하고 원군을 모시고 선 채 붓을 핥고 먹을 갈았다. 장소가 좁아서 실외에 있는 자가 반이나 되었다. 이때 화공 한 명이 다른 화공들보다 뒤늦게 화원에 이르렀다. 그는 느릿느릿 여유를 부리며 종종걸음으로 걷지 않았다. 그는 지시를 받고 읍을 한 뒤 그 자리에 서지 않고서 곧바로 실내로 들어갔다. 원공이 사람을 시켜 엿보게 했더니 옷을 풀어 헤치고 두 다리를 쭉 뻗은 채로 벌거숭이로 있었다. 원군이 말했다. 맞아, 이 사람이야말로 참된 화공이다."(宋元君將畫圖, 衆史皆至. 受揖而立, 舐筆和墨, 在外者半. 有一史後至者, 儃儃然不趨, 受揖不立, 因之舍. 公使人視之, 則解衣槃礴臝. 君曰: 可矣, 是眞畫者也. 「전자방」)

화가는 아마도 옷을 챙겨 입느라 늦었을 것이다. 그이가 남자였다면 그의 반자(아내)는 그에게 격식대로 옷을 갖추어 입으라고 채근하고 화가는 대충 입고 가겠다며 실랑이를 벌이다 시간이 흘러갔을 것이다. 보통 사람 같으면 헐레벌떡 달려와 연신 고개를 조아리며 말석에서 처분을 기다릴 텐데, 문제의 화가는 거침이 없다. 왕의 앞이라 해서 주눅 들지 않고 늦었다 해서 불안해하지 않는다. 그이가 한 짓을 보면 이미 문제시될 만한 행위보다 한술 더 뜬다. 다들 제자리를 찾아서 다소곳이 그림을 그리고 있지만 이 작자는 방 안에 들어와서 제일 먼저 자신을 구속하던 옷부터 훌훌 벗어 던진다. 거의 나체 수준에 가깝다. 이어서 단정하게 서지도 않고 좌정하지도 않는다. 두 다리를 쭉 뻗고서 제 생각을 가다듬고 있다.

화가는 왜 거칠 것이 없었을까? 그이는 지금 그리고 싶다는 생각 말고는 다른 것이 없다. 설혹 왕이나 동료, 또는 다른 뭔가가 눈에 띄었다고 해도 그것은 화가에게 전혀 영향을 끼치지 않았다. 그는 지금 오로지 집에서 전각으로 오면서 자신이 그리고자 했던 구상이 흐트러지지 않도록 자신을 응시하고 있는 것이다. 옷과 의례는 사회적으로 필요할지 모르지만 지금 예술 창작에서는 아무런 필요가 없다. 오히려 거추장스런 옷은 붓을 휘두르고자 하는 화가의 팔이 자유롭게 노니는 것을 방해하고 주위 사람들의 시선은 화가가 응시하고 있는 정경의 상을 깨뜨리기 십상이다.

그러니 화가의 해의반박解衣槃磚은 연출이 아니라 자연스러운 것이다.

　이러한 자연스러움은 상상하기 어렵지 않다. 학교에서 돌아온 아이들은 옷을 개는 데 관심이 없고 벗어 던지기에 바쁘다. 어서 풀려나고 싶기 때문에 다른 것을 신경 쓸 겨를이 없는 것이다. 해외여행을 가서 공항에 도착한 뒤 수속을 끝내고 드디어 숙소의 개인 방에 들어서면 먼저 무엇을 할까? 가방을 내려놓고 자신의 몸을 침대에다 집어 던지고, 그렇게 좀 쉬었다가 편한 옷으로 갈아입으면서 자유롭고 즐거울 외출을 상상한다. 해의반박도 바로 그와 같은 자유에 다가가는 거친 동작일 뿐이다.

노래에 실린 인생, 인생을 실은 노래

아름다움에는 사람을 정화시키는 힘이 있다. 물 좋고 공기 좋은 곳으로 가서도 그곳에 별장을 지어서 팔면 돈을 벌겠다는 생각을 하는 세속적인 사람도 있지만, 광대한 자연이 주는 아름다움에 넋을 놓고 자신을 치유하는 이도 있다. 늘 지키고 있어야 하는 업무 자리는 나의 생계를 해결해 줄 수 있지만 한편으로는 나를 힘들고 지치게 한다. 자연, 공연, 강연, 콘서트, 전시, 극장 등의 자리는 나의 돈을 쓰게 하지만 나를 즐겁게 하고 위로해 준다. 이 때문에 우리는 좋은 자리를 찾아서 여기저기를 기웃거리게 된다.

사실 보통 사람이 영화, 연극, 그림을 보고 평하기란 쉽지 않다. 자신은 전문가가 아니기에 뭐라고 하기가 어렵다 여기는 것이다. 나는 그렇게 생각하지 않는다. 평하는 것이 어려운 이유는 예술 작품을 들여다보는 코드가 없기 때문이다. 만약 활기, 감흥, 자연 등의 코드로 작품을 본다면 할 말이 조금씩 생길 것이다.

이 부분을 쓰면서 윤도현의 「가을 우체국 앞에서」(1994)와 백지영의 「잊지 말아요」(2009)를 들어 보았다. 「가을 우체국 앞에서」를 들으면 나는 늘 성균관대학교 후문을 나와서 감사원과 중앙중학교가 있는 사거리에 있던 우체국을 떠올린다. 지금은 그 자리에 감사원 별관의 대리석 건물이 산만 한 높이로 자리하고 있다. 당시 1층 건물의 우체국은 비탈길을 내려오던 나를 반갑게 맞이하는 모습으로 서 있었다. 전체적으로 하얀 색의 바탕에 빨간색 줄이 그어져 있었던 우체국 건물은 계속 서 있지 못하고 사라졌지만, 건물의 기억은 내가 그곳을 찾고 생각하는 내내 사라지지 않고 남아 있을 것이다.

"가을 우체국 앞에서 / 그대를 기다리다 / 노오란 은행잎들이 / 바람에 날려가고 / 지나는 사람들같이 / 저 멀리 가는 걸 보네 / 세상에 아름다운 것들이 / 얼마나 오래 남을까 / 한여름 소나기 쏟아져도 / 굳세게 버틴 꽃들과 / 지난겨울 눈보라에도 / 우뚝 서 있는 나무들같이 / 하늘 아래 모든 것이 / 저 홀로 설 수 있을까 / 가을 우체국 앞에서 / 그대를 기다리다 / 우연한 생각에 빠져 / 날 저물도록 몰랐네"

「잊지 말아요」는 드라마 〈아이리스〉의 OST로 더 유명해졌다. 그 노래를 들으면 백지영의 독특한 음색에 가을바람 소리가 연상된다. 이내 노래 속에서 사랑하지만 헤어져야 하는 절절한 마음이 전해 온다. 아름다움도 내가 무한히 다가가려고 노력하지만 접근을 쉽게 허락하지 않는다.

"우리 서로 사랑했는데 / 우리 이제 헤어지네요 / 같은 하늘 다른 곳에 있어도 / 부디 나를 잊지 말아요 / 차가운 바람이 손끝에 스치면 / 들려오는 그대 웃음소리 / 내 얼굴 비치던 그대 두 눈이 / 그리워 외로워 울고 또 울어요 / 입술이 굳어 버려서 / 말하지 못했던 그 말 / 우리 서로 사랑했는데 / 우리 이제 헤어지네요 / 같은 하늘 다른 곳에 있어도 / 부디 나를 잊지 말아요"

7장

더불어 나누며 사는 삶에 대하여

●　　　　우리 눈에는 우리나라에서 마음에 들지 않는 점이 많이 보인다. 반면에 세계인의 눈으로 보면 우리나라는 눈부시게 발전한 자랑스러운 국가라고 할 수 있다. 근대화와 산업화를 성공적으로 추진한 결과 원조를 받는 나라에서 원조를 주는 나라로 바뀌었고, 민주화를 이루어 개인의 자유가 신장되었을 뿐 아니라 도시화와 정보화가 세계적으로도 높은 수준에 도달했기 때문이다.

국가의 위상 못지않게 개인의 생활 수준도 크게 달라졌다. 지금의 40~50대가 어릴 적에는 제때 밥 못 먹는 사람이 많았지만 지금은 그렇지 않고, 작은 집에 대식구가 모여 살았던 형태도 지금은 개인 공간을 중시하는 방향으로 바뀌었다. 또 해외여행은 꿈도 꾸지 못하다가 여행자유화와 더불어 외국 경험을 하게 되었다. 보릿고개라는 말이 없어지고 외식이란 말이 널리 쓰이는 데서 알 수 있듯이 40~50대는 바야흐로 풍요로운 시대를 살아가고 있다. 물론 그렇다고 우리가 사는 곳이 지상낙원이라서 어렵고 고통스럽게 사는 사람이 없다는 말은 결코 아니다.

이렇게 좋아진 형편에서 우리는 어떻게 살아야 할까? 이전에는 하루를 살아가는 것이 버거웠지만 이제 경제적 여유를 가진 만큼 이전과는 달라져야 하지 않을까? 과거에는 못살던 사람이 잘살게 되면 제일 먼저 조상의 무덤을 호화롭게 꾸미는 일을 했지만, 지금 우리는 그런 관행에 매여 있지 않으므로 새로운 것을 찾아야 한다. 세계 전체 인구 70억 명 중에 하루에 1000원 미만으로 사는 사람은 무려 2억 5000만 명이나 된다. 우리가 느끼는 1000원의 가치와 그들이 느끼는 1000원의 가치는 다르다. 1000원이 우리에게 작은 돈이라면 2억 5000만 명에게는 생명을 이어 갈 수 있는 소중한 돈이다.

여기서 자연히 나의 것을 나 아닌 사람과 함께하는 것, 즉 기부 또는 나눔이 40~50대가 새롭게 가꾸어야 할 시대의 과제이다. 미국의 슈퍼리치는 옷이나 보석 등 몸을 꾸미는 데 그다지 관심을 보이지 않는다. 조사에 따르면 슈퍼리치의 53퍼센트는 1년간 옷을 사는 데 1만 달러도 채 쓰지 않았고, 5퍼센트는 1년에 한 푼도 쓰지 않았다. 물론 슈퍼리치라고 해서 돈을 벌기만 하고 쓰지 않는 것은 아니다. 슈퍼리치는 자동차를 사거나 해외여행을 다니는 데는 많은 관심을 보였다. 그런데 슈퍼리치들이 많은 돈을 쓰는 곳은 따로 있다. 전체 슈퍼리치의 48퍼센트는 연간 2만 5000달러 이상의 돈을 자선단체에 기부했고, 22퍼센트는 10만 달러 이상을 기부했다.(권성희 특파원, 〈'싼 옷' 입은 부자, 점원이 쫓아내자 하는 말〉, 《머니투데이》, 2012.10.26 기사)

정약용은 『목민심서』의 두 번째 주제를 율기律己, 즉 자신을 규율하는 것으로 잡았다. 그는 율기를 다시 여섯 가지 조목으로 나누었는데, 칙궁飭躬·청심淸心·제가齊家·병객屛客·절용節用·낙시樂施가 바로 그것이다. 그는 낙시와 관련해서 두 가지 지침을 내놓고 있다. 하나는 가난한 친구와 딱한 친족은 자신의 여력을 잘 헤아려서 도와야 한다는 것이고, 다른 하나는 권문세가에 잘 보이겠다고 바리바리 선물을 안겨서는 안 된다는 것이다. 결국 '있는 놈에게는 조금 주고 없는 놈에게는 많이 주되 형편껏 하라'는 말로 요약할 수 있다. 오늘날 우리의 지침도 정약용이 말한 내용으로부터 크게 달라질 게 없을 듯하다.

동아시아 문화에서는 사회적 약자를 환과고독鰥寡孤獨으로 표현했다. 환과고독은 홀아비, 과부, 고아, 무자식을 가리킨다. 정약용은 이러한 사회적 약자에 대한 따뜻한 관심이 필요하다고 역설했다. "환과고독은 처지가 딱한 네 유형이라고 한다. 처지가 딱해서 스스로 일으킬 수 없으므로 다른 사람의 도움을 기다려서 일어날 수 있다."(鰥寡孤獨, 謂之四窮. 窮不自振, 待人以起. 정약용 『목민심서』, 「진휼賑恤」)

사람은 자신을 기준으로 세상을 바라보기 쉽다. 자신이 하루 세 끼를 먹기에 다른 사람들도 다 그런 줄 알고, 자신이 수도꼭지만 틀면 따뜻한 물에 설거지를 하고 샤워를 할 수 있으니 다른 이들도 다 그렇게 사는 줄 안다. 하지만 그렇지 않다. 우리 주위를 포함해서 세계에는 우리가 생각하는 것 이상으로 먹고 자고 입고 마시는 가장 기본적인 욕망마저 제대로 충족하지 못하고 사는 사람이 많다. 유럽과 미국인들은 사람이 모두 하느님의 자식이라는 점을 공통으로 인식하고 있기 때문에 슈퍼리치들도 기부에 적극적으로 나서는 것이다.

그렇다면 어떻게 기부 또는 나눔에 자연스럽게 나설 수 있을까? 이웃이라면 이웃 사랑에서, 동포라면 동포애에서 사랑을 펼칠 수 있다. 그럼 이웃도 아니고 동포도 아닌 사람들은 도대체 어떻게 해야 하는 것일까? 여기서 필요한 것이 인류애이다. 우리 모두는 같은 인간이기에 온 인류가 마땅히 인간으로서의 권리를 누릴 수 있도록 도와야 하는 것이다. 『논어』의 말로 하면 자신의 모자라는 점을 메워서 주위 사람을 편안하게 해 주는 수기안인修己安人이자 도움이 필요한 사람에게 이것저것 가리지 않고 손을 내미는 박시제중博施濟衆이다.

나눔(기부)의 이유를 안다면 더 적극적이고 더 알차게 나눔에 동참할 수 있을 것이다. 이해타산, 책임, 조정 등에서 이유를 찾아보자.

이해타산, 남의 불행을 즐긴다면 사람답지 않다

⋮

괴역의 행재불인幸災不仁

우리나라와 이웃나라 일본은 오랜 인연을 이어 왔다. 근대사에서 식민지와 제국의 숙원宿怨을 맺은 탓에 국교가 정상화된 지금에도 서로 껄끄러운 지점이 많다. 독도, 위안부, 역사 교과서 등에 대해서는 서로 입장이 팽팽해서 조정의 여지가 전혀 없다. 일본은 위안부가 계약에 의한 정상적인 거래였다고 주장하면서 강제적인 동원이었음을 인정하려 하지 않는다. 그들은 세계 경제에서의 우월적 지위, 우익의 정치 논리, 미일 동맹의 확고한 지원 등에 힘입어서 자신들이 저지른 전쟁 범죄를 외면하고 있다.

두 나라의 관계가 이처럼 좋지 않다 보니 거리상으로는 가깝지만 심정적으로는 아주 먼 나라처럼 느껴진다. 그래서 '가깝지만 먼 나라'라는 역설적인 표현을 쓴다. 이런 상황은 양국의 관계를 개선시키지 못하고 악감정을 키워 가게 만든다. 그 결과 한국과 일본의 스포츠 경기가 있으면 사람들은 선악의 도식으로 경기를 관전한다. 또 지진, 해일, 재난 등이 발생하면 가장 먼저 도움을 주고받아야 할 처지임에 불구하고 "고소하다!"라는 비상식적인 표현이 인터넷에서 어지럽게 돌아다닌다.

비록 서로 관계가 나쁘다고 하더라도 한쪽이 죽음, 고통, 재난 등의 부정적 사태를 겪을 경우 다른 한쪽이 그걸 기회로 한몫을 챙긴다면 이를 바라보는 사람들의 눈길은 곱지 않은 것이 당연하다. 사정이 이런데도 한일 국민은 상대의 불행을 다행으로 여기곤 한다. 죽음, 고통, 재난 등은 사람이 살면서 겪는 일 중 가능한 피하고 싶은 일이다. 충분한 대비가 되어 있다면 몰라도 그렇지 않으면 재난 피해자들은 갑자기 현대 사회에서 구석기나 신석기 시대와도 같은 삶을 살게 된다.

『좌씨전』에서는 서쪽의 진秦나라와 북쪽의 진晉나라 사이에 있었던 숙원 및 그에 따른 문제를 다루고 있다. 진나라 혜공은 일찍이 진秦의 지원을 받아 진晉의 제후가 될 수 있었다. 그는 제후가 되면 은혜를 받은 만큼 돌려주겠다고 약속했다. 혜공이 왕이 된 뒤 재해가 발생해서 진晉에는 양식이 부족해졌고, 이에 혜공은 다시 진秦나라에 도움을 청해 식량부족 사태를 피할 수 있었다.

공교롭게도 얼마 뒤 진秦나라에 기근이 들어 곡식 작황이 좋지 않았다. 그래서 진은 혜공에게 도움을 요청하는 손길을 뻗쳤다. 진晉나라 조정은 두 패로 의견이 나뉘었다. 경정은 진秦의 도움을 받은 만큼 은혜를 갚아야 한다고 생각한 반면, 괵역과 혜공은 경쟁 상대가 어려운 상황에 놓였으니 더 이상 자국을 괴롭히지 못할 것이라며 은혜를 갚을 필요가 없다고 보았다.

"경정이 말했다. '은혜를 저버리면 친구가 없고 남의 재해를 다행으로 여기면 인간답지 못하며, 자신의 물건을 아낀다면 상서롭지 못하고 이웃을 성나게 하면 올바르지 못하다. 네 가지 덕을 다 잃고 나면 무엇으로 나라를 지킬 것인가?' 괵역이 대꾸했다. '가죽이 없는데 털이 앞으로 어디에 붙어 있겠는가?' 경정이 다시 말했다. '신뢰를 저버리고 이웃에게 등을 돌렸는데 환난이 생기면 누가 도와주겠는가? 신뢰가 없으면 환난이 생기고 구원을 잃으면 반드시 망한다. 이번 일도 그러하다.' 괵역이 반박했다. '원망을 줄이지도 못하면서 적을 이롭게 한다면 차라리 곡식을 주지 않는 것만 못하다.' 경정이 대꾸했다. '은혜를 저버리고 재난을 다행으로 여기는 것은 백성들도 하기 꺼리는 짓이다. 가까운 이라면 원수처럼 되는데 하물며 원망하는 적국이라면 어떻게 되겠는가?'"(秦饑, 使乞糴于晉, 晉人弗與. 慶鄭曰: 背施, 無親. 幸災, 不仁. 貪愛, 不祥. 怒鄰, 不義. 四德皆失, 何以守國? 虢射曰: 皮之不存, 毛將安傅? 慶鄭曰: 棄信·背鄰, 患孰恤之? 無信, 患作. 失援, 必斃. 是則然矣. 虢射曰: 無損於怨, 而厚於寇, 不如勿與. 慶鄭曰: 背施·幸災, 民所棄也. 近猶讎之, 況怨敵乎? 희공14년)

경정은 이해관계를 초월한 인류애의 관점에서 논리를 펼쳐 나가는 반면 괵역은 철저하게 이해타산의 관점에서 사태를 관망하고 있다. 우리는 누군가가 사람으로서 해서는 안 되는 행동을 하면 "어쩜 그럴 수 있지?", "정말 사람답지 않구나!"라고 말한다. 그리고 그 사람은 주위로부터 고립되어 외톨이가 되고, 나중에 어려운 처지에 놓이더라도 사람들이 그를 선뜻 도우려 하지 않는다. 국가의 경우라면 이웃나라의 구원을 받을 수 없으므로 정말로 위급한 상황이 멸망이라는 결과로 이어질 수 있다.

남한과 북한의 관계를 풀어 가는 입장은 크게 두 가지로 나뉜다. 한쪽은 동포의 특수한 관계를 내세워서 손익 계산을 따지지 않고 상대를 적극적으로 도와야 한다고 본다. 이렇게 하는 것이 앞으로 한반도의 위험 요소를 줄이며 미래의 통일로 나아가는 든든한 기초가 되리라 예상하는 것이다. 이에 반해 다른 한쪽은 남북관계를 다른 일반적인 외교와 마찬가지로 상호주의에 입각해야 하는 것으로 본다. 이러한 판단의 밑바탕에는 남한의 지원에도 불구하고 북한의 호전적인 태도와 적화통일의 방침은 조금도 바뀌지 않았다고 보는 시각이 깔려 있다.

처음 서로 사귈 때는 이해관계를 꼬치꼬치 따지다가도 교제가 깊어지면 그것에 신경 쓰지 않고 오히려 손해 보는 것을 자청하기도 한다. 이처럼 손익을 넘어선 관계가 있다는 것은 당사자에게 무한한 기쁨과 신뢰를 갖게 만든다. 그리고 이러한 기쁨과 신뢰는 금전으로 따질 수 없을 정도로 가치 있는 자산이 된다.

책임, 시민 살피기를 아픈 사람 보듯이

:

봉활과 정호의 시민여상視民如傷

• 　　병원에 가면 모든 사람이 중증 환자가 된다. 물론 중증과 경증은 그 병이 생명에 얼마나 큰 영향을 주느냐를 기준으로 나눈다. 하지만 아픈 사람은 지금 계속 고통에 시달리고 있는 만큼 모두 중증 환자인 것이다. 이 때문에 환자는 신경이 예민해져서 의사가 관심을 가져 주지 않으면 소동을 피우기까지 한다. 나도 예전에 응급실로 두세 차례 실려간 적이 있다. 몸은 아파서 죽을 것 같은데 의사와 간호사의 수는 한정되어 있으니 진료 순서를 기다리는 시간이 너무나도 길게 느껴져서 연신 "언제 내 차례가 되느냐?"라고 묻곤 했다.

길을 가는데 멀쩡한 사람이 도움을 청할 때와 아픈 사람이 도움을 청할 때의 반응도 다르게 나타난다. 전자라면 '혼자서도 할 수 있을 텐데'라고 생각하며 소극적으로 반응하지만, 후자라면 괜스레 관계없는 나까지 마음이 급해져서 적극적으로 반응하게 된다. 그래서 우리는 버스나 지하철에 노약자 좌석을 마련해서 힘들고 아픈 사람이 특권을 누릴 수 있도록 보장하고 있다. 반면 누군가 아파서 고통에 시달리는데도 그것을 모른 척한다면 그 사람이나 그 사회가 건강하다고는 할 수 없다.

동아시아 문화에서는 사람, 특히 정치인의 덕목으로 '시민을 보기를 아픈 사람 대하듯이 하라'는 시민여상視民如傷을 강조했다. 이 이야기가 나오게 된 맥락을 한번 알아보자. 『좌씨전』을 보면 진陳나라는 초와 오 사이에서 늘 외교적 줄다리기를 해야 했다. 오가 초를 공격하면서 진나라 회공懷公을 불렀다. 회공은 이러지도 저러지도 못하는 가운데 신하(전문가)를 모아 놓고 회의를 했다. 이때 봉활逢滑은 초와의 관계 지속을 요구했다. 그 이유를 들어 보자.

"나라가 흥하려면 백성 보기를 아픈 사람 대하듯 해야 하는데 이는 그 나라의 복이다. 나라가 망하려면 백성을 흙과 풀처럼 가볍게 대하는데 이는 그 나라의 화이다. 초나라는 원래 덕망이 없다고 하더라도 자신의 백성을 마구잡이로 도살하지는 않는다. 반면 오나라는 전쟁으로 인해 나날이 피폐해져 죽은 사람의 뼈가 풀처럼 여기저기 뒹굴고 있는데 아직 덕망의 가능성이 전혀 보이지 않는다."(國之興也, 視民如傷, 是其福也. 其亡也, 以民爲土芥, 是其禍也. 楚雖無德, 亦不艾殺其民. 吳日敝於兵, 暴骨如莽, 而未見德焉. 애공 1년)

사람, 특히 정치적 리더가 시민들을 사지로 자주 몰아넣는다면 그것은 그들을 자신처럼 소중한 존재가 아닌 도구적 존재로 보는 것이다. 자식을 전쟁터로 내보낸 뒤 매 순간 가슴 졸이며 무사귀환을 바라던 부모가 어느 날 전사 통지를 받는다면 과연 어떤 심정일까? 한 나라의 많은 백성이 이런 애끓는 심정을 가진다면 그것은 무엇을 위한 전쟁인지 생각해 볼 일이다.

영국의 대처 수상은 1982년 아르헨티나와 포클랜드 섬을 두고 전쟁을 벌여 승리한 뒤 전사자 255명의 가정에 일일이 친필 서한을 보냈다. 편지가 자식을 잃은 부모의 슬픔을 대신할 수는 없지만, 그들의 아들이 의미 있는 전쟁에서 의미 있는 희생을 했다는 점은 일깨워 줄 수 있다. 이런 마음도 없으면서 연일 새로운 전쟁을 위해 병사 징집에 열을 올린다면 싸우기도 전에 질 수밖에 없는 전쟁을 벌이는 것이리라.

시민여상은 그 이후 맹자에 의해 주나라 문 임금의 정치 원칙으로 해석되었다. 그는 "백성 보기를 아픈 사람 대하듯이 했고 올바른 도를 늘 되새기면서 아직 자신이 이룩해서 볼 만한 것이 없다고 여겼다."(文王視民如傷, 望道而未之見. 「이루」하20) 이 말은 다시 송나라 정호程顥에 의해서 위정자가 되새겨야 할 원칙으로 널리 알려졌다. 『근사록』을 보면 정호는 현령으로 있을 때 자신이 앉는 모든 곳에 '시민여상'이란 네 글자를 써서 붙여 놓고 '나는 늘 이 네 글자를 보고 부끄럽게 여긴다'고 스스로 자책하곤 했다.(「정사류政事類」)

조선시대의 수많은 성리학자들은 『근사록』을 읽고서 그 속에 있는 정호의 언행을 닮고자 노력했다. 조선 중기의 김학배金學培(1628~1673)는 고성현령이 된 뒤에 '시민여상視民如傷, 약보적자若保赤子'를 늘 앉는 자리의 모퉁이에 써 붙이고서 그 말대로 하려 했다.(『금옹집錦翁集』권6 「행장行狀(李玄逸)」) 『전습록』을 보면 왕양명은 만물일체萬物一體를 강조하는 터라 백성이 고통에 처하면 자신이 그 사람을 구덩이에 몰아넣은 것처럼 생각했다고 한다. 물론 그들이 그렇게 하려고 했던 것과 실제로 한 것 사이에는 간극이 있었을 것이다.

이렇듯 전근대 공직자들의 좌우명이었던 시민여상은 최근 경남 도지사 직을 떠난 김두관이 이임사에서 인용되며 다시 화제가 되었다. 자칫 시민여상은 가족주의와 온정주의 논리를 펼치는 것으로 여겨질 수 있지만 이제는 그 논리가 아닌 그 말의 취지와 정신에 집중하자. 아픈 아이를 등에 업고 병원으로 내달리는 부모의 심정처럼 우리에게도 아픔으로 신음하는 사람들에 대한 응분의 책임이 있는 것은 아닐까? 그들의 고통을 낳게 한 인과론적인 책임은 없겠지만 고통에 처한 사람을 낫게 해야 할 도의적 책임은 있지 않을까?

오늘날 자신에게 한 표를 달라는 정치인을 보면 시민여상이 아니라 "나를 아픈 사람처럼 봐 달라"라며 아우성치는 시아여상視我如傷으로 보인다. 세상이 온통 신음소리로 넘쳐나는데 아픔의 경중을 가리지도 않고 아예 들은 척도 하지 않으며 자신이 잘한 것만을 내세우고 '성공한 지도자'라고 생각한다면 멍청하고 어리석은 유왕幽王과 얼굴 붉힐 만큼 부끄러운 난왕赧王처럼 훗날 역사의 단죄를 받을 것이리라.

조정, 남은 것을 덜어서 모자란 곳에 보태다

:

노자의 손유여보부족 損有餘補不足

앞서 언급했듯 동아시아 문화에서는 유일신이 아닌 다신교의 특성이 나타난다. 유일신 문화는 사람이 나눔과 기부를 자연스럽게 할 수 있는 바탕이 된다. 내가 벌어서 가진 재산은 내 것이 아니라 신의 것이고, 신의 것인 이상 내 뜻이 아닌 신의 뜻에 맞게끔 써야 하기 때문이다.

최근 우리나라에서 입양을 긍정적으로 생각하는 사람들이 늘어났다. 하지만 실제 입양은 어리고 자신들과 잘 어울릴 듯한 아이를 중심으로 이루어지고 있고, 중증 장애인과 지적 장애아를 선뜻 입양하려는 사람은 드물다. 간혹 언론에서 미국 사람들이 우리나라의 장애인이나 지체아를 입양하는 소식을 접할 때마다 참으로 대단하다는 생각이 든다. 우리는 건강 상태나 장애에 따라 사람을 나누고 그에 해당하는 명칭을 붙이지만, 신의 눈으로 보면 모두 신의 자식이고 똑같은 사람이다. 미국인들도 이러한 생각에서 장애인이나 지체아를 특별하게 생각하지 않고 선뜻 입양을 결정하는 것으로 보인다.

이러한 입양, 나눔 등과 관련해서 '꼭 해야 한다'거나 '하는 것이 좋다'

는 원칙이나 도덕률을 동아시아 문화의 어디에서 찾을 수 있을까? 조상신 등에게 답을 구한다고 해도 아마도 그것을 쉽게 찾기는 어려울 것이다. 조상신은 자신의 친척과 혈족 안에서 일어나는 양자에 대해서라면 대답할 수 있겠지만 타인을 입양하는 것을 바라지는 않을 것이고, 기능신과 자연신 또한 각자의 영역을 벗어난 질문이라 뾰족하게 대답할 말이 없을 것 같다.

이와 관련해서 우리는 『노자』의 자연 개념에 주목할 필요가 있다. 노자에 따르면 이 세상은 특정한 인격인이 아닌, 저절로 그렇게 되는 내부의 원리에 따라 운영되고 있다. 노자의 이야기를 들어 보자.

"자연의 길은 활을 당겨서 쏘는 것과 같구나! 높으면 눌러 주고 낮으면 들어 준다. 남는 것은 덜어내고 모자라는 것은 보태 준다. 이처럼 자연의 길은 남는 것을 덜어내고 모자라는 것을 보태 주는데, 사람의 길은 그렇지 않다. 부족한 것을 덜어내서 남는 것에 갖다 바친다. …… 자연을 닮은 성인은 무엇을 하고서도 소유하지 않고 업적이 이루어져도 거기에 머무르지 않는다."(天之道, 其猶張弓與! 高者抑之, 下者擧之. 有餘者損之, 不足者補之, 天之道損有餘而補不足, 人之道則不然, 損不足以奉有餘 …… 是以聖人爲而不恃, 功成而不處. 77장)

노자는 자연이 남는 것을 덜어 내고 모자라는 것을 보태 주는 자율적 조정을 통해서 균형을 맞추어 간다고 보고 있다. 자연에서는 무언가가 일시적 또는 우연적으로 어느 한쪽으로 치우치면 다른 쪽에 문제를 일으킬 수 있다. 하지만 이의 해결을 위해 신을 요청할 필요는 없다. 자연의 자정 작용에서 알 수 있듯이, 오염된 물은 사람이 개입하지 않아도 일정 시간이 지난 뒤에 저절로 맑아진다. 노자는 자연의 이러한 자정 작용을 관찰하면서 자연은 문제가 생기면 스스로 치유하는 시스템을 갖추고 있다고 보았다.

노자가 지적했듯이 사람 세상은 자연과 다르다. 다른 것이 아니라 아예 정반대의 일도 일어난다. 즉, 남는 것을 덜어 내서 모자라는 쪽에 보태 주는 것이 아니라 모자라는 것을 덜어 내서 남는 쪽에 보태 주는 부익부빈익빈, 권력의 집중 현상 등이 일어나는 것이다. 하지만 자연을 닮은 성인은 사람 세상에서 보이는 대로 살아가지 않고 자연에서 일어나는 자정 작용대로 살아가고자 한다.

노자의 자연과 성인 개념을 함께 생각해 보면 입양, 기부의 문제를 해결하기 위한 실마리를 찾을 수 있다. 어느 가정에 아이가 없다면 이는 모자라는 것이고 보호기관이나 어떤 사람에게 아이가 있는 것은 곧 남는 것이니, 우리가 자연을 닮은 성인이라면 당연히 보호기관의 아이를 아이가 없는 가정으로 가게 할 수 있다. 아울러 어려움에 처한 사람은 문제를 해결하는 데 필요한 돈이나 능력이 모자란 상태에 있는 반면 누군가 생활에 여유가 있거나 어떤 기구가 사회 자원을 관리한다면 돈과 능력이 쌓여 있는 것이다. 이 둘을 조정하는 것이 기부이고 나눔이라고 할 수 있다. 이렇게 보면 우리는 유일신의 명령과 뜻에 복종하지 않더라도 자연의 자정 기능에 따라서 손유여보부족損有餘補不足의 조정을 할 수 있다. 노자의 성인은 오늘날의 시민이라고 할 수 있다.

'손유여보부족'의 조정은 어렵게 생각하면 끝없이 어렵지만, 쉽게 생각하면 우리가 늘 쭉 해 오고 있는 일이라 할 수 있다. 예컨대 옛날 어머니들은 한 끼 분량의 식량에서 조금씩을 덜어내서 모아 두었다가 나중에 급한 일이나 불우한 이웃을 돕는 데 썼다. 이것도 손유여보부족이다. 오늘날 정치권에 뜨거운 화두인 복지도 결국 알고 보면 손유여보부족의 다른 이름이라고 할 수 있다. 유일신 문화에서 하고 하지 않음은 정의와 관련된 문제지만, 유일신 대신 우리에게는 자연 개념이 있으므로 하고 하지 않음은 선의지와 관련된다. 이제 우리는 선의지의 외침에 응답할 것인지 아닌지 택일해야 하는 상황에 놓여 있다.

노래에 실린 인생, 인생을 실은 노래

　나눔은 나이가 들면서 더 깊이 생각해야 하는 주제이다. 나이 들면 가지려는 욕망에서 좀 놓여나나 보다 생각한다. 지금까지 가진 것만 생각하면 덜 가져도 괜찮겠지 지레 짐작하기 때문이다. 하지만 나이 들면 더 가질 시간이 없을 것이라는 생각에 더 놓지 않으려고 한다. 오죽했으면 노탐^{老貪}이란 말이 있겠는가? 소탐대실^{小貪大失}은 있어도 노탐에 대응하는 소탐^{少貪}은 없다. 더 나이가 늘어서 고집불통의 노탐을 부리기 전에, 즉 40~50대에 나눔을 실천해야겠다. 나눔이라고 해서 꼭 돈을 생각할 필요는 없다. 자신이 가진 모든 것은 나눔의 자원이 될 수 있기 때문이다.

　나는 이해타산의 관점에서 나서게 된 나눔이라도 그것이 잘못되었다고는 생각하지 않는다. 자꾸만 '순수한 마음'의 콤플렉스에 젖어 있으면 나눔은 하지 않은 채 제 마음만 걱정할 것이기 때문이다. 책임과 조정의 나눔이 정착된다면 우리 주위에서 들려오는 안타까운 소식도 조금은 줄어들지 않을까 생각해 본다. 한꺼번에 왕창이 아니라 한 번에 조금씩이라도 뭔가 시작하는 것이 중요하다. 나는 수업시간에 대학생들에게 "젊은 시절일 때 한 달에 5000원씩 내서든 노력 봉사를 해서든 나눔에 나서 보라"라고 말한다. 나눔이 제2의 습관이 된다면 이들이 40~50대가 되어서는 훨씬 자연스럽게 나눔에 나설 것이다.

　이 부분을 쓰면서 이장희의 「내 나이 육십하고 하나일 때」(1988)와 김광석의 「어느 60대 노부부 이야기」(2001)를 생각했다. 평소 자주 듣던 노래이지만 마지막 부분을 쓰면서 더 감동이 밀려온다. 「내 나이 육십하고 하나일 때」를 들으면 인생의 굽이가 쭉 펼쳐지면서 내가 살아온 나날이 떠오른다. 내가 생각하는 대로 육십을 맞이할 수 있을까? 알고 싶지만 그리 궁금하지는 않다. 1초씩 살다 보면 어느새 육십을 만나리라.

"내 나이 열하고 아홉 살엔 / 첫사랑에 잠 못 이루고 / 언제나 사랑한 건 두꺼운 책 / 두꺼운 책뿐이었지 / 가끔은 울기도 하고 / 가슴속엔 꿈이 가득했었지 / 내 나이 스물하고 하나일 땐 / 온 세상이 내 것 같았고 / 언제나 사랑한 건 나의 조국 / 그리고 내 자신뿐이었지 / 가끔은 절망도 했고 / 가슴속엔 뜨거운 피가 끓고 있었지 / 내 나이 육십하고 하나일 땐 / 난 그땐 도대체 어떤 모습을 할까 / 그때도 사랑한 건 / 나의 아내 내 아내뿐일까 / 그때도 울 수 있고 / 가슴 한구석엔 아직 / 꿈이 남아 있을까"

「어느 60대 노부부 이야기」를 들으면 나도 모르게 눈가가 촉촉해진다. 몇 년 전만 해도 이 노래를 들으면서 부모님을 많이 떠올렸지만 이제는 나와 반자를 생각하게 된다. 40대면 자녀가 중고등학생이거나 대학생일 때이다. 아직 가사의 내용에는 미치지 못하지만 오래지 않아 다가올 나의 이야기인 것처럼 느껴지기 때문이리라. 김광석도 이 곡을 녹음하면서 '막내아들 대학시험'에 이르면 꼭 목이 메어 와 녹음을 못하다가 술을 먹고서야 다 부를 수 있었다고 한다. 이해가 된다.

"곱고 희던 그 손으로 / 넥타이를 매어 주던 때 / 어렴풋이 생각나오 / 여보 그때를 기억하오 / 막내아들 대학시험 / 뜬눈으로 지내던 밤들 / 어렴풋이 생각나오 / 여보 그때를 기억하오 / 세월은 그렇게 흘러 / 여기까지 왔는데 / 인생은 그렇게 흘러 / 황혼에 기우는데 / 큰딸아이 결혼식 날 / 흘리던 눈물방울이 / 이제는 모두 말라 / 여보 그 눈물을 기억하오 …… 다시 못 올 그 먼 길을 / 어찌 혼자 가려 하오 / 여기 날 홀로 두고 / 여보 왜 한마디 말이 없소 / 여보 안녕히 잘 가시게 / 여보 안녕히 잘 가시게"

슬기롭게 불혹을 지나 지천명을 기다리며

●   인생에서 40대는 전환기입니다. 숨 가쁘게 살아온 지난 40년의 세월을 뒤로 하고 미지의 세계를 향해 나아가기 때문입니다. 산을 올라도 배낭에 짐을 꾸리고 여행을 떠나면 큰 가방에 짐을 담습니다. 40대에 다음의 후반생을 시작하려면 우리는 무엇을 내려놓고 무엇을 담아야 할까요?

저는 『예기』「옥조」에 나오는 구용九容을 잘 닦고 『논어』「계씨」에 나오는 구사九思를 챙겨서 『중용』에 나오는 구경九經을 품어야 하지 않을까 생각합니다. 이이도 『격몽요결』에서 구용과 구사를 익혀야 할 것으로 꼽았는데, 우리는 구용, 구사에 구경까지 더해서 40대 이후의 삶을 살아가는 나침반으로 삼았으면 좋겠습니다.

구용九容은 미시적인 영역에서 사람이 늘 의식적으로 혹은 무의적으로 하게 되지만 주의해야 하는 아홉 가지의 행동거지를 말합니다. 첫째는 족용중足容重으로 걸음걸이는 무게 있게, 둘째는 수용공手容恭으로 손놀림은 공손하게, 셋째는 목용단目容端으로 눈 모양은 단정하게, 넷째는 구용지口容止

로 입 모양은 꾹 다물며, 다섯째는 성용정聲容靜으로 목소리는 조용조용하게, 여섯째는 두용직頭容直으로 머리(고개) 모양은 똑바르게, 일곱째는 기용숙氣容肅으로 호흡(기상)은 정중하게, 여덟째는 입용덕立容德으로 선 자세는 점잖게, 아홉째는 색용장色容莊으로 낯빛은 엄숙하게 하는 것이 그것입니다.

구용은 반드시 지켜야 하는 철칙이 아니라 생각해 봐야 할 체크 포인트입니다. 초점은 근엄한 모습을 하라는 데 있지 않습니다. 그것은 '내'가 40대로서 주위 사람과 소통하려면 미시적인 측면에서 무엇을 주의해야 하는가에 달려 있습니다. 자신에 맞게 내용을 빼거나 넣어서 '나'의 구용을 만들어 봅시다.

구사九思는 사고 판단을 정확하고 공정하게 하기 위해 고려해야 하는 아홉 가지의 초점입니다. 첫째는 시사명視思明으로 볼 때는 분명한지, 둘째는 청사총聽思聰으로 들을 때는 확실한지, 셋째는 색사온色思溫으로 표정(낯빛)은 따뜻한지, 넷째는 모사공貌思恭으로 태도가 공손한지, 다섯째는 언사충言思忠으로 말이 진실한지, 여섯째는 사사경事思敬으로 일에는 신중하게 신경을 쓰는 것입니다. 일곱째는 의사문疑思問으로 헷갈릴 때는 물어보고, 여덟째는 분사난忿思難으로 화가 치밀 때는 이후에 닥칠 어려움을 떠올리며, 아홉째는 견득사의見得思義로 얻을 일이 생기면 옳은지에 생각을 집중하는 것입니다.

구사는 계율이자 원칙이 될 만합니다. 초점은 사람이 신경 쓰고 집중해서 이루어야 할 상태를 한두 번만 해내는 것이 아니라 지속적으로 굳게 지키는 데 있습니다. 40대는 부정과 수뢰의 유혹에 빠질 수 있지만, 이때 아홉째의 견득사의를 지킨다면 하루아침에 자신의 모든 것을 내려놓아야 하는 불행은 겪지 않을 것입니다. 그렇지 않으면 법의 심판까지 받을 수도 있습니다. 여덟 째의 분사난도 감정이 앞서는 사람이 꼭 지켜야 할 계율입니다.

구경九經은 책임자가 자신의 조직을 잘 이끌고 세계를 넓히기 위해서 원칙으로 삼아야 할 내용입니다. 첫째는 수신修身으로 몸을 닦고, 둘째는 존현尊賢으로 전문가를 높이며, 셋째는 친친親親으로 친척(이너서클)을 살갑게 대하고, 넷째는 경대신敬大臣으로 의사결정권자를 우대하며, 다섯째는 체군신體群臣으로 실무자를 포용하고, 여섯째는 자서민子庶民으로 시민(동료)을 사랑하며, 일곱째는 내백공來百工으로 전문가(기술자)를 초빙하고, 여덟째는 유원인柔遠人으로 외국인을 회유하며, 아홉째는 회제후懷諸侯로 지도자와 연대해야 합니다.

구경은 40대가 각 분야의 의사결정권자로서 자신의 능력을 발휘하여 입지를 굳히기 위해 실천해야 할 과제이자 목표입니다. 이전에는 시키는 대로 했지만 이제는 스스로 찾아서 꾸려야 할 때입니다. 그렇게 하려면 이미 있는 인적 네트워크를 잘 유지하고 또 확장하며 미래에 대비해야 합니다. 미래를 기획하고 설계하려면 구경의 포인트를 꼭 짚어 봐야 합니다.

구용을 바탕으로 구사를 다지고 구경을 목표로 설정한다면 과거에서 교훈을 배우고 현재를 최적으로 조직하여 저의 바람에 가깝게 미래를 이끌어 갈 수 있을 것입니다. 무턱대고 잘해 보자던 시대는 끝났습니다. 미리 생각해서 미래를 편하게 맞이하려면 체크 포인트를 놓쳐서는 안 됩니다. 그렇다고 구용, 구사, 구경의 구체적 내용에 빠져서 그대로 따를 필요는 없습니다. 각자가 놓인 입장과 상황에 따라 창조적으로 변용해서 자신에게 맞는 체크 포인트를 마련해야 합니다.

내게 맞는 구용, 구사, 구경을 확립한다면 새로운 구용, 구사, 구경은 '나'와 공동체의 미래를 현재보다 더 선하며 행복하고 정의롭게 만드는 디딤돌이자 주춧돌이 될 것입니다. 주춧돌과 디딤돌이 확고하다면 불혹은 결코 헛말이 아닙니다. 이때 '나'는 누군가에게 끌려가지 않고 자기가 자신을 끌어가는 자기 주도적 존재, 즉 군자가 되는 것입니다.

군자가 된다면 불혹不惑을 지나서 어깨는 좀 가볍고 마음은 좀 차분해지며, 눈은 빛나고 걸음은 경쾌하게 지천명知天命의 고개로 넘어갈 수 있을 것입니다.

• 어느덧 저도 40대의 후반에서 50대를 바라보는 나이가 되었습니다. 몇 년 있으면 제가 오십이라니……. 그렇게 실감 나지도 않고 믿기지도 않습니다. 하지만 저의 뜻과 달리 저도 오십이 될 것입니다. 사십을 보내면서 오십을 어떻게 맞이해야 할까 하는 생각으로 이 책을 쓰기 시작했습니다. 글을 쓰면서 저를 지속적으로 돌아보게 되었습니다. 그런 의미에서 이 책은 저에게 비망록이자 일기입니다. 예전의 보릿고개보다 힘든 것이 요즘의 사십 고개입니다. 선발투수가 이제 공 좀 던져 보려고 하는데 감독이 올라와서 공을 뺏는 것처럼, 사십은 이제 시작해서 뭐 좀 잘해 보려는데 오래 지나지 않아 공을 빼앗길 나이이기도 합니다. 이 책이 이처럼 힘겨운 사십의 삶을 살아가는 사람들에게 도움이 되기를 바랍니다.

저의 생활방식에는 보통 사람과 다른 것이 많습니다. 그 흔한 휴대폰이나 자동차 운전면허증도 없습니다. 지금까지 용하게 버티면서 살아왔지만 언젠가는 가져야 할지도 모르겠습니다. 저는 이 둘에 있어서는 있는

자의 구속과 여유보다 없는 자의 불편과 자유를 좋아했습니다. 그렇게 제
자신과 대화를 많이 나누기에 아직 사십을 용케 버티고 있는 것 같습니다. 주위 사람들을 보면 이 둘에 너무 치여서 삽니다. 퇴근 이후에 휴대폰을 받지 않을 권리도 필요한 듯하고 휴대폰 휴일제도 실시할 만합니다. 그렇지 않으면 자신을 조용히 돌아볼 기회가 없어지기 때문입니다.

혹시 이 책을 읽다가 독자분이 오해할까 봐 미리 고백할 것이 있습니다. 이 책에서 대중가요를 많이 소개했지만 실상 저는 노래를 못 부릅니다. 옛날에 비해 다들 제 노래 솜씨가 많이 늘었다고 하지만 음 이탈은 예사고 박자는 불안하며 감정은 제 마음대로이지요. 하지만 나이 들어 늘어난 뻔뻔함으로 끝까지 부릅니다. 실력이 이렇다 보니 노래를 부르기보다는 즐겨 듣는 편입니다. 좋아하는 가수는 CD를 사서 듣고 아니면 '벅스'에서 듣고 싶은 노래를 골라 듣습니다. 이 책을 쓰는 중에 '벅스'에서 고른 곡들을 몇 번씩 들어 보았습니다. 꼭지의 말미에 선택된 노래의 기준은 없습니다. 그냥 그 주제를 쓰면서 생각난 노래입니다. 제가 좋아하는 노래는 이번에 선별된 노래보다 훨씬 많습니다. 빠진 노래에게 무한히 미안할 따름입니다. 제가 부르기만 하면 아이들이 이상하다고 웃는 조용필의 「허공」도 빠졌고 정호승 시인의 시에 곡을 붙인 「맹인부부가수」도 빠졌습니다.

이 책의 차례를 짜고서 한 꼭지 한 꼭지 쓴 글을 동우인터내셔날 은근희 실장에게 보여 주면 빨간 펜으로 수정해서 돌려줬습니다. 그 덕분에

이 책의 어색한 표현과 오해의 가능성이 있는 부분이 줄어들었습니다. 힘든 시기를 잘 넘기며 아빠의 작업에 무한지지를 보여 주는 신소언, 신성빈에게 사랑의 마음을 전합니다. 그리고 성균관대학교 동양철학과에 다니면서 (사)선비정신과 풍류문화연구소에서 활동하는 안희정, 설준영, 권오향, 김준승 등도 거친 원고의 허점을 찾아서 고치느라 많은 도움을 주었습니다. 늘 그렇듯이 고마울 뿐입니다. 원고의 집필을 끈기 있게 기다려 주고 집필이 끝나자 책으로 예쁘게 편집하느라 고생한 김성수 실장, 심지혜 팀장, 양으녕 님에게 감사드립니다. 아울러 이 책으로 21세기북스와 세 번째 인연을 이어 가게 되어 김영곤 사장님에게도 고마움을 전합니다.

한 해가 가고 새해가 될 즈음 새벽에
여여如如 신정근 수어재水魚齋에서 씁니다

1부 · 불혹不惑, 혹하지 아니하리라

1장 | 나이 듦 혹은, 늙어 감에 대하여

1   저항, 하늘과 땅처럼 영원히

眞人者, 入水不濡, 入火不熱, 陵雲氣, 與天地久長.
진인자, 입수불유, 입화불열, 릉운기, 여천지구장.

吾慕眞人, 自謂眞人, 不稱朕. 오모진인, 자위진인, 불칭짐.

天長地久, 天地所以能長且久, 以其不自生, 故能長久.
천장지구, 천지소이능장차구, 이기부자생, 고능장구.

2   순응, 때를 편안히 하고 흐르는 물처럼

適來, 夫子時也. 適去, 夫子順也. 安時而處順, 哀樂不能入也, 古者謂是帝之懸解.
적래, 부자시야. 적거, 부자순야. 안시이처순, 애락불능입야, 고자위시제지현해.

莊子妻死, 惠子弔之. 莊子則方箕踞 鼓盆而歌.
장자처사, 혜자조지. 장자즉방기거 고분이가.

雜乎芒芴之間, 變而有氣, 氣變而有形, 形變而有生, 今又變而之死, 是相與爲春秋冬夏四時行也.

잡호망홀지간, 변이유기, 기변이유형, 형변이유생, 금우변이지사, 시상여위춘
추동하사시행야.

3 자유, 분이 돋으면 밥을 잊고

女奚不曰. 其爲人也, 發憤忘食, 樂以忘憂, 不知老之將至云爾.

여해불왈. 기위인야, 발분망식, 락이망우, 부지노지장지운이.

朝聞道, 夕死可矣. 조문도, 석사가의.

2장 | 술 한 잔에 인생을 맡길 것인가

• 발문 중

人心險於山川, 難於知天. 天猶有春秋冬夏旦暮之期, 人者厚貌深情. …… 醉之
以酒而觀其側.

인심험어산천, 난어지천. 천유유춘추동하단모지기, 인자후모심정. …… 취지
이주이관기측.

1 금지, 이놈의 술이 나라를 망치리라

昔者帝女, 令儀狄作酒而美. 進之禹, 禹飮而甘之. 遂疏儀狄, 絶旨酒. 曰: 後世必
有以酒亡其國者.

석자제녀, 령의적작주이미. 진지우, 우음이감지. 수소의적, 절지주. 왈: 후세필
유이주망기국자.

2 절제, 애주와 금주 사이에서 필요한 것

以禮飮酒者, 始乎治, 常卒乎亂, 泰至則多奇樂.

이례음주자, 시호치, 상졸호란, 태지즉다기락.

吾嘗譬酒猶水也, 亦可濟舟, 亦可覆舟.
오상비주유수야, 역가제주, 역가복주.

酒猶兵也. 兵可千日而不用, 不可一日而不備. 酒可千日而不飮, 不可一飮而不醉.
주유병야. 병가천일이불용, 불가일일이불비. 주가천일이불음, 불가일음이불취.

唯酒無量, 不及亂. 유주무량, 불급란.

酒之禍烈于火, …… 世盡天于酒而不覺也.
주지화열우화, …… 세진요우주이불각야.

3   중독, 술로 연못을 이루고 고기로 숲을 이룬다
李白一斗詩百篇, 長安市上酒家眠. 天子呼來不上船, 自稱臣是酒中仙.
이백일두시백편, 장안시상주가면. 천자호래불상선, 자칭신시주중선.

以酒爲池, 懸肉爲林, 使男女相逐其間, 爲長夜之飮.
이주위지, 현육위림, 사남녀상축기간, 위장야지음.

3장 | 탐욕, 결핍의 또 다른 이름

1   재물, 이것 좀 전부 치워 버려라!
擧卻阿堵物. 거각아도물.

終日言不及利. 종일언불급리.

仁人者, 正其道不謀其利, 修其理不急其功.
인인자, 정기도불모기리, 수기리불급기공.

2 사랑, 물과 물고기의 사귐 같은 것

孤之有孔明, 猶魚之有水也. 願諸君勿復言.

고지유공명, 유어지유수야. 원제군물부언.

3 권력, 사슴을 가리켜 말이라 하다

二世笑曰: 丞相誤邪, 謂鹿爲馬. 이세소왈: 승상오사, 위록위마.

4장 │ 영원한 쾌락이란 없다

1 색, 기생에게 예의를 따지느냐

屠門戒殺, 娼家責禮, 非愚則妄! 도문계살, 창가책례, 비우칙망!

2 오락, 한 가지 재주가 있으면 일이 풀린다

惟一技是效, 未嘗有分毫之益. 유일기시효, 미상유분호지익.

3 취미, 한 번 시작하면 끝낼 줄 모르니

從流下而忘反謂之流, 從流上而忘反謂之連, 從獸無厭謂之荒, 樂酒無厭謂之亡. 先王無流連之樂, 荒亡之行.

종류하이망반위지류, 종류상이망반위지련, 종수무염위지황, 락주무염위지망. 선왕무류련지락, 황망지행.

5장 │ 줏대 없이 몰려다니는 것들

• 발문 중

此以己養養鳥也, 非以鳥養養鳥也.

차이기양양조야, 비이조양양조야.

1 끼리끼리, 같으면 뭉치고 다르면 공격하다

至有石渠分爭之論, 黨同伐異之說, 守文之徒, 盛於時矣.
지유석거분쟁지론, 당동벌이지설, 수문지도, 성어시의.

2 덩달아, 천둥소리에 다 같이 납작 엎드리다

毋勦說, 毋雷同. 必則古昔, 稱先王. 무초설, 무뇌동. 필칙고석, 칭선왕.

3 졸졸졸, 강한 놈을 따르리라

子孔·子蟜曰: 與大國盟, 口血未乾而背之, 可乎? 子駟·子展曰: 吾盟固云唯强是從.
자공·자교왈: 여대국맹, 구혈미건이배지, 가호? 자사·자전왈: 오맹고운유강시종.

6장 | 편견, 스스로 깊이 파내려가는 무덤

1 출신, 뭣 하러 고전을 배우는가!

迺公居馬上得之, 安事詩書? 내공거마상득지, 안사시서?

文武竝用, 長久之術也. 문무병용, 장구지술야.

臣平生所知, 誠不出此. 昔以其半輔太祖定天下, 今欲以其半輔陛下治太平.
신평생소지, 성불출차. 석이기반보태조정천하, 금욕이기반보폐하치태평.

2 지식, 자신을 자랑스럽게 여기면 어른이 되지 못한다

企者不立, 跨者不行. 自見者不明, 自是者不彰, 自伐者無功, 自矜者不長.
기자불립, 과자불행. 자견자불명, 자시자불창, 자벌자무공, 자긍자부장.

3 차별, 편들지 않고 기울어지지 않아야 그 도리가 가지런하고 고르다

無偏無陂, 遵王之義. 無有作好, 遵王之道. 無有作惡, 遵王之路. 無偏無黨, 王道蕩蕩. 無黨無偏, 王道平平.

무편무피, 준왕지의. 무유작호, 준왕지도. 무유작악, 준왕지로. 무편무당, 왕도
탕탕. 무당무편, 왕도평평.

人心惟危, 道心惟微. 惟精惟一, 允執厥中. 無稽之言勿聽, 弗詢之謀勿庸.

인심유위, 도심유미. 유정유일, 윤집궐중. 무계지언물청, 불순지모물용.

7장 | 권위는 포장의 도구가 아니다

1 질타, 불 같이 성내며 벼락 같이 고함치다

項王暗噁叱咤, 千人皆廢. 然不能任屬賢將, 此特匹夫之勇耳. 項王見人恭敬慈
愛, 言語嘔嘔. 人有疾病, 涕泣分食飮. 至使人有功當封爵者, 印刓敝, 忍不能予,
此所謂婦人之仁也.

항왕암오질타, 천인개폐. 연불능임속현장, 차특필부지용이. 항왕견인공경자
애, 언어구구. 인유질병, 체읍분식음. 지사인유공당봉작자, 인완폐, 인불능여,
차소위부인지인야.

2 오만, 눈길에 호오의 감정을 싣다

見禮俗之人, 以白眼對之. 及嵇喜來弔, 籍作白眼, 喜不懌而退. 喜弟康聞之, 乃
齎酒挾琴造焉, 籍大悅, 乃見靑眼. 由是禮法之士疾之若仇.

견예속지인, 이백안대지. 급혜희래조, 적작백안, 희불역이퇴. 희제강문지, 내
재주협금조언, 적대열, 내견청안. 유시예법지사질지약구.

文人相輕, 自古而然. 傅毅之于班固, 伯仲之間耳, 而固小之. …… 是以各以所
長, 相輕所短. 里話曰: 家有弊帚, 享之千金.

문인상경, 자고이연. 부의지우반고, 백중지간이, 이고소지. …… 시이각이소
장, 상경소단. 리화왈: 가유폐추, 향지천금.

王侯將相, 何有種乎? 왕후장상, 하유종호?

3 불통, 내가 백성들의 입과 귀를 틀어막으리라
吾能弭謗矣, 乃不敢言. 오능미방의, 내불감언.

2부·유혹誘惑, 혹해도 좋지 아니한가

1장 | 초발심, 마흔에 가져야 할 첫 번째 마음

• 발문 중
此鳥不飛則已, 一飛沖天. 不鳴則已, 一鳴驚人.
차조불비칙이, 일비충천. 불명칙이, 일명경인.

1 의지, 뜻은 진실하게 마음은 바르게
古之欲明明德於天下者, 先治其國. 欲治其國者, 先齊其家. 欲齊其家者, 先修其
身. 欲修其身者, 先正其心. 欲正其心者, 先誠其意. 欲誠其意者, 先致其知. 致
知在格物.
고지욕명명덕어천하자, 선치기국. 욕치기국자, 선제기가. 욕제기가자, 선수기
신. 욕수기신자, 선정기심. 욕정기심자, 선성기의. 욕성기의자, 선치기지. 치
지재격물.

臣按, 學莫先於立志. 未有志不立, 而能成功者. 故修己條目, 以立志爲先.
신안, 학막선어립지. 미유지불립, 이능성공자. 고수기조목, 이립지위선.

2 매조지(매듭), 처음과 끝이 똑같듯이
不敢暴虎, 不敢馮河. 人知其一, 莫知其他. 戰戰兢兢, 如臨深淵, 如履薄氷.

불감폭호, 불감풍하. 인지기일, 막지기타. 전전긍긍, 여림심연, 여리박빙.

慮必先事, 而申之以敬, 愼終如始, 終始如一, 夫是之謂大吉. 凡百事之成也必在敬之, 其敗也必在慢之. 故敬勝怠則吉, 怠勝敬則滅. 計勝欲則從, 欲勝計則凶.
려필선사, 이신지이경, 신종여시, 종시여일, 부시지위대길. 범백사지성야필재경지, 기패야필재만지. 고경승태칙길, 태승경칙멸. 계승욕칙종, 욕승계칙흉.

3 차분함, 늘 갖는 마음이 곧 도다

佛法無用功處, 祇是平常無事. 屙屎送尿, 著衣喫飯, 困來卽臥. 愚人笑我, 智乃知焉. 古人云: 向外作工夫, 總是癡頑漢. 你且隨處作主, 立處皆眞.
불법무용공처, 기시평상무사. 아시송뇨, 저의끽반, 곤래즉와. 우인소아, 지내지언. 고인운: 향외작공부, 총시치완한. 니차수처작주, 입처개진.

若人修道, 道不行, 萬般邪境, 競頭生. …… 古人云平常心是道.
약인수도, 도불행, 만반사경, 경두생. …… 고인운평상심시도.

2장 | 무릇 군자란 용기 있는 자

1 신뢰, 죽을힘을 다해서 싸워서 막으리

今臣戰船尙有十二, 出死力拒戰, 則猶可爲也.
금신전선상유십이, 출사력거전, 칙유가위야.

戰船雖寡, 微臣不死, 則賊不敢侮我矣.
전선수과, 미신불사, 칙적불감모아의.

不可盡信 불가진신
路傳不可信 로전불가신

人言不可信矣 인언불가신의
妄傳不可信也 망전불가신야
然不可信矣 연불가신의
皆未可信 개미가신

2　도전, 높은 대나무 막대기 위에서 한 걸음 나아가리라

思天下之民, 匹夫匹婦, 有不被堯舜之澤者, 若己推而內之溝中, 其自任以天下之中如此.
사천하지민, 필부필부, 유불피요순지택자, 약기추이내지구중, 기자임이천하지중여차.

古之人所以大過人者, 無他焉. 善推其所謂而已矣.
고지인소이대과인자, 무타언. 선추기소위이이의.

百尺竿頭不動人, 雖然得入未爲眞. 百尺竿頭須進步, 十方世界是全身.
백척간두부동인, 수연득입미위진. 백척간두수진보, 십방세계시전신.

3　동고동락, 먼저 아파하고 다음에 즐기리

起之爲將, 與士卒最下者同衣食, 臥不設席, 行不騎乘, 親裹贏糧, 與士卒分老苦. 卒有病疽者, 起爲吮之.
기지위장, 여사졸최하자동의식, 와불설석, 행불기승, 친과영량, 여사졸분노고. 졸유병저자, 기위연지.

先天下之憂而憂, 後天下之樂而樂歟!
선천하지우이우, 후천하지락이락여!

爲天地立心, 爲生民立道, 爲去聖繼絶學, 爲萬世開太平.

위천지립심, 위생민립도, 위거성계절학, 위만세개태평.

3장 | 진심을 다한 마음에 하늘도 감동하리

• 발문 중

有弗行, 行之. 弗篤, 弗措也. 人一能之, 己百之. 人十能之, 己千之.
유불행, 행지. 불독, 불조야. 인일능지, 기백지. 인십능지, 기천지.

1 진심, 내가 좋아하는 길을 따르리라

富而可求也, 雖執鞭之士, 吾亦爲之. 如不可求, 從吾所好.
부이가구야, 수집편지사, 오역위지. 여불가구, 종오소호.

2 단절, 눈밭에 서서 팔을 자르다

夜天大雨雪. 光堅立不動, 遲明積雪過膝. ⋯⋯ 潛取利刀自斷左臂, 置于師前,
師知是法器.
야천대우설. 광견립부동, 지명적설과슬. ⋯⋯ 잠취리도자단좌비, 치우사전,
사지시법기.

3 동심, 진실한 마음을 가진 아이처럼

夫童心者, 眞心也. 若以童心爲不可, 是以眞心爲不可也. 夫童心者, 絶假純眞,
最初一念之本心也. 若失却童心, 便失却眞心. 失却眞心, 便失却眞人. 人而非
眞全, 不復有初矣. 童子者, 人之初也. 童心者, 心之初也. 夫心之初曷可失也!
然童心胡然而遽失也? 蓋方其始也, 有聞見從耳目而入, 而以爲主於其內, 而童
心失. ⋯⋯ 夫旣以聞見道理爲心矣, 則所言者, 皆聞見道理之言, 非童心自出之
言也. 言雖工, 於我何與? 豈非以假人言假言, 而事假事文假文乎?
부동심자, 진심야. 약이동심위불가, 시이진심위불가야. 부동심자, 절가순진,
최초일염지본심야. 약실각동심, 편실각진심. 실각진심, 편실각진인. 인이비

진전, 불복유초의. 동자자, 인지초야. 동심자, 심지초야. 부심지초같가실야!
연동심호연이거실야? 개방기시야, 유문견종이목이입, 이이위주어기내, 이동
심실. …… 부기이문견도리위심의, 칙소언자, 개문견도리지언, 비동심자출지
언야. 언수공, 어아하여? 기비이가인언가언, 이사가사문가문호?

4장 | 공감하라 그리고 이해하라

• 발문 중
民可使由之, 不可使知之. 민가사유지, 불가사지지.

夫有高人之行者, 固見負於世. 有獨知之慮者, 必見鶩於民. 語曰: '愚者闇於成
事, 知者見於未萌. 民不可與慮始, 而可與樂成.' 郭偃之法曰: '論至德者不和於
俗, 成大功者不謀於衆.
부유고인지항자, 고견부어세. 유독지지려자, 필견오어민. 어왈: '우자암어성
사, 지자견어미맹. 민부가여려시, 이가여낙성.' 곽언지법왈: '논지덕자부화어
속, 성대공자부모어중.

1   심복, 놓아 주었다가 붙잡았다가
亮笑, 纵使更战. 七纵七擒, 而亮犹遣获 获止不去, 曰: 公天威也! 南人不复反矣.
량소, 종사경전. 칠종칠금, 이량우견획. 획지불거, 왈: 공천위야! 남인불복반의.

但復其心, 不復其力. 단복기심, 불복기력.

亮率衆南征, 其秋悉平. 량솔중남정, 기추실평.

以力服人者, 非心服也, 力不贍也. 以德服人者, 中心悅而誠服也, 如七十子之服
孔子也.

이력복인자, 비심복야, 력불섬야. 이덕복인자, 중심열이성복야, 여칠십자지복 공자야.

2 관찰, 깊은 곳을 재어 보고 속마음을 헤아리다

必以其甚喜之時, 往而極其欲也, 其有欲也, 不能隱其情. 必以其甚懼之時, 往而 極其惡也, 其有惡也, 不能隱其情. 情欲必知其變. 感動而不知其變者, 乃且錯其 人勿與言, 而更問所親, 知其所安. 夫情變於內者, 形見於外, 故常必以其見者, 而知其隱者. 此所謂測深揣情.

필이기심희지시, 왕이극기욕야, 기유욕야, 불능은기정. 필이기심구지시, 왕이 극기악야, 기유악야, 불능은기정. 정욕필지기변. 감동이불지기변자, 내차착기 인물여언, 이경문소친, 지기소안. 부정변어내자, 형견어외, 고상필이기견자, 이지기은자. 차소위측심췌정.

3 선견지명, 대비하면 걱정거리가 없으리

惟治亂在庶官. 官不及私昵, 惟其能. 爵罔及惡德, 惟其賢. 慮善以動, 動惟厥時. 有其善, 喪厥善, 矜其能, 喪厥功. 惟事事, 乃其有備. 有備無患.

유치란재서관. 관불급사닐, 유기능. 작망급악덕, 유기현. 려선이동, 동유궐시. 유기선, 상궐선, 긍기능, 상궐공. 유사사, 내기유비. 유비무환.

書曰: 居安思危. 思則有備, 有備無患. 敢以此規.
서왈: 거안사위. 사칙유비, 유비무환. 감이차규.

一年之計, 莫如樹穀. 十年之計, 莫如樹木. 終身之計, 莫如樹人. 一樹一獲者, 穀 也. 一樹十獲者, 木也. 一樹百獲者, 人也.

일년지계, 막여수곡. 십년지계, 막여수목. 종신지계, 막여수인. 일수일획자, 곡 야. 일수십획자, 목야. 일수백획자, 인야.

• 발문 중

太上有立德, 其次有立功, 其次有立言. 雖久不廢, 此之謂不朽. 若夫保姓受氏,
以守宗祊, 世不絶祀, 無國無之. 祿之大者, 不可謂不朽.

태상유입덕, 기차유입공, 기차유입언. 수구불폐, 차지위불후. 약부보성수씨,
이수종팽, 세불절사, 무국무지. 록지대자, 불가위불후.

1 이름, 몸은 죽어도 이름은 죽지 않으리

服藥求長年, 不如孤竹子. 一食西山薇, 萬古猶不死.

복약구장년, 불여고죽자. 일식서산미, 만고유불사.

雖然身死之日, 規畫軍機, 以死統制, 走生行長, 少雪國恥. 功紀太常, 名流萬古,
死而不死也.

수연신사지일, 규화군기, 이사통제, 주생행장, 소설국치. 공기태상, 명류만고,
사이불사야.

2 창조, 옛것을 본받아 새것을 창조하다

各當時而立法, 因事而制禮. 禮法以時而定, 制令各順其宜. 兵甲器備, 各便其
用. 臣故曰: 治世不一道, 便國不必法古. 湯武之王也, 不修古而興. 殷夏之滅也,
不易禮而亡. 然則反古者未必可非, 循禮者未足多是也.

각당시이입법, 인사이제례. 예법이시이정, 제령각순기의. 병갑기비, 각편기
용. 신고왈: 치세불일도, 편국불필법고. 탕무지왕야, 불수고이흥. 은하지멸야,
불역례이망. 연칙반고자미필가비, 순례자미족다시야.

爲文章如之何? 論者曰: 必法古. 世遂有摸擬倣像, 而不之恥者. …… 然則刱新
可乎? 世遂有恠誕淫僻, 而不知懼者. …… 法古者, 病泥跡. 刱新者, 患不經. 苟

能法古而知變, 剙新而能典, 今之文, 猶古之文也.
위문장여지하? 논자왈: 필법고. 세수유의모방상, 이불지치자. ······ 연칙창신
가호? 세수유괴탄음벽, 이불지구자. ······ 법고자, 병니적. 창신자, 환불경. 구
능법고이지변, 창신이능전, 금지문, 유고지문야.

3 봉사, 정수리가 닳아서 발꿈치까지 이른다

楊朱取爲我, 拔一毛而利天下, 不爲也. 墨翟兼愛, 摩頂放踵, 利天下, 爲也.
양주취위아, 발일모이리천하, 불위야. 묵적겸애, 마정방종, 리천하, 위야.

歌而非歌, 哭而非哭, 樂而非樂, 是果類乎? 其生也勤, 其喪也薄, 其道大觳, 使人
憂, 使人悲, 其行難爲也. 恐其不可以爲聖人之道, 反天下之心, 天下不堪. 墨子
獨能任, 奈天下何? 離於天下, 其去王也遠矣.
가이비가, 곡이비곡, 락이비락, 시과류호? 기생야근, 기상야박, 기도대곡, 사인
우, 사인비, 기행난위야. 공기불가이위성인지도, 반천하지심, 천하불감. 묵자
독능임, 내천하하? 리어천하, 기거왕야원의.

6장 | 미처 보지 못한 세상의 아름다움

1 활기, 기세와 리듬이 살아서 움직인다

雖畵有六法, 罕能盡該. 而自古及今, 各善一節. 六法者何? 一氣運生動是也, 二
骨法用筆是也, 三應物象形是也, 四隨類賦彩是也, 五經營位置是也, 六傳移模
寫是也.
수화유육법, 한능진해. 이자고급금, 각선일절. 육법자하? 일기운생동시야, 이
골법용필시야, 삼응물상형시야, 사수류부채시야, 오경영위치시야, 육전이모
사시야.

2 감흥, 손은 휘휘 발은 덩실덩실

手舞足蹈. 歌之爲言也長言之也. 說之故言之. 言之不足, 故長言之. 長言之不足, 故嗟歎之. 嗟歎之不足, 故不知手之舞之, 足之蹈之也.

수무족도. 가지위언야장언지야. 설지고언지. 언지불족, 고장언지. 장언지불족, 고차탄지. 차탄지불족, 고불지수지무지, 족지도지야.

詩者, 志之所之也. 在心爲志, 發言爲詩. 情動於中而形於言, 言之不足故嗟歎之, 嗟歎之不足故永歌之, 永歌之不足, 不知手之舞之, 足之蹈之也.

시자, 지지소지야. 재심위지, 발언위시. 정동어중이형어언, 언지부족고차탄지, 차탄지부족고영가지, 영가지부족, 부지수지무지, 족지도지야.

3 자연, 옷을 풀어 헤치고 다리를 쫙 벌린 채

宋元君將畫圖, 衆史皆至. 受揖而立, 舐筆如墨, 在外者半. 有一史後至者, 僵僵然不趨, 受揖不立, 因之舍. 公使人視之, 則解衣槃礴贏. 君曰: 可矣, 是眞畫者也.

송원군장화도, 중사개지. 수읍이립, 지필여묵, 재외자반. 유일사후지자, 천천연불추, 수읍불립, 인지사. 공사인시지, 즉해의반박라. 군왈: 가의, 시진화자야.

7장 | 더불어 나누며 사는 삶에 대하여

• 발문 중

鰥寡孤獨, 謂之四窮. 窮不自振, 待人以起.

환과고독, 위지사궁. 궁부자진, 대인이기.

1 이해타산, 남의 불행을 즐긴다면 사람답지 않다

秦饑, 使乞糴于晉, 晉人弗與. 慶鄭曰: 背施, 無親. 幸災, 不仁. 貪愛, 不祥. 怒, 不義. 四德皆失, 何以守國? 虢射曰: 皮之不存, 毛將安傅? 慶鄭曰: 棄信·背鄰,

患執恤之讎 無信, 患作. 失援, 必斃. 是則然矣. 虢射曰: 無損於怨, 而厚於寇, 不如勿與. 慶鄭曰: 背施·幸災, 民所棄也. 近猶讎之, 況怨敵乎?

진기, 사걸적우진, 진인불여. 경정왈: 배시, 무친. 행재, 불인. 탐애, 불상. 노린, 불의. 사덕개실, 하이수국? 괵사왈: 피지불존, 모장안부? 경정왈: 기신·배린, 환숙휼지? 무신, 환작. 실원, 필폐. 시칙연의. 괵사왈: 무손어원, 이후어구, 불여물여. 경정왈: 배시·행재, 민소기야. 근유수지, 황원적호?

2 책임, 시민 살피기를 아픈 사람 보듯이

國之興也, 視民如傷, 是其福也. 其亡也, 以民爲土芥, 是其禍也. 楚雖無德, 亦不艾殺其民. 吳日敝於兵, 暴骨如莽, 而未見德焉.

국지흥야, 시민여상, 시기복야. 기망야, 이민위토개, 시기화야. 초수무덕, 역불애살기민. 오일폐어병, 폭골여망, 이미견덕언.

文王視民如傷, 望道而未之見. 문왕시민여상, 망도이미지견.

3 조정, 남은 것을 덜어서 모자란 곳에 보태다

天之道, 其猶張弓與! 高者抑之, 下者擧之. 有餘者損之, 不足者補之, 天之道損有餘而補不足, 人之道則不然, 損不足以奉有餘. …… 是以聖人爲而不恃, 功成而不處.

천지도, 기유장궁여! 고자억지, 하자거지. 유여자손지, 부족자보지, 천지도손유여이보부족, 인지도즉부연, 손부족이봉유여. …… 시이성인위이불시, 공성이부처.

• 참고문헌 •

공구, 신정근 옮김, 『공자씨의 유쾌한 논어』, 사계절, 2009.

장승구 외 옮김, 『관자』, 소나무, 2006.

신동준 옮김, 『국어』, 인간사랑, 2005.

김영식 옮김, 『귀곡자』, 지만지, 2009; 2010.

최진석 옮김, 『노자의 목소리로 듣는 도덕경』, 소나무, 2001.

김미영 옮김, 『대학 중용』, 홍익출판사, 2005.

맹가, 박경환 옮김, 『맹자』, 홍익출판사, 2005.

정약용, 류광수 역해, 『목민심서』, 하서, 2006; 중쇄 2009.

이지, 김혜경 옮김, 『분서』 1~2, 한길사, 2004.

사마천, 정범진 외 옮김, 『사기 열전』 상중하, 까치, 1995.

진수, 김원중 옮김, 『삼국지』, 민음사, 2007.

김학주 옮김, 『서경』, 명문당, 2002.

이이, 전혜경 옮김, 『성학집요』, 지만지, 2012.

이운구 옮김, 『순자』 1~2, 한길사, 2006.

장언원, 조송식 옮김, 『역대명화기』 상하, 시공아트, 2008.

서옹, 『임제록 연의』, 아침단청, 2012.

장자, 안동림 옮김, 『장자』, 현암사, 1993; 개정판 4쇄 2001.

임동석 옮김, 『전국책』, 전통문화연구회, 2002, 2004.

한국고전번역원, 한국고전종합DB 『조선왕조실록』, http://db.itkc.or.kr/itkcdb/mainIndex
Iframe.jsp

지눌 · 원효 · 야운野雲 지음, 조기영 옮김, 『초발심자경문』, 지만지, 2009.

신동준 옮김, 『춘추좌전』 1~3, 한길사, 2006.

서경전, 박경신 옮김, 『태평한화골계전』, 지만지, 2011.

한비, 이운구 옮김, 『한비자』 1~2, 한길사, 2002.

다마키 고시로, 이원섭 옮김, 『화엄경』, 현암사, 2001.